被偏誤的日本史

從軍國末路到經濟飛躍

The Real History of Japanese Culture

徐靜波——著

推薦序

蔣豐（北京大學歷史系客座教授）

臺灣時報出版公司邀請我為上海復旦大學徐靜波教授的《徐靜波講日本史》套書寫一篇序言，這套書包含兩冊，第一冊為《被隱藏的日本史：從上古時代到政治革新》主要論述「日本文明史」，第二冊為《被偏誤的日本史：從軍國末路到經濟飛躍》主要談及「日本文化史」，我考慮再三，幾經躊躇，還是答應下來了。當然，這種「考慮」和「躊躇」的過程，不是因為自己的知識水準有多高，而故意把自己高高地「端」起來，而是有一些因素不得不詳加考慮：

第一，臺灣時報出版公司曾經把我在中國大陸出版的暢銷書《日本的細節》（江蘇鳳凰文藝出版社，二〇一九年一月），在二〇一九年七月改名為《大和細節魂》，出版了「臺灣版」——繁體版，我一直心存感激。對於他們委託寫序，自然會感到一些壓力。

第二，現在海內外社會有兩位華人「徐靜波」，巧了，他們工作的領域都涉及日本。但是，上海復旦大學的徐靜波教授是從事日本研究的教授，是做學問的，是真正的學者，也可以說是中國大陸研究日本問題的「重鎮」之一。給他的著作寫序，本來是光榮的。但是，也擔心有的讀者搞不清楚事實的真相，把我攪到「渾水」裡面。注意，此徐靜波，非彼徐靜波。

第三，多年來，我側重於日本近現代史，或者說是日本近現代軍事史的研究，「日本文明史」並不是我的強項，因此擔心在推薦序言中無法精確地理解、傳遞徐靜波教授著作中的思維、見識、史觀，反而給讀者「饒舌」的感覺。

對此，臺灣時報出版公司給了我許多鼓勵，讓我的心理負擔不斷減輕，把此書的出版看作是海峽兩岸一項重要的文化事業，看作是連接海峽兩岸日本問題研究者以及關心者的一個紐帶，看作是中國大陸作者奉獻給臺灣讀者以及漢語圈讀者的一份「文化大餐」，這樣，推薦序言寫起來，或許就可以輕鬆一些。

說起日本歷史，至少在中國大陸讀者當中，很多人腦海中會立即浮現出從一九三一年「九一八事變」到一九四五年日本戰敗期間——日本對中國進行野蠻侵略的歷史。正是因為有了如此深沉、灰暗、血腥的歷史，以至於許多讀者不願意去了解日本的歷史。從而導致「日本歷史」在中國讀者市場的「缺位」。

當然，我們也有許多前輩學者致力於日本歷史研究，他們相對重視對日本通史的研究，其著作厚重有深度，但不得不遺憾地說，一些讀者是望而生畏的，因為他們「啃」不下來這樣的「大部頭」。這樣，反而不利於日本史知識的普及。

《徐靜波講日本史》套書在日本史研究中，選擇了一個「文明」的切片，刺激性地告訴讀者：日本是有「文明史」的。對此，不進行認真地了解，就會在自己的知識結構中形成「缺位」，直接影響自身的思維意識。因此，從「治史」的角度講，徐靜波教授的這部著作值得一讀。此是其一。

中國大陸許多讀者的「腦庫」中，存有日本歷史長度只有中國歷史長度的一半，中、日兩國「同源、同種、同文」，甚至認為日本沒有自身的文化史的印象，因此對日本的歷史不屑一顧。這種偏頗的認知，固然有其歷史背景的原因，更有其「歷史慣性力」帶來的影響。這種認知最大的弊端就是讓自身沉浸在「文化母國」之中，直接導致戰爭中的「輕敵意識」，從而受到慘重的損失。而徐靜波教授在這本著作中，針對漢語圈讀者許多模糊的、情緒化的「日本文化認識」，做了正本清源的梳理，在一些問題上更有「撥亂反正」的敘述。因此，從「糾偏」的角度講，徐靜波教授的這部著作值得一讀。此是其二。

談到日本文明史，或者討論日本文化史，離不開茶道、花道、書道、棋道、柔道等。許多讀者都知道這些「道」的原本發源於中國，但並沒有深究細慮為什麼中國古代這種生活技藝、生活情趣、生活方式傳入日本以後，會演繹成為各種不同的「道」。從「技」到「道」的轉變過程，形成了一種新的文化、新的精神內涵，並成為世界文明的組成部分，成為人類文明的共同財富。日本茶道提煉出來的「和、敬、清、寂」四個字，不僅是把中國茶文化「本土化」了，更蘊含了日本大和民族的精神底色。徐靜波教授在書中對此娓娓道來，喚起讀者的思考。因此，從「促醒」的角度講，徐靜波教授的這部著作值得一讀。此是其三。

戴季陶先生的《日本論》在中國社會享有盛譽。他在開篇之中，講述了日本如何對中國進行細緻、精確的研究。我在日本九州大學攻讀碩士學位期間，對此也深有體會。我的指導教授竟以《明清江南地區的菜籽油研究》獲得東京大學的博士學位。日本整體上對中國的研究之深、之細、之透，在全世界「研究中國」當中，是絕無僅有的。

當然，我也想指出：一九四五年日本戰敗以後，被遠東國際軍事法庭處以絞刑的七名甲級戰犯當中，有三名是「中國通」。日本的「中國通」最終把日本帶向了戰敗的慘境，實在是值得一詠三嘆的。這告訴我們：把握一個國家不僅要把握它的歷史，更要把握它的文化乃至於文明，同時不能只是一些皮毛知識的把握，而是要透過其知識把握其民族精神的深層與內蘊。因此，從「導向」的角度講，徐靜波教授的這部著作值得一讀。此是其四。

拉雜寫來，權且做推薦之序。

二〇二〇年十二月十日於日本東京「豐樂齋」

自序

各位好，我是復旦大學日本研究中心教授徐靜波，主要專業領域是中日文化關係和中日文化比較。

從一九七九年考進大學攻讀日本語言文學算起，我和日本的因緣差不多有四十年了，曾在早稻田大學、神戶大學和京都大學等日本七所大學教課和做研究，出版七本有關日本的著作，算是對日本有了一些心得。

這次要和各位談談日本文明史，或者說從文明史的角度來談談日本。為什麼要談這個話題呢？我大致有兩個動機。

第一，日本是中國的東鄰，無論從歷史的淵源看，還是從現實的利益看，都與我們有著太過深刻、太過密切的關聯，無論是正面還是負面，對於這樣一個極其重要的東鄰，再怎麼了解都不為過，事實上，直到今天，日本在很大程度上，對我們來說依然是個既熟悉又陌生的國度。

第二，這兩本的套書中，我重點要講的是日本文明。為什麼要特別凸顯日本文明呢？在很長的時期裡，我們都不太認為日本有獨立的文明，很多人覺得日本人在近代以前，主要是學習中國文化，近代以後，又學習西洋文明，都是把別人的東西拿過來，自己沒有什麼東西。一九九三年，美國哈佛大學教授薩謬爾・杭亭頓（Samuel Phillips Huntington）出版了一本很有名的《文明的衝突與世界秩序的重建》（*The Clash of Civilizations and the Remaking of World Order*），提出著名的「文明衝突論」，這裡要說的是，杭亭頓在書裡把整個世界上的文明大致分成八大塊，分別是：西方文明區、拉美文明區、東正教文明區、穆斯林文明區、中華文明區、印度教文明區、日本文明區、非洲文明區。暫且不討論這樣的劃分是否一定成立，卻可從中了解到，在西方的主流世界觀裡，日本文明被單獨列為一個區域，而在杭亭頓理解的中華文明區裡，除了中國大陸和臺灣之外，還包含了朝鮮半島、越南甚至遙遠的新加坡，但是一水之隔的日本不在其列。也就是說，在西方主流的世界認識中，日本文明是一種游離於中華文明之外的獨立文明形態。

日本文明真的非常獨特嗎？它的獨特到底體現在什麼方面呢？我一直在思考這個問題。二〇〇四年，我出版《東風從西邊吹來——中華文化在日本》，重點講的是中國文化對於日本的影響，這本書的前言中寫道：「日本民族在接受、汲取中國文化的漫長歷史過程中，或者說在中國文化的培育和催化之下，逐漸形成非常成熟的、具有日本民族特色的日本文化。日本文化最終得以成立和發展，一是由於日本民族本身具有的原始文化精神和文化因數，二是由於中國文化的刺激、培育和催化，三是由於日本相對獨特的自然環境和人文歷史。如今日本文化在很多方面確實已經具有不同於中國文化的獨特因素，包括它的部分精神內核、價值判斷和審美理念，過多注目於中國文化的影響而忽視日本文化本身的特點也是有失公允的。」我今天依然抱持這樣的看法。

日本的獨特性大多來自較獨特的自然環境和人文歷史。首先就地理位置而言，日本處於亞洲或歐亞大陸的最東端，它的東面就是浩瀚的太平洋，限於航海條件，近代以前根本無法與東亞（大陸與半島）以外的任何地區發生文明的接觸，這是其獨特性的由來之一。第二，近代以前，它在歷史上從來沒有遭到任何外來民族的武力征服，決定了它汲取外來文明的方式都是在和平的環境下進行，且具有極大的自主性，覺得合適的就吸收，覺得不妥的就拒絕，比如中國的科舉制度，幾乎被所有漢字文化圈的國家和地區所採納，唯獨日本沒有。長達數千年的歷史進程中，從來沒有遭到其他民族的武力征服，在世界歷史上差不多是絕無僅有的，這一點與同樣位於歐亞大陸最西端的英倫三島形成鮮明的對比。

英倫三島與歐洲大陸只相隔較為狹窄的英吉利海峽，從西元前七世紀左右開始，不斷遭到來自歐洲大陸各強勢民族的武力征服，因此，做為最西端島國的英國，其文明雖有一定的獨特性，卻不妨認作歐洲文明的一部分。而日本對於西邊先進的東亞大陸文明，列島上的居民一直是以自己的價值觀和審美觀來自由汲取，因而在漫長的歷史長河中，確實逐漸醞釀出具有獨特內涵的日本文明。

舉個體現它獨特性的例子。

茶道。很多人認為茶道是中國傳到日本的，其實是很大的誤解。茶、茶的製作、飲茶的習俗，甚至某些沏茶的方式，無疑都是中國傳過去的，但茶道是日本人創造的。我查過歷史文獻，「茶道」這個詞曾出現在唐代《封氏聞見記》，仔細研讀上下文，判定這裡的茶道指的是飲茶的習俗，與日本的茶道沒有任何關係。那麼，日本的茶道到底是什麼呢？我在後續會詳細說明，這裡簡單地說，它是一種把中國傳過去的禪宗與茶融合的內心修煉，是透過特定的場合和有些繁瑣的儀式來進行某種人際交流的方式，參加者需要一點老僧入定的心境。實際上是凝聚哲學和藝術的生活形態，絕不只是簡單的飲茶。嚴格地說，中國有豐富的茶文化，但沒有茶道。茶道是日本文明的獨特表現。

我們認識和理解日本文化或文明時，應該充分注意兩個重要的方面，第一是日本文明與東亞大陸（包括朝鮮半島）文明的密切關聯性，東亞大陸的文明在相當程度上為爾後日本文明的建立奠定了不可或缺的基礎；第二是日本文明或文化的獨特性，日本人在大陸文明的培育下，在列島獨特的自然環境和人文基礎上逐漸萌發、產生日本獨自的文明或文化。關聯性和獨特性是我們觀察和理解日本文明或文化的兩個關鍵點。

最後，這兩本的套書裡講些什麼內容，大致分為三大部分。

第一部分講日本文明的歷史，就是以日本文明的生成、演變為主軸，把日本列島上數千年的歷史脈絡，做個梳理。比如，列島上所謂日本人到底從哪裡來？網路上可以看到各種說法，一說日本人原是中國人的分支（我小時候曾聽大人這麼說過），日本最早的天皇是中國人的後代，或者說徐福就是日本天皇的祖先等，到底是真還是假？又比如，早先的中國都稱列島為「倭」或「倭國」，後來怎麼改名叫「日本」？什麼時候叫「日本」的呢？我將從文明流播的角度，把這些事情講清楚。

第二部分主要講日本的文化。這部分談建築、庭園、繪畫、茶文化、酒文化和食文化等，即日本人的審美意識和生活文化，當然還有現代的電影、動漫、傳媒等。

第三部分結合我在日本多年的觀察和生活體驗，聊聊當今日本社會和日本人的實際形態，盡可能將當前鮮活的日本傳遞給大家。

不管是哪一部分，對於各位以後去日本旅行、觀察和體驗，多少都會有些裨益，至少不再是表面的浮光掠影、蜻蜓點水，對於如何與這個鄰國正確相處，也會多一點有益的思考。

目錄

第三輪大飛躍：日本戰後的進程

日本文化：穿梭古代與現代

日本飲食：和食的前世今生

軍國主義：走向擴張的不歸路

第53講　大正年代是個怎樣的時代？

「大正」本身只是天皇的年號，一九一二年七月，明治天皇去世，其第三個兒子嘉仁即位，定年號為「大正」，直到他去世的一九二六年，日本歷史上稱這段時期為大正年代，原本只是天皇的和平更迭，沒有特別的意思，然而談論這個時代時，經常使用的詞語往往是「大正民主運動」和「大正浪漫」。

所謂民主運動，顧名思義，就是爭取民主的運動，說得具體一點，就是爭取普選（所有成年男子都有選舉權）的運動，時間以一九一二年十二月的第一次護憲運動為起點，一九二五年三月普選法的通過為終點。這不是一場以某個人或某個政黨為主導、連貫有序的政治運動，但其目標較明確，就是打倒藩閥政治，從而實現政黨政治和普選制度，這一目標大抵是實現了，卻相當不徹底。

日本雖然在明治時期的一八八九年頒布憲法，一八九〇年開設國會，但實際上憲法卻是突出天皇絕對君權、民主色彩很弱的大法，而國會由貴族院和眾議院組成，前者的成員是皇族和明治後獲得公、侯、伯、子、男爵位的上層權貴以及高額納稅者（即最富有的階層），後者雖由選舉產生，但有選舉權的僅限年度繳納國稅十五日圓（當時已頗為可觀）以上的男子，全國共四十五萬人，占四千萬總人口的一·一%，主掌歷屆內閣的，除了有一次不徹底且短暫的政黨內閣外，基本上是當年推翻江戶幕府立了「功勳」的薩摩藩（今鹿兒島縣）和長州藩（今山口縣）出身的武士（諸如山縣有朋、伊藤博文等），或屬於他們一派的政治力量（所謂的藩閥政治），民眾（尤其是中下層階級）參與政治的程度很低。

明治時期的日本，雖然在日清（甲午）戰爭和日俄戰爭中獲得勝利，但民眾生活卻未見明顯的改善，龐大的軍費大部分由增加稅收的途徑獲得，因此當人們獲知結束日俄戰爭的《樸茨茅斯條約》未能得到賠款和割地後，在東京日比谷爆發了大規模的暴亂，其中具有濃厚的擴張國權色彩，但從衝擊政府部門的行為來看，更多是發洩人們對藩閥政治的不滿，此後，各種民眾運動此起彼伏，高潮是一九一八年爆發的全國性「米騷動」。這種矛頭指向當局的社會動向，便是大正民主運動得以展開的民眾基礎。

但是，一場大規模的政治運動必須要有思想的領袖和一定的政黨力量。思想上最主要的領袖是吉野作造（一八七八～一九三三年）。吉野年輕時成了基督徒，在東京帝大念書時，閱讀多種社會主義書籍，接受較多為民眾謀幸福的思想。一九〇六年，他帶著妻女來到天津，擔任直隸總督袁世凱長子袁克定的私人教師，期間曾在新開設的北洋政法學堂講授政治學和國法學，學生有後來成了中共創始人之一的李大釗。一九一〇年去歐美遊學三年，歸國後升任東大教授。或許是早年接受的社會主義影響，或許是在歐洲實際感受到民主政治，回國後他以《中央公論》為陣地，鼓吹「民本主義」[1]，批判藩閥政治，主張普選。

吉野曾發表長達一百多頁的論文——〈論憲政本意及其貫徹之途徑〉，闡述他對民本主義的認識，討論政治目的、方針的決定、政治制度、政治制度的運用，論文大量介紹以歐洲為中心的各國歷史和現狀，從而展開民本主義論。他主張要用「憲政」（民本主義）的理念，改革那些封建專制的舊體制和舊勢力，同時實行自由主義改革，實現政黨政治，擴大選舉權，希望透過普選制度來提升民眾的政治參與度，從而改良國家政治。

吉野的理論提出之後，社會上展開一場有關德謨克拉西（Democracy音譯，民主）的大討論，民本思想逐漸深入人心。他後來又以東京大學為平臺，一九一八年組織「黎明會」和「新人會」，出版雜誌《德謨克拉西》等，以演講會等形式向民眾宣傳民主和憲政思想。在這樣的氛圍中，平民出身的政友會領袖原敬為首相的第一次真正政黨內閣於一九一八年九月誕生，除了海軍大臣、陸軍大臣[2]等之外，其他內閣成員均來自政友會。這樣的政黨內閣勉強維持到一九三二年的犬養毅內閣為止。一九二五年，在憲政會等政黨的大力推動下，終於在第五十屆議會上通過《普選法》，給予二十五歲以上「帝國男性臣民」選舉權。有選舉權的人從三百二十八萬增加到一千二百四十萬，一九二八年二月，實施第一次普選法框架內的大選。政黨內閣的誕生和普選法的實施，是大正民主運動的結果。

接著再說說「大正浪漫」。

明治時期，日本打過兩次重大戰爭——日清戰爭和日俄戰爭。大正時代相對是個太平年代，政治穩定，經濟也有一定的發展，形成了東京、大阪、橫濱、京都、名古屋、神戶六大都市，大正元年（一九一二年）東京人口突破二百萬，到大正末年（一九二六年），市區人口逼近二百五十萬，大抵與當時的上海相當。近代或現代都市的形成，必定會帶來相對應的現代都市生活。

首先是出行。做為市區及與郊區相連接的手段，軌道交通（日語稱為「電車」）陸陸續續建設起來，到了大正末年，東京市內的環城鐵路山手線、中央線和總武線大抵已經建成，有軌電車已成日本許多大中城市的重要交通工具。私人汽車也出現了，一九一五年，日本有一千二百四十四輛汽車，一九二六年，汽車已達到二萬四千九百七十輛，翻了二十倍，雖然遠未達到普及的程度，但汽車的行駛已是都市中一道尋常的風景了。

其次是娛樂生活的多樣化。

大正元年，日本第一家電影公司「日本活動寫真會社」（簡稱「日活」）[3]成立，一九一六年「日活」製作了日本第一部動畫片《猴子與螃蟹的大戰》，首開日本動漫的先河。此後電影成了人們最喜愛的娛樂方式，一九一七年，東京市內有六十九家電影院。

一九一三年，日本最重要的現代劇團「藝術座」成立，催發現代演劇的興旺景象，同年《喀秋莎之歌》大流行。大家熟悉的「寶塚歌劇團」就誕生於大正初年。一九一三年寶塚歌唱隊成立，以後陸續成立寶塚少女歌劇團、寶塚音樂歌劇學校，寶塚歌劇團的演出至今盛行不衰，舞臺上的靚麗女子形象，促進了女子燙髮的流行。

一九一六～一九一七年間，《婦女公論》、《婦女之友》等雜誌紛紛創刊，造就現代女性的登場，日本國產電唱機開始發售，咖啡館和啤酒館出現在街頭。

一九一九年，「帝國美術院」成立並舉辦第一屆「帝國美術院展覽會」，這一脈絡就是延續至今、代表日本最高水準的「日本美術展覽會」。

一九二一年，全國有電影院五百四十八家，劇場一千六百二十三家，曲藝演出場三百六十八家。一九二二年，資生堂開設美容講習所，女子短髮大流行，全國城鄉使用電燈的家庭達到七〇％。

一九二五年，收音機廣播開始，收聽廣播採用付費的簽約形式，當年東京的簽約者有十三萬一千三百七十三位，大阪四萬七千九百四十二位，名古屋一萬四千二百九十位，礦石收音機的價格是十日圓，真空管收音機一百二十日圓，後者對一般家庭而言還是十分昂貴。

一九二六年，日本放送協會（NHK）和新交響樂團（後演變為今日NHK交響樂團）成立。順便提及，一九二六年時，東京市內大概有娼妓一萬五千人左右。

媒體和通訊也在大正時代獲得空前的發達。一九二四年，《大阪每日新聞》和《大阪朝日新聞》分別宣布發行量已突破一百萬份。根據第二次國勢調查，一九二五年，日本的人口達到五千九百一十八萬左右。中國在一九四九年以前，沒有一份報紙的發行量曾達到三十萬份。

那個時期，人們把這種以都市生活為代表的新氣象稱為「大正浪漫」。

---

1 最早使用這個詞的人是新聞記者茅原華山。民本主義其實就是民主主義，即Democracy的日語表述。日文漢字為何不用「民主」而用「民本」呢？因為《大日本帝國憲法》第一章明文規定國家主權在於天皇，天皇擁有所有有關國家的最高權力，而「民主」一詞則表示主權在民，與憲法和天皇的統治發生衝突，有冒瀆天皇的危險，因此二戰結束之前，日本禁用「民主」兩字，除了民本之外，一般用音譯的「德謨克拉西」表示。

2 按明治時期立下的規矩，海、陸軍大臣必須由軍人擔任。

3 當時日本將電影翻譯為「活動寫真」。

第54講　法西斯主義的萌發與軍部的崛起

十四年的大正時代，並非只是充滿著民主和浪漫的玫瑰色時代。昭和前期非常強勢的法西斯主義和日益膨脹的軍部勢力，其實在大正時代就已有明顯的端倪。

我們的印象中，法西斯總是與希特勒德國連在一起，希特勒的德國確實是法西斯的典型表現，不過法西斯主義並不局限於德國。法西斯主義興起於一戰結束不久的義大利，其主體傾向是否定議會民主制，並壓制勞動階級的革命運動，同時排斥自由主義和社會主義，高唱政治獨裁、軍國主義和極端國家主義，在一九三〇年代的德國達到登峰造極的地步。

這一思潮在一九二〇年前後傳到日本，與主張絕對君權的日本「國體」吻合，明裡暗裡獲得許多人的共鳴，因此，大正時期正是日本法西斯主義萌芽和抬頭的時期。

事實上，明治時期的近代國家轉型非常不徹底，儘管制定憲法，建立國會，形式上似乎成了立憲國家，但在此前後，藩閥政府有意炮製「國家神道」，將天皇抬到至高無上的人格神地位，並透過《軍人敕諭》（一八八二年）和《教育敕語》（一八九〇年）

的制定，對軍人和民眾反覆灌輸忠君愛國思想，樹立天皇的絕對權威，以各種手段壓制民眾對當局的非議和反抗。早在一八九一年五月，政府就公布實施第四十六號緊急敕令，其內容是對報紙雜誌、文書圖書實行事先審查，違者將處以短期禁錮、罰款等刑事處罰。但按照憲法，還必須得到議會事後的批准，由於部分議員反對，最後遭到廢除，不過實際操作上，政府對媒體和書刊的出版一直嚴加控制。

一九〇〇年，山縣有朋內閣制定《治安警察法》，要求組織政治團體或舉行政治性集會時，必須向當局提出申請，並禁止軍人、警察、女性、教員、學生和未成年者等加入政治社團，「在需要保持安寧秩序的情況下」，警察可對戶外集會進行限制、禁止和解散，內務大臣可下令禁止結社。一九〇九年四月，政府在《新聞紙條例》的基礎上，頒布《新聞紙法》，旨在壓制言論和報導自由，抹殺民眾對政府的批評。

大正時代被認為是民主運動高漲和政黨內閣實現的時期，但明治以來對知識階層民眾輿論壓制的脈絡，大正時代不僅沒有變弱，反而隨著左翼力量的崛起，逐漸呈現出法西斯主義的色彩。一九二五年四月，加藤高明（對華二十一條的炮製者）內閣頒布《治安維持法》。第一條規定：「以變革國體以及否定私有財產制度為目的的結社者，以及知情後還加入此種組織者，處以十年以下徒刑以及監禁。」其實施的範圍包括當時日本殖民地臺灣、朝鮮和樺太（薩哈林島，今庫頁島）[4]。該法案在草擬時期就遭到輿論的強烈反對，自由主義和社會主義都對此展開激烈的批評。《東京朝日新聞》一九二五年一月十七日的社論稱此法案實際上是「蹂躪人權、壓制人權」，把國民的思想生活當成警察取締的對象，集會結社的自由變得蕩然無存。二十一個勞動團體代表者聚集組成惡法案反對同盟，強烈反對這一法案。但眾議院還是在三月以二百四十六人贊成、十八人反對的表決，通過這項法案（據成田龍一《大正民主》，岩波書店，二〇〇九年）。到了昭和時期，這項法律又被多次修改，內容愈來愈嚴厲，不僅涉及實際的反政府運動，連思想學術上所謂「異端」也遭到嚴厲鎮壓，在一九四五年十月廢止之前，依據該項法律被逮捕而遭判刑的思想犯達數萬人。

此外，為了壓制「異端思想」，一九一一年，警視廳內設立所謂思想警察的特別高等課（簡稱「特高」），到了一九二三年，許多地方的都道府縣也設立了特高警察，一九二八年則擴展到全國所有地區。特高警察並不是針對刑事犯罪，而是專門針對所謂的思想犯，就是批判政府並以合法方式反抗政府的人。有所謂思想犯的國家，多少都具有一定的法西斯主義傾向。

再講軍部勢力的崛起。明治國家建立不久的一八七〇年代，軍部在日本並沒有什麼勢力。最早是把推翻幕府的各地武裝力量進行整編，其中央管轄部門是一八七二年從兵部省分離出來的陸軍省和海軍省，下面的軍事單位叫「鎮台」。一八七三年，把原有的四個鎮台擴充到六個，建制上，每個鎮台擁有二到三個聯隊的兵力，全國總共有十五個聯隊，一萬八千兵力，現在看來真的不多。同年，明治政府還頒布「全民皆兵」的徵兵令，即符合條件的男子都有當兵的義務。一八七八年，發生鎮壓九州南部士族反叛政府的西南戰爭，軍力因此有所壯大，一八七九年，學習普魯士的軍事制度，把老式鎮台制改成現代師團制，隨著日本逐步向海外擴張，軍力也不斷增長，每個師團的兵力遠遠超過原來一個鎮台的兵力，改組後的師團，下轄兩個旅團，每個旅團就有兩個步兵聯隊，還有騎兵聯隊、炮兵連隊、工兵聯隊、輜重兵聯隊各一個，以及師團直屬的衛生隊、野戰醫院、通信隊等。戰爭時期，每個師團在兵員上又有不小的擴充，這樣一來，日本的實際兵力一直擴大，除了陸軍之外，還有不斷壯大的海軍。一旦發生海外戰爭，日本的軍隊立即可以擴充到三十~四十萬兵力，在日清戰爭和日俄戰爭中得到充分的體現。

軍隊壯大後，軍人試圖在國家政治上謀求發言權。明治維新不久，當局盡可能以文官來統制軍隊，避免軍人干政。但隨著軍人勢力的壯大，這一情形逐漸發生變化，山縣有朋發揮了關鍵作用。山縣有朋和伊藤博文一樣，長州藩出身，資歷比伊藤老一些，一八七三年當上陸軍大臣（當時叫陸軍卿），執掌軍事大權，歷史上以保守著稱的《軍人敕諭》就由他策劃，並經他以天皇的名義發布，憲法頒布那一年，他出任內閣總理大臣。在他的影響力之下，《大日本帝國憲法》規定在政府內閣的建制中，唯有陸軍大臣和海軍大臣不屬於首相領導，直接隸屬於天皇，陸軍大臣、海軍大臣直接聽命於天皇，有事直接向天皇報告。一八九八年，他第二次擔任內閣總理大臣後，建立一項非常有害的制度——軍部大臣必須由現役軍人擔任，排除文官領導軍隊的可能性，擴大了軍人在政治中的話語權。現在的西方國家或實行西方政治制度的國家，內閣中的國防部長都必須由文官或退役軍人擔任，就是為了防止軍人干政。而近代日本的情形恰恰相反，為後來軍國主義在日本的發生和發展，在制度上奠定了基礎。

大正時代擔任過首相的九個人中，差不多一半是軍人出身，桂太郎是陸軍大將，一輩子都與軍隊有關，山本權兵衛是海軍中將，擔任過海軍大臣，寺內正毅是陸軍大將出身，加藤友三郎是海軍大將。一般來說，軍人出身的政治家，對內大多是較頑固的保守派，對外基本上都是強硬派，大致決定了大正時期的整個政治傾向。在大正的基礎上，到了昭和前期，軍部的力量達到巔峰階段，而這一局面的釀成則在大正時期。

我們考察大正時代的整個面貌時，既要看到它有大正民主和大正浪漫的一面，同時不可忽視這十幾年裡，法西斯主義正逐漸萌芽，軍部的勢力日益崛起的事實，不然就無法合理解釋昭和前期的日本怎麼會全面走向軍國主義。

4　這些殖民地的居民並不享有憲法或普選法所規定的政治權利。

第55講 左翼力量的興起與隕落

這裡所說的左翼力量，主要指代表工人、農民等社會中下層的利益而在政治舞臺上展現出來的力量，就是社會主義的思想和運動。

除了歐美國家之外，日本幾乎是近代產業起步最早且發展較為迅速的國家，特別是政府主導的鋼鐵廠、造船廠以及後來繅絲、紡織業的快速崛起，由此造成現代產業工人的登場。以在十人以上的工廠內勞動的工人來計算，一九〇〇年時，全日本已達到四十萬人以上。他們大多來自鄉村，在都市社會中處於底層，勞動和生活狀況頗為悲慘。

日本也是社會主義思想傳播最早的國家之一。十九世紀末期，一批社會活動家和媒體對他們的處境寄予較高的關切和同情，一些知識分子受歐美勞工運動和社會主義思想的啟示，對日本漸趨形成的資本主義制度進行批判和抨擊。在他們的影響下，工人們開始覺醒，與企業主之間的勞動紛爭逐漸增多，一八九七年七月，成立「勞動組合期成會」，並嘗試用罷工的形式來爭取自己的權利。

日本早期的社會主義領袖主要有兩個人，一個是片山潛（一八五九～一九三三年），他一八八四年去美國，透過苦學從耶魯大學畢業，一八九五年回國後，立即投身剛興起的勞工運動，是「勞動組合期成會」的骨幹人物，一九〇四年於阿姆斯特丹舉行的第二屆國際社會主義者大會上當選副主席，主張透過議會選舉來改善政治，提高勞工階級的生產和生活待遇，一九〇七年創辦《社會新聞》，宣導普選，使勞工階級透過選舉權來發出自己的聲音。

另一個是幸德秋水（一八七一～一九一一年），他早年師從留法歸來的盧梭信徒中江兆民，並在其影響下學習唯物論，後來在東京擔任多家報紙記者，廣泛接觸到各種社會問題，一九〇一年與堺利彥（一八七一～一九三三年）、片山潛等組成日本社會民主黨，宣導社會主義運動，但成立當天即遭到當局的禁止。一九〇一年撰寫《廿世紀之帝國主義怪物》、一九〇三年出版《社會主義神髓》，是歐美之外最早批判帝國主義、宣傳社會主義的著作。日俄戰爭時期，他創辦《平民新聞》，發出當時日本國內極為罕見的反戰聲音。還與堺利彥一起在這份報紙上首次譯介《共產黨宣言》（一九〇四年），但立即遭到當局的查禁，不久被逮捕入獄。出獄後去了美國，思想上更傾向於無政府主義，回國後與主張議會道路的片山潛形成對立，主張以直接行動來改變日本的政治。

一九一〇年五月，當局藉口一批社會主義者和無政府主義者策劃對天皇的暗殺行動，進行全國範圍的大搜捕，幸德秋水被捲入其中，翌年一月，包括他在內的二十四名被告被祕密處以死刑（日本歷史上稱為「大逆事件」），社會主義運動由此被嚴厲禁止，片山潛等紛紛逃往國外，剛興起的左翼運動被當局的鐵拳徹底擊潰。

明治末年，在產業工人漸趨形成的基礎上，社會主義思想和運動已達到相當的氣候，但從根本上來說是反體制的，因此被當局以謀殺天皇的「大虐罪」名目遭到極其殘酷的鎮壓。此後在嚴厲壓制的情況下，左翼的聲音沉寂了較長的一段時間，但明治時代的準備期，畢竟為大正時代的社會主義乃至共產主義思想的高揚和組織運動的高漲奠定了基礎。

「大逆事件」後，社會主義運動進入寒冬期，不過一些活動家依然堅持著隱蔽的工作。一九一五年，高壓氣氛稍得舒緩，活動家們又開始醞釀掀起新的高潮。堺利彥在當年九月發行新雜誌《新社會》，嘗試新的起步。事實上在這一時期，民眾的生活並未因第一次大戰期間日本經濟的虛假繁榮而得到任何實惠，一九一八年，實際經濟收入只有戰前的七〇％，到了七月，因政府調節政策的失敗和商人的囤積投機，米價比半年前猛漲一倍以上，於是爆發全國性騷動（史稱「米騷動」），民眾襲擊投機商人、高利貸者和地主，範圍波及全國一道三府三十二個縣，直接參加者估計達到七十萬人，可謂聲勢浩大，政府出動警察和軍隊進行鎮壓。這場危機中，寺內內閣因此垮臺，誕生了第一個真正意義上的政黨內閣（以政友會為基礎的原敬內閣）。

這樣的背景下，社會主義者從潛伏狀態重新回到政治舞臺上。一九一九年，堺利彥在《新社會》打出「馬克思主義旗號」。第二年把雜誌名改為《新社會評論》，又在九月改為《社會主義》。一九一九年一月，畢業於東京帝大政治學科、後擔任京都帝國大學教授的河上肇（一八七九～一九四六年）出版《社會問題研究》。四月，堺利彥和日本共產黨創始人之一山川均（一八八〇～一九五八年）發行《社會主義研究》。十月，著名的社會主義者及無政府主義者大杉榮（一八八五～一九二三年）創辦《勞工運動》。

日本社會主義同盟的成立是社會主義運動復活的指標。日期標注為一九二〇年十一月的宗旨書稱，同盟在「廣義上涵蓋一切社會主義者」，發起人向「種種勞動團體」、「各大學的學生團體」、「諸種思想集團」、「歷來的各種社會主義者」呼籲。日本社會主義同盟在其「宣言」中稱，「要從根本上破壞現代資本主義制度」，祈求自由、平等、和平、正義、友愛的「新社會」、「新組織」、「新文明」，以「階級鬥爭」為手段。其主要成員包含堺利彥、山川均等馬克思主義者，以及大杉榮等無政府主義者，還有文學家、律師和社會活動家等。這時文壇上也出現若干具有社會主義傾向的作家和刊物，較有代表性的是畢業於巴黎大學、一九一九年歸國的小牧近江（一八九四～一九七八年），他受法國反戰作家亨利・巴布斯（Henri Barbusse）的影響較大，首次將

《國際歌》譯成日文，並於一九二一年創辦《播種人》，是日本第一份具無產階級文學性質的雜誌，雖然持續時間不久，卻具有里程碑的意義。

日本的社會主義者一直與歐洲的社會主義或共產主義運動保持聯繫，一九一九年在莫斯科創建的第三國際，非常重視亞洲的共產主義運動。一九二二年七月十五日，以大杉榮為委員長的日本共產黨祕密成立，十一月，第三國際認可為其日本支部。但日本共產黨卻未能統合全日本的社會主義者和共產主義者，難以出現具有權威的領袖，抱持社會主義或共產主義傾向的人們，在如何聯繫工農、以議會形式還是直接行動的手段改造日本社會等問題上，各種意見紛呈，派別林立。一九二五年十二月，農民勞動黨成立。一九二六年三月，成立以大山郁夫為委員長的勞動農民黨（簡稱「勞農黨」），不久，一批意見偏右的人脫離勞農黨，成立社會民眾黨。文壇上也出現不同的無產階級文學派別，一九二四年創刊的《文藝戰線》開始時具有相當的影響力，沿承了小牧近江《播種人》的路線，但幾年之後，「全日本無產者藝術聯盟」機關雜誌《戰旗》，取代《文藝戰線》在左翼文壇的領導地位。

大正時代後期，各種左翼政黨紛紛登場，甚至在議會取得一定的席位，一時間，整個日本社會上具有相當的影響力，文壇的「普羅文學」也成了不容小覷的新生力量，湧現諸如小林多喜二、葉山嘉樹等成就斐然的作家，卻始終無法凝聚成一股巨大的革命力量，左翼陣營各種派別林立，在實際運動中，並未取得理想的成果。

一九二三年五月，特高警察根據獲得的共產黨資料，對建立不久、尚處於地下狀態的日本共產黨進行第一次大搜捕，逮捕堺利彥、山川均等八十名共產黨人。一九二八年三月十五日，又展開第二次全國範圍的大搜捕，逮捕一千五百人。一九二九年四月十六日，展開第三次大搜捕，逮捕了八百人，幾乎將日本共產黨的領袖一網打盡，日本共產黨遭到毀滅性打擊，一些日本共產黨員或骨幹分子在獄中紛紛表示懺悔和轉向（包括黨的領袖佐野學和鍋山貞觀，以及左翼作家林房雄等），而堅貞不屈的小林多喜二則被拷打致死。

到了昭和初期，在法西斯的高壓統治下，日本的左翼力量被徹底撲滅，自由主義者也遭到集體噤聲，整個思想界一片肅殺之氣。

第56講　日本為何將「滿蒙」視為生命線？

進入正題之前，先解釋「滿蒙」，中文的語境中，並沒有「滿蒙」這個地理概念。「滿蒙」語詞是日本人創造的，在此之前，日本人一般使用「滿洲」這個詞。

我們把歷史往前追溯。十九世紀上半葉，包括日本在內的外部世界，認為傳統的中國疆域只是「中華十八省」，大致是今長城以南至海南島、東部沿海至甘肅一帶，今中國東北一帶被認為是滿洲[5]。這種認識並不符合歷史事實，實際上西漢時，遼東已在版圖內，漢武帝曾在朝鮮半島設立漢四郡。盛唐時版圖較西漢更為擴大，蒙元帝國則囊括整個東北，明代時曾在關外大部分地區設立軍事管理組織「衛」，在不同時期實施程度不同的軍事管轄。清兵入關後建立大清王朝，滿洲自然是大清國的疆域，十九世紀中葉前後，大批漢人經山海關湧入滿洲，滿洲地區的人口從十七世紀末期的一百五十餘萬，增加到十九世紀末期的一千多萬，其中大部分是漢人，這是十九世紀中葉以後俄國和日本覬覦滿洲時的現狀。

由於俄國經濟的資本主義、政治軍事的帝國主義出現比日本要早，因而在日本明治維新前就將擴張的局勢伸向滿洲。一八五八年的《中俄瑷琿條約》、一八六〇年的《中俄北京條約》，迫使清政府將黑龍江以北、烏蘇里江以東的陸地和庫頁島劃入俄國的版圖。俄國雖然獲得符拉迪沃斯托克這一重要港口，但由於地處高緯度的北方，一年有將近一半時間處於冰凍狀態，因而將目光瞄準了南邊相對溫暖的滿洲地區，並把勢力不斷往南擴張。

而日本呢？透過學習西方的明治維新，國家漸漸強大，羽翼日益豐滿，因而步西方列強的後塵，把擴張的矛頭伸向朝鮮半島和東北亞大陸，透過甲午一戰，不僅驅逐了中國在半島的傳統勢力，還在《馬關條約》中貪婪地提出要中國割讓遼東半島的無理要求，日本的要求與俄國經營滿洲的謀劃發生尖銳的衝突，俄國就拉攏法國和德國一起出面干涉，迫使日本吐出已在嘴邊的果實。

俄國趁機在一八九八年獲得包括旅順、大連在內的租借權，並大興土木地開發建造大連港，以補足符拉迪沃斯托克的缺陷。這時，日本痛切地認識到如果要向東北亞擴張，俄國是第一競爭對手，也是第一威脅，而滿洲地區廣大的腹地和肥沃的土地、豐富的礦藏資源等巨大誘惑，使日本不惜在一九〇四年鋌而走險與俄國開戰，付出二十多萬兵員犧牲的代價後，終於獲得滿洲南部的鐵路鋪設權和礦產開採權，並強行繼承俄國對大連、旅順的租借權，一九一五年又將二十五年租借期延長到九十九年，並擅自稱為關東州，一九〇六年設立南滿洲鐵道株式會社，同時設立關東都督府，儼然把這區域看作日本的殖民地。

回到標題，日本為何將「滿蒙」視為生命線？近代日本在汲取西方文明時，還看到西方列強成長的過程——在海外開拓殖民地獲取勢力範圍，以獲得自己缺乏的農產品和礦產資源以及廣大市場，日本還意識到自己在國土面積和人口上都稱不上大國，要確保本國安全和國家利益不受損害，必須把國防線設置在國境線之外的領域。從明治中期開始（日本有點強大時），就銳意著手海外擴張，把北海道徹底收入囊中，又用武力兼併琉球，此後一八八九年十二月，陸軍大臣出身的山縣有朋首相在第一屆帝國議會上發表施政演說中，提出「主權線」和「利益線」兩個概念。所謂主權線就是國家行政權力所能管轄到的國境線，而利益線則是「與主權線的安危密切相關的區域」，必須保護，因而要求國會大幅增加海陸軍經費。

山縣有朋的兩個概念，實際上來自一八八八年到東京講學的維也納大學史坦恩（Lorenz von Stein）教授「權勢疆域」和「利益疆域」的說法，只是山縣有朋的表述更通俗易懂。當時日本把朝鮮半島列作利益線，因而幾年後挑起甲午戰爭。朝鮮半島成了日本的「主權線」之後，再向外拓展利益線，於是，整個滿洲就進入了日本的視線。日本一直宣揚俄國南下威脅論，並在全國上下發起一場聲勢浩大的「支那保全論」[6]，於是在各界成立同仇敵愾的「俄國同志會」，鼓吹對俄國採取強硬的態度和行動，日俄戰爭的策動就是保衛利益線具體而宏大的軍事行動。

做為戰後的結果，日本與俄國背著中國於一九〇七年到一九一六年之間四次祕密商議，簽署日俄之間的協定，基本內容是俄國承認日本在朝鮮的特殊權益，即朝鮮半島完全歸入日本的勢力範圍，日本承認俄國對於蒙古的掌控權，認可俄國在蒙古的特殊權益，同時把中國東北地區以長春為中界點，以北稱為北滿，屬於俄國的勢力範圍，以南稱為南滿，屬於日本的勢力範圍。

中國東北地區除了黑龍江、吉林和奉天三省之外，還有一部分在內蒙古的範圍，橫跨當時的察哈爾省、熱河省、綏遠省等，日本把這些地區稱為「東蒙」，和滿洲連在一起，一九一五年前後出現「滿蒙」一詞。日本初步計畫是把南滿以及與南滿相鄰的內蒙古東部地區控制在手裡，伺機逐漸北上。

日本要在中國擴展勢力，為何首先選中滿蒙呢？我認為有幾點考量：

第一，中國人口眾多、物產較富饒的長江中下游流域，大抵已被英國等老牌帝國主義國家劃作勢力範圍，並已經營了幾十年，培植了相關產業，日本在一九〇二年與英國結成日英同盟，不可能大規模與英國直接爭搶地盤，而華北是中國歷史上的心臟地帶，不僅已有英國、德國的勢力進來，而且傳統中國的力量也較雄厚，很難在這些區域開闢出廣大的、可以獨占的地區，因而將目光瞄準滿蒙。

第二，在日本人的認識中，滿蒙原本不是漢人的地方，歷史上與中原王朝的關係較疏遠，就民族而言，除了近年大量流入的漢人之外，還有原本的滿人及其他原住民的少數民族，再加上後來西移的朝鮮人、南下的俄國人以及日本人，因此，占領滿蒙與占領中國本土不一樣，應該不會激起中國人在民族感情上的強烈反抗，相對容易統治、經營。

第三，滿蒙疆域廣大，資源極為豐富，尤其是各種礦產和農作物，相對而言，地廣人稀，便於日後殖民，透過大量移民和殖民，把它變成日本海外帝國的一部分。

第四，日本已意識到在東亞和世界上的強勢崛起，日後勢必會與俄國和美國等西方勢力發生正面衝突，日本只是區區島國，本身的面積和資源、市場很有限，不足以與俄、美發生正面對抗，而滿蒙則給日本提供了廣大的根據地，即便日本本土遇到危機，廣大的滿蒙也是上佳的緩衝地。而且占據滿蒙之後，可以步步南進，蠶食更多領土和資源。

基於以上考量，關東軍高級參謀在一九二七年五月的演講中說：「為了日本的生存，為了確保將原料產地和成品市場置於本國的勢力之下，為了與世界大國為伍，確保國民在經濟上的生存，當務之急是把滿蒙變成日本的領土。」後來出任日本外務大臣的松岡洋右在一九三一年一月正式提出「滿蒙是日本的生命線[7]」這一著名的論斷，非常明確地概括了自甲午戰爭以來，日本在東北亞逐步推進的擴張政策的基本構想和行動出發點。

5 這詞語來自滿語Manju，用漢字寫就是滿洲，這片區域也被稱為Manchuria，被看作漢民族王朝之外的區域。

6 就是保全中國領土主權完整，不受外國的肢解和侵犯，外國指的就是俄國。

7 所謂生命線，就是必須傾注全力來奪取和確保。事實上，日本二十世紀以後在東亞大陸所推行的一系列擴張行動，都是依據這一基本理念來推進。

第57講　參謀本部：日本對外戰爭的策源地

我在閱讀和思考日本近代史時，經常有些史實在腦海中交織：一九二八年六月四日，關東軍參謀河本大作策劃炸死張作霖；一九三一年九月十八日，關東軍參謀石原莞爾、關東軍高級參謀板垣征四郎策動九一八事變；一九三七～一九三九年，參謀本部中國班長（後升任中國課長）今井武夫主持日本與蔣介石政府祕密和談；一九三九年，擔任「梅機關」負責人的參謀本部中國課長影佐禎昭謀劃、策動了汪偽政府的成立；同年，關東軍參謀辻政信在中蒙邊界的諾門檻策動了日本與蘇聯激烈的軍事衝突……。近代日本的對外軍事擴張（尤其是對中國的侵略）行動中，每每總是有參謀、參謀本部的魅影。

日本的參謀本部到底是個怎樣的存在？一個參謀為什麼會有如此大的能耐？這一講來談談近代日本軍事力量的崛起過程中，或者說近代日本國家走向軍國主義的歷程中，參謀本部在本質上究竟是個怎樣的存在，在機制與體制上又具有怎樣的特點。

首先，日本陸軍參謀本部是個機關，機關內的人物和隸屬於此的參謀只是某個具體的角色，把近代以來日本對外擴張政策的制定和推行都歸咎於參謀本部本身，是見樹不見林的偏狹。參謀本部的誕生以及日後的運作，是近代日本在國家主義的鼓動下，試圖從邊緣的島國走向與西方列強並駕齊驅的擴張性強大帝國的進程中，自然或必然會產生的現象，而參謀本部獨特的體制與機制，以及處心積慮的積極運作，大大加快了進程，從另一個角度來說，也促進了日本帝國滅亡的進程。

先從體制上來考察參謀本部。日本在近代實施國家轉型的過程中，十分注意軍隊本身的轉型。明治初期的日軍只是推翻江戶幕府的各地軍事力量，缺乏系統性統一管轄。一八七一～一八七三年間，先後設立東京、大阪、鎮西、東北、名古屋、廣島六個鎮台，總兵力一．八萬人，一八八八年，改鎮台為師團制，每個師團一般有四個聯隊，軍力有所擴張。從管轄體制上來說，一八七二年，從最初的兵部省分出陸軍省和海軍省，行政長官一開始由文官擔任，官職叫「卿」，仿效英、美的文官控制體制，防止軍隊對政府的背叛。

山縣有朋擔任陸軍卿的一八七四年，在陸軍省內設立參謀局，局長由現役軍人擔任，由於山縣有朋的竭力經營，文官體制逐漸遭到破壞，海、陸兩軍長官改由軍人出任，山縣有朋成了陸軍大將。在山縣有朋的主導下，日本一八七八年設立參謀本部[8]。

明治以後建設新式軍隊的過程中，經過各種摸索和借鑑，最後決定以普魯士為楷模，設立普魯士式參謀本部，一度曾在陸軍和海軍都設立，最後因不易協調，一八九三年另設立海軍軍令部，參謀本部則成了純粹的陸軍機關，在地位上幾乎與陸軍省並駕齊驅，具體負責戰略的謀劃、作戰的策劃、情報的調查和收集等，下設若干局，局下面是課，課下面是班，幾乎所有的成員都是陸軍士官學校和陸軍大學雙料畢業，集聚當時日本社會的精英分子。

一八八五年，伊藤博文創建以總理大臣（首相）為首腦的內閣制，從道理上來說，陸軍省和海軍省也是內閣的一部分，但由於山縣有朋等人長期策劃和運作，日本產生有些奇怪的機制，即做為內閣官員的海、陸兩軍大臣並不聽命於總理大臣，而直屬於天皇，天皇做為國家軍隊的最高統帥，可直接指揮海、陸兩軍，這機制在一八八九年制訂的《大日本帝國憲法》中被確定下來，而海、陸兩軍的大臣則由軍人出任，文官沒有資格擔任，以至於後來的日本政治實踐中，內閣總理大臣往往由軍人出任，日後逐步形成所謂軍部的力量，並日益膨脹和龐大，到了昭和以後，幾乎主導了整個對外政策的走向。

參謀本部為什麼能獲得那麼高的地位和那麼大的能量呢？

第一，就地位而言，它是軍事最高統帥天皇的輔佐機構，直接聽命於天皇，內閣根本無法左右，另外，陸軍非常聰明，盡可能抬出有影響力的皇室成員來擔任謀本部最高長官，比如，日本對外擴張最為積極的一九三一年至一九四一年期間，擔任參謀總長的是皇室閒院宮載仁親王，礙於皇族的權威，陸軍大臣和海軍大臣都不敢插手參謀本部，參謀本部則倚靠皇族的背景，狐假虎威，恣意妄為。

第二，參謀本部的成員基本上都是陸軍士官學校和陸軍大學雙料畢業的精英分子，鑽研戰略、戰術，對於世界局勢、歷史地理、軍事技術都有長期的研究，擔任課長和班長的中級軍官具有充沛的精力和勃勃的野心，一些具體作戰計畫、政策綱要往往都是這些職務不是很高的課長、班長的作品，皇室出身的參謀總長幾乎不管事，大抵由主持日常運作的參謀次長統領全域，一般由局長裁定的決定即可付諸實施。因而參謀本部的具體運作中，活躍的往往是課長、班長的身影，一系列事件、事變大多是由他們策動，並在相當程度上左右了內閣的對外戰略。

不過，參謀本部的人並非個個都是好戰的狂熱分子，其內部一直存在著強硬派和溫和派，只是最終產生決定作用的往往都是好戰的強硬派。在此透過石原莞爾和影佐禎昭兩個個案來考察參謀本部的具體運作情形。

一八八九年出生的石原莞爾於一九〇九年和一九一八年分別畢業於陸軍士官學校和陸軍大學，在陸軍中升至大尉和中隊長（連長）；一九二二年，被派往中國漢口待了一年多，回國後在陸軍大學擔任教官，不久又被派往德國柏林學習軍事；一九二八年，以步兵中佐軍銜擔任關東軍參謀；一九三一年，在未獲得陸軍中央正式許可的情況下，與關東軍高級參謀板垣征四郎一起策動了九一八事變，拉開日本占領整個中國東北的序幕。

石原等人為什麼不惜冒著違背中央指示的風險而做出如此驚人的軍事舉動呢？當時日本已經把滿蒙列為日本的生命線，他們認為列強的爭霸最終將歸極為東西方，即日本與美國或蘇聯之間的決戰，而日本以目前的國土、資源、人口均不足以與美國等展開這樣一場生死決戰，必須在中國滿蒙開闢廣大的根據地，由日本人經營，最後以此做為堅實的立足點，與美國或蘇聯進行軍事較量。他撰寫的《最終戰爭論》、《戰爭史大觀》等著作，充分表述了自己的思想。

出於這樣的戰略思想，石原等人策動關東軍高層，悍然發動攻擊張學良東北軍的九一八事變。石原的思想和舉動是極端國家主義在參謀本部系統的典型表現。照理，這是一場沒有獲得陸軍中央、尤其是軍隊統帥的天皇許可的行動，按照軍法會遭到非常嚴厲的制裁。但這樣的行動與整個日本對外戰略是一致的，事後石原等人不僅沒有受到任何懲罰，反而官升一級，一九三五年擔任核心的參謀本部作戰課長，一九三七年晉升為少將、參謀本部作戰局長。一九三七年盧溝橋事變爆發後，他出於日後可能進攻蘇聯的考慮，一開始主張不要將軍事行動擴大化，但最後還是主導了派兵的決定。後來因反對東條英機內閣與美國作戰的決定，戰後被遠東軍事法庭免於起訴。

影佐禎昭也先後畢業於陸軍士官學校和陸軍大學，有不錯的漢文漢學修養，一九二九年，被參謀本部派往上海，後來擔任中國班長、課長和謀略課課長，抗日戰爭全面爆發後，影佐被指派擔任設在上海的「梅機關」機關長，主要策劃實施汪精衛脫離重慶政府、並在南京成立偽政府的計畫。

相對而言，影佐禎昭在參謀本部內算是溫和派，不主張戰爭擴大化，希望樹立親日的政府，透過和平方式獲得日本的利益，他在一定程度上理解汪偽集團的苦楚，原由他草擬的日本與汪偽之間的協定，內容也算溫和，但屢屢被參謀本部內的強硬派所詬病，他內心有些痛苦。當然，最後還是代表日本軍方，逼迫汪偽集團簽署日華協定。主導和操縱扶植汪偽政府建立行動的不是日本外務省或陸軍省，而是參謀本部。

由上述兩個例子可看出，無論在體制或機制上，參謀本部在近代日本都是怪異的存在，由於直屬於天皇，最高長官又屢屢有皇族背景，其成員絕大部分都是具有極端國家主義思想的精英分子，能量極大，甚至可以綁架政府，最後將參謀本部變成日本對外侵略戰爭的策源地。對於這樣的極端國家主義思想以及如此異常的體制與機制，應該引起後人的高度深思和警惕。

8 參謀本部不是日本獨創的軍事機構，最初形成於十九世紀初的歐洲，而具有日後參謀部功能的參謀本部則是普魯士一九一五年在柏林建立的。

第58講　日本為何對中國發動全面戰爭？

大家都會回答：這是日本帝國主義本性所決定的。但日本什麼時候開始產生帝國主義的本性？對外擴張難道只是最高當局少數人制定的國策嗎？它一開始就具有全面系統的武力擴張計畫和戰略謀略嗎？

問題沒有那麼簡單，歷史研究，最切忌的就是簡單的線性描述。

世界上所有的民族都具有一定程度的潛在擴張性，現在看似弱小、和平的民族和國家，當年也曾稱霸一地一時。如今面積只有四萬多平方公里、人口才五百多萬、給人的印象是一片田園牧歌的丹麥，十五世紀時卻透過武力征服歐洲北部，如今的瑞典、挪威、冰島等都曾在其版圖內；小小的葡萄牙，十五～十六世紀時，透過大航海的舉動迅速崛起，擴張的勢力西到南美、東到東亞，曾是跋扈一時的海上強國；連今天顯得安詳寧靜的奧地利，十九世紀後半期兼併了匈牙利，並試圖將勢力擴展到巴爾幹半島，最後成了第一次世界大戰爆發的導火線之一。至於諸如英、法、德、美等近代西方列強的崛起和擴張，大家就比較熟悉了。

再把眼光回到日本。十九世紀以來，西方列強三番兩次試圖打開日本國門的行為，激發了日本的民族意識和國家意識的覺醒，並使日本人逐漸意識到只有模仿西方、發憤圖強，才可免於淪為西方殖民地。這一過程中，日本人的國家主義傾向膨脹起來，而且愈來愈強烈，這一傾向可說是全國性的、全民性的，用日語的詞語來表示，就是伸張「國權」（向海外伸張日本的國家權益），這一思想被認為是具有正當性的價值指歸，因為被日本人視為仿效對象的歐美諸國，就是活生生的模範。因而有了一系列吞併琉球、甲午戰爭、日俄戰爭、吞併韓國的武力擴張行為，幾乎所有的擴張行為都得到民間輿論的支援，十九世紀末期，日本產生像「玄洋社」、「黑龍會」等諸多高舉國家主義大旗的右翼民間組織，它們是日本當局推行對外擴張政策的基礎和動力。

但不是所有的日本人一開始都主張用武力方式來獲取海外利益。十九世紀下半期，日本曾掀起亞洲主義的思潮和運動，較溫和的一派主張透過貿易來獲得在東亞大陸的利益，也有主張聯手中國等亞洲國家來對抗歐美，但前提是日本必須是聯盟的盟主，必須是領袖，其實也染上帝國主義的色彩。最終，強硬的一派愈來愈占據上風，社會上的精英分子大都熱衷於如何在海外謀得更多國家利益，大多數的人漸漸喪失理性思考和批判精神。

隨著一九二〇年代末期世界性極端民族主義、極端國家主義的蔓延，日本也陷入法西斯主義的泥坑，成了軍部主導的集權國家，而對外擴張的欲望日益膨脹，企圖透過海外擴張來使日本擺脫因世界性經濟危機而陷入的困境，這種擴張行為幾乎到了利令智昏的地步。

占據中國東北之後，又以各種藉口將勢力繼續向南擴張，先是策動第一次上海事變（一九三二年一月二十八日的淞滬事變），逼迫中國軍隊撤出上海一帶，接著以軍事強勢，逼迫中國簽署《塘沽協定》、《何應欽梅津美治郎協定》，逼迫國民黨放棄對平津地區的實際行政管轄，又炮製操縱所謂冀東自治政府，試圖把華北從中國分離出來。

一九三七年七月七日凌晨，北平郊外盧溝橋的零散響聲，成了日本全面侵華戰爭的導火線。由此引發的中、日軍事衝突，本身只是一次小規模的偶發事件。中、日雙方都沒有做好全面對抗的充分準備。一開始，日本最高當局討論著是否向事發地區派兵的問題，曾有強力軍事干預和不擴大事態兩種意見。七月九日，陸軍大臣杉山元向內閣提出派兵三個師團的提案，未獲通過。七月十日，實際主持參謀本部工作的石原莞爾未能說服部下主戰的要求，制定一份從朝鮮軍、關東軍各派一個師團，國內派遣三個師團的出兵計畫，事後卻跑到首相近衛文磨那裡，希望內閣不要通過這份議案。後來由於在事發當地暫時簽署停戰協定而沒有立即實施。

盧溝橋事變中，日軍的挑釁和態度的張狂再次激怒中國人民。此時國共合作的態勢已基本形成，中國人強忍多年的民族情感再次高漲，七月十七日，蔣介石發表廬山講話，表明中國人不願繼續退讓的姿態，並積極調動軍隊北上。於是日本內閣通過出兵的決定，七月二十八日，日軍向中方發動全面總攻擊，華北的戰火正式燃起，緊接著，抗戰中中國兵力投入最多一次的淞滬會戰爆發，戰火從華北蔓延到華東，三個月後的十一月十二日，日軍攻陷上海，十二月十三日，占領首都南京，一九三八年的徐州會戰中，儘管中國軍隊進行激烈的抵抗，長江下游的北部地方還是落入日軍之手。一九三八年十月二十一日，日軍攻陷廣州，二十七日，戰時指揮中心武漢陷落。至此，日軍幾乎控制了從東北到華中的大部分地區以及東南沿海一帶。這一切恐怕未必是盧溝橋事變爆發時，日本就已經謀劃好的，面對如此廣大的占領區，日本一時都不知如何有效處理。結果策動成立汪精衛偽政府，暫時維持控制的局面。

現在仔細看來，日本從明治中期以後，就開始謀劃向海外（主要是朝鮮半島和中國大陸）的擴張策略。朝鮮的國土不大，日本索性將其吞併，但要吞併廣大的中國，日本一開始還沒有這樣的野心。二十世紀初期，它主要是垂涎中國東北地區，特別是少壯派勢力試圖在滿洲推行他們的理想國家建設計畫，繼而得隴望蜀，又向華北推進，當地的關東軍和天津駐屯軍從中獲得不少益處，包括關稅和鴉片的種植和貿易，他們是竭力主張把盧溝橋事變擴大化的強力推手。盧溝橋事變發生時的近衛文磨內閣，還帶有些許政黨內閣的色彩，但實際上軍部勢力已掌控日本的政局，具有名門望族背景的近衛文磨也淪為軍部手中的玩偶。

占領中國主要地區的日軍，力量上已難以全面向中西部推進，後來發動的幾次軍事進攻和大規模對重慶、昆明的空襲，目的是為了摧毀重慶政府和中國人民的抗日決心和意志。而占領區內則主要透過汪偽政府來獲得利益。

然而，日本對中國的大規模侵略行徑，觸犯了英、美在東亞的利益。另外，從政治理念和道義上來說，美國也認為日本的行為違背由西方主導的國際法原理，破壞由國際聯盟主導的國際秩序。於是，日、美之間的矛盾日益升級，最終導致雙方的全面衝突。

第59講 日本為什麼對美國開戰？

區區島國日本為什麼會狂妄無知向龐大的美國開戰，而且開戰的對象不只是美國，還包括英國與荷蘭。它怎麼敢走到這一步呢？日本不比希特勒德國，不是某個獨裁者可以貿然決定的，日本上有天皇，下有內閣，還有陸、海兩軍的互相制約，多多少少還有一點輿論的聲音，最後怎麼做出向美國大動干戈的決定，並且真的打起來呢？

早在一九三〇年左右，一部分日本人（尤其是時任關東軍參謀的石原莞爾）的頭腦中，認為世界競爭的最後較量就是日本與美國一決雌雄的大戰。不過這一認識在當時的日本社會並不普遍。逐漸使得日、美關係日益對立，並導致戰爭爆發的主要原因，在於日本對中國的全面侵略和歐洲戰場上第二次世界大戰的爆發。

日本在中國步步逼近，最終挑起全面戰爭的一九三七～一九三八年間，正是歐洲地區法西斯德國等強勢崛起、戰雲密布的時代，做為國際聯盟核心成員的英、法等資本主義國家，面對風雲多變的歐洲局勢，已自顧不暇，沒有精力和能力再關心和干預在遠東發生的中、日衝突，而美國一向奉行孤立主義，不太願意捲入與本國利益沒有直接關聯的他國事務，因而使日本能夠長驅直入，在東亞為所欲為、稱王稱霸。

日本人的猖狂舉動，最後還是影響了美國在遠東的利益，而一直自認正義與和平維護者的美國，也感到日本的暴行給中國人民帶來太多災難，美國傳媒大王亨利・魯斯（Henry Robinson Luce）旗下的《生活》（*Life*）雜誌，一九三七年十月四日刊發一張「上海南站日軍空襲下的兒童」照片，滿身鮮血的幼兒在火車站廢墟上惶恐大哭，據說這張照片的讀者達到一億三千六百萬人，震驚整個美國。亨利・魯斯在中國出生並度過少年時代，對中國懷有深厚的感情，他利用自己掌握的媒體《時代》（*Time*）、《生活》等，以譴責的立場大量報導日軍對中國的侵略行徑，激起一般美國民眾對中國的同情。同時宋美齡和胡適大使等在美國各地的演講，美國輿論逐漸轉向同情中國、譴責日本。但美國政府依然保持中立立場，只在經濟上透過《桐油借款》等貸給中國總共六億多美元，但並未在軍事上公開支持和幫助中國。

一九三九年九月，第二次世界大戰在歐洲爆發，一九四〇年夏，美國友邦英國遭到德國大規模空襲，而同年九月，日本與德國、義大利簽署三國同盟條約，軍事上形成軸心國關係。而之前的同年六月，日本藉口天津的英國租界內藏匿抗日分子，悍然對英租界進行交通封鎖及進出人員、貨物的檢查，英國立即對此提出抗議，但日本憑藉軍事優勢我行我素，並在國內掀起反英熱潮，在東京日比谷公會堂舉行聲勢浩大的反英集會。

這一切都使美國十分不悅，於是一九三九年七月二十六日正式通知日本，廢除兩國之間一八九四年簽署、一八九九年生效的《日美通商航海條約》。對日本而言，是非常沉重的打擊，因為日本大量的貨物貿易（包括相當的生產原料）都要從美國進口，同時美國也是日本重要的商品市場，日本不得不鄭重地考慮這一問題。

日本密切注視著歐洲戰場的變化，伺機吞噬法國和荷蘭在東亞的地盤，開闢新能源來源地，以彌補美國廢除通商航海條約後造成的損失。獲知法國投降德國後，一九四〇年九月，日本趁機在法屬印度支那北部（主要是越南北部）登陸並占領這一區域，除了擴大地盤外，另一個目的是封鎖英國人經過此途徑將援助物資輸送到中國的西南地區。美國立即做出反應，當月底將禁止向日本出口鋼鐵和廢鐵，對金屬和機械製品也逐漸採取出口許可制度。此前日本的鋼鐵和鋼鐵原料很大程度上依賴美國的進口，美國的這一決定對日本可謂是雪上加霜，日本人認為這是美國人掐著日本的脖子，日、美之間的關係愈來愈緊張。

不過雙方還是試圖挽回每況愈下的雙邊關係。一九四〇年底，兩位美國天主教牧師在政府的授意下來到日本，間接與日本官方商議緩和關係的方案，以期達成一項諒解備忘錄。但是雙方的分歧太大，在關鍵問題上難以達成一致。第一，日本不想從中國撤軍，第二，日本還想繼續南進（向東南亞擴張勢力）。那時，日本的盟國德國在歐洲戰場上屢屢得勝，一九四一年六月二十二日，以閃電戰方式突然向蘇聯發動進攻，日本也趁機於七月二十八日在法屬印度支那南部登陸，繼而占領整個印度支那。使得美國愈加不能忍受，於是宣布凍結日本在美國的一切資產，八月一日又宣布除棉花和食品之外，禁止包括石油在內的所有物資輸往日本。

這一制裁措施再次切中日本的要害。石油是日本命脈性資源，雖已經儲藏大量石油，但其戰爭經濟主要依賴美國的石油供給，這一來源被切斷後，日本國內主戰的聲音頓時高漲，主張在國力衰弱之前對美開戰，試圖在短期內取勝。另一方面，日本打算出兵荷蘭殖民地印尼，期望在那裡開採石油，以獲得石油補給。日本心裡明白，如果占領印尼，就意味著與美國交戰了，當時的近衛文磨政府還是力圖避免走到這一步。日方向美國提出希望進行日本首相與美國總統羅斯福（Franklin Delano Roosevelt）的直接會談，在最高領導人層級達成和平協議，地點可安排在夏威夷。但羅斯福總統的態度比較謹慎，認為夏威夷的地點不妥，或許可改在阿拉斯加。日本立即回應，組成最具實力的談判陣容。但隨後羅斯福卻發出訊息，認為目前最高層級的會談時機尚不成熟，可安排低一層級的官員先行預備談判。這使日本感到十分不快，一九四一年九月九日舉行的御前會議上，做出一項名曰「帝國國策遂行要領」的決議，決定「為了帝國的自存自衛，不惜對美開戰」。過了一個多月，由於無法與軍部有效地協調，近衛內閣辭職，接替擔任首相的是陸軍大將東條英機，東條可說是強硬派的代表。

十一月二十六日，美國國務卿科德爾・赫爾（Cordell Hull）透過日本駐美大使遞交一份備忘錄，我曾仔細閱讀這份備忘錄的英文和日文文本，其關鍵內容有幾條：日本政府從中國和印度支那全面撤走所有陸、海、空三軍以及警察力量；美國政府和日本政府只承認重慶的中華民國政府，而不在政治、經濟、軍事上支持任何其他政權。這關鍵的兩點是日本無論如何不願意接受的。擔任外相的東鄉茂德在戰後的東京審判上說：「美國的這份備忘錄不僅要求日本放棄經過多年犧牲獲得的成果，還要日本放棄國際上遠東大國的地位，等於要日本做出國家性自殺行為。為對抗這樣的挑戰，保衛日本，我們的唯一選擇就是戰爭了。」日本覺得《赫爾備忘錄》是完全無法接受的最後通牒，於是發生一九四一年十二月七日日軍偷襲珍珠港的行為，日、美戰爭以及有英國等英聯邦國家共同參與的太平洋戰爭因此爆發了。

由此可以看出，日、美之間會發生無法避免的戰爭衝突，非常重要的原因之一是美國堅持要求日本從中國全面撤軍，並且只承認重慶的國民政府而放棄對汪偽政府的支持，這一點上，美國自然也有其國家利益的考量，但如此堅定地主張國際道義和正義，確實非常令人感佩。而日本在中國已獲得的利益是幾十年來處心積慮謀劃、付出巨大犧牲得到的，絕不可能輕易吐出來，日、美戰爭就不可避免地爆發了。

第60講 戰爭時期日本民眾的生活窘相

一九二三年，關東大地震之後的十來年，是日本社會相對較穩定的時期，其間雖然經歷了大正和昭和天皇更替，以及一九二〇年代末期的經濟蕭條，但日本國內的經濟和社會整體都處於向上的階段，文化也較繁榮。但隨著日本在海外侵略戰爭的日益擴大，食物供應日益緊缺，往昔正常的民眾生活逐漸瓦解。造成食物緊缺的原因，不僅是軍隊對糧食的需求大幅增加，還由於擔當糧食生產的青壯年勞力被徵調到海外戰場和軍需工廠、運輸道路建設等，大批耕地荒蕪，本國糧食生產逐年減少，更由於太平洋戰爭爆發後，美、英等國對日本實行海上封鎖和海外資產凍結，不可能再從海外進口糧食（雖然從殖民地的朝鮮半島和臺灣的糧食徵用並未停止，但數量也在減少），這些綜合原因，導致日本民眾食物供應的嚴重緊缺。

一九三八年，政府頒布《國家動員令法》，為了推行海外戰爭，一切軍事優先，城市和鄉村到處貼滿「在戰爭勝利之前，必須節衣縮食」之類的標語。一九三九年十二月一日，開始實施「白米禁止令」，不准食用純粹的白米飯，於是白米飯從日本人的餐桌上消失。政府鼓勵民眾將麥粒、大豆、薯類參雜在大米中，煮成混合米飯，並將麵類和麵包升格為主食，限制酒類釀造的糧食使用。

從一九四〇年四月二十九日起，對白米、味噌、醬油和砂糖、火柴等生活必需品實行憑票供應。砂糖每人每月三百克，火柴每人每天五根。八月一日開始，東京的百貨公司餐廳、政府機構和公司食堂的午飯徹底取消白米飯。街上出現一種稱為「節米食堂」的小飯館，門口貼著廣告文：「自七月二十日起實行節米。節米午飯。口味上佳，營養滿點。請在自家中仿造試行。七月二十日，放入大豆的昆布飯；七月二十二日，南瓜飯；七月二十四日，麥飯；七月二十七日，放有鯡魚的麵條飯；七月二十九日，落雁甘露飯（具體內容不詳）；七月三十一日，營養飯（具體內容不詳）；八月二日，蘿蔔飯。」這一年六月起，東京、橫濱等地啤酒也實行家庭配給制，但由於實物不足和配給機構不完備，事實上零售店裡幾乎看不到啤酒。另外，自九月分起，禁止在料理店和飲食店內午飯時供應酒類，並對顧客的餐費進行限制，早飯最高每人一日圓，午飯二・五日圓，晚飯五日圓。於是，飯館無法供應像樣的飯菜，像樣的餐館逐漸消失了。為節省電力，廣告燈和霓虹燈也被取消了。一九四一年，糧食供應繼續惡化，為增加糧食收成，當局鼓勵民眾開荒耕地，廣種糧食。鐵路沿線的間隙空間被用來種植玉米，丘陵地帶原本的桑田被改造成稻田和麥田。政府還向全國推廣大豆、馬鈴薯、胡蘿蔔等二十一種所謂營養蔬菜的空地栽培法，號召民眾廣泛種植。肉店裡出現以前從來不吃的狗肉、海馬、海狗的肉。根據政府頒布的「米穀配給通帳制」，東京、橫濱等六大城市的市民實行外食券制和白米定量制，每人每天三百三十克。這一年，食用油、麵粉、雞蛋等也實行配給，雞蛋平均每天二人一個。東京上野動物園的動物也面臨嚴峻的食物不足，結果將一些多餘的動物處死，射殺了三頭喜馬拉雅熊。因為肉食嚴重不足，原本出於衛生的原因在東京市內十五個區範圍內嚴禁養豬，如今只要向區長提出申請即可獲得准許。

當年一般民眾的生活情形，可在日本大正、昭和前期十分出名的小說家永井荷風《斷腸亭日記》窺見一二。一九四二年部分，我們見到如下記錄：

一月初五。寒氣難忍。據鄰居所言，自去年歲末起，鹽和醬油已經斷貨，酒雜店內何時會到貨，尚無指望。砂糖亦需十日以後才有配給。戰爭得勝而食物卻日益匱乏的時代終於漸漸來臨了。

一月初八。晴。下午去銀座購物。每戶人家前皆伸出國旗。向人詢問後得知，每月一日的興亞禁酒日自今年起更改至今日。

九月十三日。晴。秋暑猶熾。曝下五叟夫婦攜煮小豆來。蓋為對日前余所贈日本酒配給券的還禮罷。

十二月三十一日。晴，有風，至夜停歇。鄰家送來芋艿、蘿蔔。該是對余日前所贈牛肉配給券的還禮罷。肉類雖有配給，但堅硬難嚼，每每贈與鄰家。……余今年夏日突感胃痛，痛苦不堪，曾去土州橋醫院診治，病狀至今亦未有好轉，而本月起配給米中混有玉米，消化愈加惡化。世間傳言，謂明年春起，配給米將改為糙米，未知余腸胃的消化能力是否能抵擋得住。余之壽命大抵亦可預測矣。宋詩云世間多事悔長生，余亦不欲求長生矣。

一九四三年四月分起，東京市內原有一千家左右的喫茶店，隨著空襲警報令的發布一律停業，改為救護所。和美國和英國開戰以後，為進一步驅逐英、美的影響，內務省情報局下令禁止大約一千種英、美音樂的演奏和唱片發行，並將日本英語雜誌的名稱一律改為漢字名稱。一九四四年，日本在太平洋戰場上節節敗退，戰局每況愈下，國內民眾的日子愈來愈苦了。從年初起禁止種植西瓜、甜瓜等水果。為了使有限的食物中獲取最大的熱量和營養，神奈川縣糧食營團出版一冊有一百二十頁篇幅的《決戰食生活功夫集》，配有許多手繪插圖，介紹如何在有限的食物中獲得最大程度的營養，比如馬鈴薯、瓜果、藕等的皮、邊邊角角的食用方法，南瓜籽的吃法（日本人原本不吃瓜子），如何將一升醬油當作兩升用，如何將同等的白米煮成多出三〇%的米飯等。實在是窮途末路的無奈之舉。

以日本作家高見順一九四五年寫的日記做為素材，向讀者進行一些較具現實臨場感的敘說。他的日記中寫道：「因這場戰爭，日本人的風俗恐怕會發生徹底的變化。穿著裙子和襪子的西洋式女子形象如今已經完全看不見了。也許是因為缺乏裙子的布料和襪子，現在看見的都是田野的勞動褲和褲子形式的決戰服。」物資的嚴重匱乏是主因之一，但戰爭爆發前後當局竭力擯斥英、美色彩的政策是直接原因，「華盛頓鞋店」被改成「東條鞋店」，東京等大都市的酒吧和咖啡館都遭到關閉，僅有當局許可的「國民酒場」艱難地苦撐著。二月某日，高見順等來到東京赤阪一家以前常去的「國民酒場」：「說是五點半開始，可此時只有四點半，已在巷子裡排起長隊，二列縱隊。人們的服裝與半年前相比大相徑庭，都是帶著防空頭巾、裹著綁腿的嚴肅戰時服裝，而且都一樣髒兮兮的。就像以前建築工地上的隊伍。……排隊的人時刻在增加，見到隊伍中有熟人，就悄悄地夾在他後面，我們前面的人愈來愈多了。咳，不要插隊！後面響起了憤怒的吼聲。」排隊是為了領一張酒票，每人限一張，一張限一瓶啤酒，另加酒錢。酒票有限，排在後面的人就沒有了，因為插隊，有時會發生爭吵甚至鬥毆。所謂喝酒，也不是悠然的享受，屋內沒有像樣的桌椅，往往是站著一口氣喝完。

像樣的餐館消失了蹤影，偶爾看到一家賣吃食的店，門口也排著隊，「從隊伍快速移動的情形來看，供應的食物顯然相當粗陋且量少。排到付款的帳臺前，果然看見貼著一張紙，上面寫著『代用食一元』，準備了零票往裡一瞥，果然量很少，盤子裡裝了一點點，這代用食到底是什麼東西，光看也看不清楚，白乎乎的裡面夾雜著黑黑的、像是洋棲菜（一種海藻）的東西，顯然很難吃，看著都讓人倒胃口。」

永井荷風和高見順都是作家，在社會上至少是中等階層，日常生活尚且如此艱難，普通民眾更是窮苦不堪了。所以日本窮兵黷武的連年對外戰爭，不僅給被侵略的國家和地區的人民帶來深重的災難，本國人民的生活也是每況愈下，甚至部分人到了衣不蔽體、食不果腹的窘境，戰爭有多麼可惡，由此可見一斑。

第61講 從東京大空襲到原子彈

我在日本時，碰到幾次「八・一五」（日本戰敗日）。每每在這日子的前後，日本媒體（尤其是電視臺）就會播放敗戰臨近時，日本人慘遭戰爭厄運苦難的影片或報導，而極少提及日本人侵略或攻擊的國家人民遭受的災難。外國人[9]給日本帶來最大的苦難，便是一九四四年底至臨近戰敗的美軍大空襲，以及最後的原子彈轟炸。對於這一歷史的實相，我以前知道的不多，後來讀了很多文獻，又在日本電視上看到一些圖像，才深切地感受到戰爭真的不像有些人想像的那樣壯烈、激揚、火一般的沸騰，更多的是與悲慘、淒涼、恐懼、血肉橫飛連在一起。

中國戰場上，日軍大約從一九三七年開始對上海、南京、武漢、重慶、昆明等地的非軍事目標展開大規模轟炸，尤其對於重慶等地的轟炸更是持續了幾年，大量無辜平民慘死於日軍的轟炸之下。民眾遭受轟炸時的恐懼和苦難，日本人完全不知曉，直到日軍偷襲珍珠港之後將近半年的一九四二年四月十八日，美國陸軍航空兵從太平洋上的航空母艦派出十六架戰機對東京、名古屋、神戶展開空中打擊，雖然沒有造成太大的損害，卻使日本人第一次感到恐慌。因燃油不足，美軍的飛機回程停在當時由國民黨政府控制的浙江西部江山機場。因飛行距離過長，風險較大，美軍後來暫時停止這樣的空襲。

直到一九四四年六月十六日，美軍一百架B29轟炸機從成都出發，對九州地區進行轟炸。此後，美國占據太平洋西南部關島一帶的馬利安納群島，一九四四年十一月二十四日開始，從那裡的空軍基地出動B29轟炸機對東京等大城市開始頻率愈來愈高的轟炸，這時日本人才意識到，慣於向外擴張的戰爭真的打到家門口。B29轟炸機在當時是性能非常優越的飛機，其續航能力和飛行高度以及搭載炸彈的重量、精準的瞄準器都是日本無法企及的，日本新開發的戰鬥機飛行高度不及B29，高射炮的射擊高度也很難打中B29。從十一月下旬到第二年二月，美軍出動二十二次、共計二千架次以上的轟炸機，對日本的工廠區（尤其是飛機等軍用產品的製造工廠）進行精準的轟炸，日本的空軍和地面防空部隊幾乎對它無可奈何，使得日本人感到相當恐慌。

一九四五年二月，美國調整策略，把以前只對準軍需工廠的轟炸擴展到一般城市街區，日本人曾吹噓他們有不少軍需品工廠和作坊就夾藏在居民區。二月四日，美軍對神戶的港灣設施和元町等市中心進行轟炸，投放大量燃燒彈，造成不少平民死傷。三月十日，這是個至今仍讓東京市民難以忘懷的恐怖日子。B29轟炸機為了避開日軍飛機的攔截，選擇在這天漆黑的凌晨出動三百三十四架飛機，低空俯衝，投下炸彈及更多燃燒彈。美國人知道日本的建築多為木結構，一點火星就可將其化為灰燼。果然這次大空襲有二十三萬戶住家被燒毀，將近十二萬市民被燒死或燒傷。從一些文人留下的日記中可看出當時的慘景。外交評論家清澤洌在當天的日記中寫道：

在蒲田車站，有一對眼睛發紅、全身都是灰土的夫婦，聽他們說，淺草那邊燒了起來，連觀音菩薩也被燒毀了。隨著離東京市內愈來愈近，裹著棉被的人也多了起來。從濱松町那裡，有許多人沿著鐵軌行走，和當年東京大地震的情景一樣。新橋站附近也是一片燃燒的煙火。特別是汐留車站，還是一片熊熊大火。這裡是東京最大的運輸車站，方圓幾百公尺的空間，原本應該是堆積著高高的貨堆，如今都已化為一片灰燼了。令人感到驚訝的是，投彈極其精準地瞄準了貨物堆場。……聽說淺草、本所、深川一帶差不多也燒毀了。而且由於刮大風，有的人跳進水裡淹死了，有的人在防空洞裡被煙熏死了，路上到處可見死屍。情形慘不忍睹。吉原也被燒掉了。（《暗黑日記一九四二～一九四五》，岩波書店，二〇一三年，二八四～二八五頁）

作家永井荷風的住房也在這天凌晨被燒毀了，他在日記中記述了從居所中匆忙逃出躲過一劫的情景：

夜半有空襲，翌曉四時偏奇館（荷風寓所名）遭焚燒。……戶外火光自窗戶映照至余枕邊，並為鄰人的大聲呼叫驚起，匆忙將日誌及草稿裝入皮包內奔至庭院，見谷町一帶火光沖天，又遙遠的北方亦有火光映照，火星隨烈風紛紛落至庭院，余環顧四方，心想恐怕難避一劫，遂匆匆穿過煙火奔至大街……。（《斷腸亭日乘》第二十九卷，收錄於《永井荷風全集》第二十五卷，岩波書店，一九九四年，三〇六頁）

作家高見順與其他一批文人居住在鎌倉，當天附近並未直接遭到空襲。三月十二日，他坐車前往東京察看究竟：

到了東京站想換乘山手線，走到月臺一看，滿是受災者的人群，就像是乞丐一般的慘澹模樣，不覺使我倒吸了一口冷氣。男的、女的全都臉色蒼白，隨處有燒傷的痕跡，即使沒有燒傷，鼻子周邊也被煙火熏得發黑，垂著紅紅的雙眼。有的人眉毛也燒著了。有的穿著水跡斑斑的棉背心背負著小孩，小孩的防空頭巾被燒焦了，很多人只穿著日本式布襪，還有人光著腳。到了淺草一帶，

街邊的房屋都燒毀了。全都。從車站向前望，一片焦土。太可怕了，真是難以言說的可怕。超出想像。（《敗戰日記》，中央公論新社，二〇〇五年，一二六～一二七頁）

第一次東京大空襲之後，美軍又對名古屋、大阪、神戶發動了大規模空襲，大阪的情況比較慘，有十三萬戶住家被燒毀。五月二十五日，美軍再次對東京進行大規模空襲，六月以後，又對橫濱、川崎、鹿兒島、福岡、宮崎等總共五十四座大小城市展開空襲，人口十萬以上的城市倖免於難的大概只有古都奈良和京都了。直到八月十五日（就是投降那一天），日本宣布接受《波茨坦公告》，美軍還出動總計七百架次B29轟炸機對秋田、小田原、熊谷、伊勢崎等城市進行大規模的空襲。就日本的統計，到戰敗為止，美軍總共出動一萬五千架次B29轟炸機，日本稍有規模的城市幾乎都被美軍轟炸機光顧。至於一九四五年八月六日和九日對廣島、長崎的原子彈轟炸，相信大家已經很熟悉了，不再贅述。

平心而論，對於平民的無差別轟炸，有違國際道義和人道主義精神。但戰爭往往就是如此蠻橫殘酷，盟軍對於德國柏林等主要城市的毀滅性轟炸也是一樣，而在此之前，日本早已對中國等國家實施野蠻的無差別轟炸。面對日軍在海外的殘暴行徑，日本人對受害提出的抗議和不平，就顯得虛弱無力了。日本人在申述苦難、鳴放冤屈的同時，首先應該反省自己做為加害者的罪責。

9 這外國人就是美國人，當時，只有美國人才有這樣的能耐。

第62講　無條件投降的決定是怎麼做出的？

日本大概從沒想到會有戰敗的一天。一八九四年，發動近代以來第一次有規模的對外戰爭，凱旋而歸，獲得二億三千萬銀兩賠款和占有臺灣；一九〇四年，再次悍然發動對俄國的戰爭，雖然打得相當艱難，最後還是獲勝了；以後在中國的領土上，從北到南，橫行恣肆，步步擴展，雖然遭到中國軍民的頑強抵抗，卻幾乎是連戰連勝，整個日本人的「大和魂」，達到極度膨脹的境地。以後一路向南，占據法屬印度支那，偷襲珍珠港，擊潰英國在東南亞的勢力，占據馬來半島和印尼群島，那時日本人所畫的大日本帝國版圖中，整個東亞，從北到南，都在太陽旗的照耀下。然而一九四二年六月中途島之戰以後，日本便感到美軍的強大攻勢，此後雙方雖各有勝負，但日本已明顯處於守勢和敗勢，到了一九四五年，日本漸漸走向窮途末路。

一九四五年初，美軍奪回菲律賓，之後經過苦戰，全殲硫磺島上的日本守軍。二月，美、英、蘇三國在雅爾達舉行會議，商議戰後如何處置德國和日本的問題。對日本頻頻發動空襲的同時，四月，美軍進攻沖繩本島，兩個多月後，沖繩的日本守軍被全部消滅。美軍已逼近日本本土。與此同時，盟軍在五月八日攻占柏林，希特勒德國全面崩潰，歐戰結束。

這時日本全國上下已是哀鴻一片，民眾已被戰爭拖得精疲力竭，除了中國戰場上還盤踞著相當的日軍之外，日本國內幾乎已經沒有可投入有效作戰的生力軍了。但是日本上層依然沒有或不敢表現出投降的意向。一九四五年三月，日本內閣決定組建國民義勇隊，動員國民學校初等科畢業生（初中畢業生）直到六十五歲以下的男子，以及四十五歲以下的女子組成輔助部隊，從事防空、陣地構築、運輸、警備等活動，與軍隊一起參與輔助戰鬥。

六月八日召開的御前會議（天皇出席、內閣主要大臣參加的最高層會議）上，通過《今後應該採取的戰爭指導基本大綱》，總體意思是在日本本土與盟軍決一死戰，以「護持國體、保衛天皇」。當時媒體鼓吹的口號是「一億玉碎」，即一億日本人寧為玉碎不為瓦全，誓死與盟軍戰鬥到最後一滴血。

口號是喊得很響，但日本人的底氣卻愈來愈不足了。頻頻加碼的美軍空襲，已把日本的大部分城市炸成一片焦土，民眾天天生活在缺衣少食和恐懼之中。而另一個世界裡，美國、中國、英國在德國柏林西南波茨坦舉行了十天會議後，七月二十六日，發表針對日本的《波茨坦公告》，敦促日本投降，並公布對戰後日本處理的基本原則，但是沒有明確涉及是否保留天皇制的問題。

這時日本上層開始出現動搖和分化。外務大臣東鄉茂德立即向天皇和最高戰爭指導會議表示，《波茨坦公告》可以接受，日本倘若拒絕，將會引起非常嚴重的後果，鈴木貫太郎首相表示贊同的意向，但他們的想法遭到陸軍和海軍的強烈反對，軍部認為應該明確地對這一公告加以批駁。於是鈴木首相在七月二十八日記者會上表示：「這份公告沒有任何重大的價值。我們只會對此加以默殺[10]，將堅定地將戰爭進行到底。」

然而八月六日上午，美國向廣島投下一顆原子彈。其威力之大、造成的傷害之嚴重，使日本上層感到震驚。幾乎與此同時，蘇聯根據史達林與羅斯福在雅爾達會議上達成的諒解，廢棄《蘇日中立條約》，八月八日（日本時間八月九日），宣布對日作戰，蘇聯紅軍進入中國滿洲，向占據的日本關東軍發起全面攻擊。這時日本完全是四面楚歌了。鈴木首相決定接受《波茨坦公告》。但日本軍部仍然認為美國或許只有一顆原子彈。此時，傳來長崎遭受原子彈轟炸的消息，最後一絲僥倖心理被徹底瓦解。

九日上午十一點，再次舉行最高戰爭指導會議。東鄉外相認為只要能「護持國體」（保留天皇制），可以接受《波茨坦公告》；但軍部陸軍大臣阿南惟幾、參謀總長梅津美治郎主張在戰爭罪犯、解除武裝、占領範圍等方面應提出日本的條件。雙方意見僵持不下，九日深夜十一點五十分，會議在皇宮的防空洞內繼續進行。除了鈴木首相之外，會議參加者的意見形成對立的三對三，東鄉外相、平沼樞密院議長和米內海軍大臣表示可以接受，但陸軍大臣、參謀總長和海軍軍令部總長表示反對。這時鈴木首相站了起來，他沒有表態，而是把皮球踢給了天皇，請求天皇做出「聖斷」。

天皇平靜地開口說道：「我贊成外務大臣的意見。」說罷用帶著白手套的大拇指擦了一下有點模糊的鏡片，繼續說道：「按照目前的狀況，如果戰爭繼續進行下去，將會增加無辜國民的苦惱，最後不僅會導致民族的滅絕，並使世界人類陷於更加嚴峻的不幸。我不忍心看到做為左膀右臂的軍人被人收繳武器，並被認定為戰爭罪犯。但是為了顧全大局，我要學習明治天皇當年對待三國干涉時的態度，接受難以忍耐的現實，救人民於苦難，為求世界人類的幸福，我下了這樣的決心。」（《終戰史錄》）按照當時的制度，政府做出一項重大決定時，除了首相簽署之外，還需要擔負輔弼之責的所有內閣大臣副署才可生效。由於天皇的「聖斷」，軍部其他大臣就難以違抗了。於是最高會議之後舉行的內閣會議上，接受《波茨坦公告》的決定獲得通過。

八月十日上午九點，日本外務省向中立國家瑞士和瑞典發去英文電報，表示接受《波茨坦公告》。第二天，以美國國務卿伯恩斯（James Francis Byrnes）的名義給瑞士發送了盟國的回函，表示日本投降之後，天皇和政府的國家統治許可權將從屬於盟軍最高司令部。意味著戰後日本將置於盟軍的管轄之下，這下不僅是陸軍，連原本對投降表示贊同的海軍軍令部、樞密院議長也表示激烈的反對。十四日上午召開最高戰爭指導會議與內閣的聯席會議，天皇再次表示接受《波茨坦公告》的決心，認為如此可以避免日本國家和民族的毀滅，日後還可留下種子，圖謀民族和國家的復興。於是，會議上沒有再出現反對的聲音。下午，所有成員在事先準備好的結束戰爭詔書署上了名。天皇朗讀詔書，錄製後的唱片被保存在皇宮侍從室內，預定十五日中午播放。

但是，陸軍一部分中下級軍官卻表現出強硬的反彈，他們認為有人脅迫天皇做出這決定。於是十四日夜晚，陸軍省軍務局的田中少佐、竹下中佐、椎崎中佐等人要求守衛皇室的近衛師團長發動兵變，占領宮城，遭到拒絕後，用手槍打死師團長，並偽造師團長的命令，封鎖皇宮內的交通，尋找錄音唱片。東部司令官田中大將接報後，立即帶領兵員衝入皇宮，將反叛的一行人鎮壓下去，事態才得以平息。對這事件負有責任的人第二天都自殺了，八月十五日凌晨，阿南陸軍大臣切腹自殺。這充滿戲劇性變故的情節在一九六七年拍攝的電影《日本最漫長的一天》得到精彩的再現。

天皇在十五日中午十二點如期發布結束戰爭詔書，但詔書中沒有出現任何有關投降的詞語。據撰寫兩卷本《昭和史》的東京大學教授中村隆英回憶，事先錄製的詔書滿是雜音，又是文縐縐的書面語，一般民眾都不明白天皇到底在說什麼，只有一句算是聽懂了，那就是「朕已命令帝國政府接受美、英、中、蘇四國的公告」。對於大多數日本人來說，漫長的戰爭終於結束了，解脫感、解放感和戰敗的屈辱感、沮喪感交雜在一起，真可謂五味雜陳，一言難盡。

10 日語的「默殺」就是不予理會，嗤之以鼻，讓其自行銷聲匿跡的意思。

第三輪大飛躍：日本戰後的進程

第63講 美國對日占領政策的大轉向

一九四五年八月二十八日，盟軍先遣部隊飛抵東京西南面、位於神奈川縣境內的厚木機場，開始對日本的軍事占領，兩天後，占領軍最高司令官麥克阿瑟（Douglas MacArthur）元帥抵達日本。

如何處置戰後日本，美國早就制定了一套綿密的計畫。一九四四年十二月，美國政府內部成立協調國務院、陸軍部、海軍部三部委的協調委員會（State-War-Navy Coordinating Committee，簡稱SWNCC），正式開始研究對日本的戰後占領政策。一九四五年六月，制定「初期占領方針」。這些意見和方針經與同盟國的英國、中國等商議後，大部分納入《波茨坦公告》。

這份公告由十三項內容組成，要點是：永遠根除軍國主義的權力和勢力；在日本的新秩序建立之前對日本各地實行占領；履行《開羅宣言》；日本的主權局限於本州、北海道、九州、四國以及盟國決定的各小島內；徹底解除日本軍隊的武裝；懲罰戰爭罪犯；去除恢復民主的障礙；尊重基本人權；允許日本維持一定程度的產業，以維持日常的經濟和實物賠償，但禁止有可能重建軍備的產業；允許日本日後參加國際貿易活動；達到上述目的之後，盟國立即從日本撤軍。

對日本的占領，名義上是盟國共同進行，實際上除了非常小的一部分英軍參與之外，對日占領軍均由美軍組成，盟國任命美國太平洋陸軍司令麥克阿瑟為占領日本的盟軍最高司令官。期間雖然有個由盟國各成員國組成的「遠東委員會」，名義上是對日占領政策的最高決定機構，實際上卻沒有多少實質的話語權。一九四五年九月六日，美國政府發布命令，賦予麥克阿瑟擁有統治日本的最高許可權。意味著戰後對日本的占領和統治權都在以麥克阿瑟為首的美國人手裡。對日本的占領統治方式，具體程序是：占領軍的命令由最高司令官向日本政府發布，然後由日本政府負責進行實施，即是一種間接統治的方式。

美國早期對日本的占領政策，基本上都在《波茨坦公告》的框架內草擬制定。一九四五年九月二十二日，美國發表《投降後美國對日本的早期方針》。這項方針開宗明義地表明，占領管理的最終目的，是防止日本產生對美國和世界和平與安全的威脅，建立和平且負責任的日本政府。具體措施是：去除軍國主義和極端國家主義；在政治、經濟等各領域推行「非軍事化和民主化」。說得白一點，就是不讓日本成為與美國以及包括（國民黨）中國在內的東亞地區對立的存在，也就是說，不讓日本再成為強國。

根據這樣的方針，盟軍總司令部對東條英機等三十九名原軍政要員發出逮捕令，不久，又在日本逮捕一千名以上的戰爭嫌疑人，並與盟國的其他國家於一九四六年一月十九日在東京設立遠東國際軍事法庭，指定一百二十四人為甲級戰犯嫌疑者，超過一萬人為乙級和丙級戰犯嫌疑者。當月頒布「公職追放令」，將軍國主義者和極端國家主義者開除公職，不允許他們再出現在公眾的視野中，約有二十萬人因戰爭責任被開除公職。這是一場聲勢浩大清算戰爭罪行的舉動，確實有相當數量的軍界、政界、經濟界，甚至輿論、教育界的頭面人物，受到較為嚴厲的處罰。

對於日本的戰爭賠償問題，美國兩度派遣以博雷（Edwin D. Pauley）為團長的調查團，對戰後日本的情況進行調查考察，其結果歸納為一九四五年十二月發表的中間報告，和一九四六年十一月發表的最終報告。報告表示為了摧毀日本再度發動戰爭的能力，日本的鋼鐵、機床工業等基礎工業將被消除四分之三，日本的船舶保有量限制在一百五十萬噸以內，禁止日本向遠東地區以外的港口進行商業航行，禁止一切軍需產業，電力生產設備至少減少一半。該報告還建議為了維持日本的和平經濟，應該把日本超過亞洲近鄰國家水準的部分做為戰爭賠償，移交給亞洲其他國家。也就是說，戰後日本在經濟上的重建目標，只是亞洲中等水準、不具有重工業的國家。

由此可知，與日本進行三年多慘烈戰爭、付出巨大的財力、物力、人力犧牲的美國，對於日本實在有些心有餘悸，害怕它重新崛起，因此在戰爭罪犯的處置和經濟能力的壓制上，採取相當嚴厲的措施。

但是，這樣的占領管理方針到一九四八年十月發生了重大的轉折，對日方針的重大轉折可說是決定戰後日本的未來，也相當程度上重新構建了遠東、或者說東亞新的政治軍事格局。為什麼會發生重大的轉折？這些轉折具體體現在哪裡呢？

戰後不久，從一九四六年開始，美、英等國與蘇聯在意識形態、國家利益上逐漸發生衝突。蘇聯接著對法西斯德國的進攻，沿途在波蘭、羅馬尼亞、匈牙利等東歐國家建立共產黨政權，形成社會主義或共產主義陣營，與美、英等傳統歐美國家形成對立。在東亞，中國共產黨的力量正逐漸壯大，國共內戰爆發，共產黨軍隊不斷取得勝利，同時，南北朝鮮分裂，共產黨在北部朝鮮建立政權。也就是說，冷戰格局漸次形成，出現互不相容的兩大對立陣營。

這一變化的國際形勢的形成，使美國大幅度地調整對日政策。新設立不久的美國國家安全會議（NSC）於一九四八年十月制定「美國對日本的政策建議」（NSC13-2），主要內容是：鑑於蘇聯等「共產主義擴張政策」在全世界引起的危機，第一，對日媾和將不再是懲罰性協議；第二，為保障媾和後日本的安全，將增強警察的力量及創建警察預備軍；第三，削減盟軍總司令部的許可權，增強日本政府的責任；第四，對日政策的重點在於幫助日本的經濟復興，中止或放緩對「非軍事化和民主化」的推進。接替博雷在一九四七年和一九四八年兩度來日本進行調查的斯特賴克（Cliford S. Strike）調查團發出與博雷相反的建議：將日本的戰爭賠償縮小到原定的三分之一，且僅限於軍事設施。一九四八年，美國陸軍部長羅伊爾（Kenneth Claiborne Royall）提出要把日本建成「極權主義的防波堤」。也就是說，今後的日本將是歐美資本主義陣營的重要一員，不應該極力打壓，而是適當扶植。

與此同時，美國占領軍放緩甚至取消對戰爭責任者的追究。在反共的大旗下，日本的右翼勢力重新復活，一九五〇年六月，朝鮮戰爭的爆發，加速了這一勢頭，麥克阿瑟寫信給吉田茂首相，指示他可建立警察預備隊，日本由此走上重新裝備武裝力量的道路。一九五二年，日本政府兩次頒布條令，取消對戰爭責任者開除公職的處分，第一批被列為甲級戰犯嫌疑人的岸信介在入獄三年後，一九四八年十二月被無罪釋放，出獄不久重啟政治活動，一九五七年，做為自民黨總裁就任日本第五十六屆內閣首相，甲級戰犯嫌疑人尚且有如此輝煌的戰後政治生涯，更不用說一般戰爭責任者了。

最後簡單總結歸納。戰爭將要結束以及戰後不久，美國懼怕日本重新崛起，重新成為遠東的強大對手，因而制定削弱日本的政策，解除一切武裝力量，裁撤可能轉為軍需工業的大部分重工業設備，把它做為戰爭賠償，轉移到亞洲其他受戰爭傷害的國家，並對負有戰爭罪責的所有人員進行懲罰，或關入監獄等待審判，或開除公職不讓他們再回到重要的舞臺。但隨著一九四八年冷戰格局的形成，美國對日方針做了重大的調整，把它定位為「極權主義的防波堤」，即阻擋共產主義勢力擴展的防護牆，因而允許日本重新建立以警察為主體的有限武裝力量，保留並恢復重工業建設，解除對戰爭嫌疑人的制裁和處罰，戰爭的罪責沒有得到及時清算，使得右翼勢力再度復活，以致日後部分日本人對昔日的戰爭罪行缺乏深刻懺悔反省的重要原因之一。

第64講　麥克阿瑟對日本進行了哪些改造？

儘管美國對日占領管理政策在一九四八年下半年出現重大的改變，但以總司令麥克阿瑟為首的美國占領當局仍依照《波茨坦公告》的基本精神，對戰後日本進行大刀闊斧的大改造，一九四五年下半年至一九五二年四月《三藩市和約》生效為止，美國對日本的重大改造，奠定了戰後日本的基本進程，建構其國家和社會的基本框架，塑造戰後日本的基本形象，也是戰後日本經濟起飛的基本前提之一。儘管今天有些日本歷史學家試圖削弱美國人的功績，強調日本人的自主能力，但客觀地說，日本人的角色出演固然很重要，因為日本人是整個戰後改造的主體或受體，但美國人所產生的作用則是關鍵的，一部新憲法的制定過程充分說明了這一點。我個人認為，在相當長的歷史過程中形成的國家內在積習與基本框架，倘若沒有內生性革命或外來強有力的干預，不進行一些根本性破壞和顛覆，舊的因襲和制度性弊病很難得到徹底根除。

那麼，麥克阿瑟對日本進行了哪些改造呢？

首先，在政治制度和思想層面推行改造。最重要的內容是新憲法的制定和頒布，後文再詳述。新憲法頒布之前，首先是中止天皇做為最高權力者以及三軍統帥的地位，切除高度集權獨裁制度的根本。並讓天皇在一九四六年元旦發表「人間宣言」，自我表明天皇不再具有神格，只是與大家一樣的人，徹底破除籠罩在天皇頭上的神聖光環，使他不再具有至高無上的權威，同時凍結皇室財產。其次占領軍發表一系列推行政治民主化的備忘錄和指示，一九四五年九月十日，發布《關於言論和新聞自由的備忘錄》，等於廢除明治時期頒布的《新聞紙條例》、《新聞紙法》等一系列箝制民眾輿論、禁止批評政府的嚴苛法規，使得日本人第一次獲得言論和新聞自由；十月四日，占領軍發布《廢除限制政治、民事、宗教自由的備忘錄》，允許人民可以自由議論天皇、釋放政治犯、撤銷思想警察、罷免對內鎮壓的內務大臣和全體特高警察，人民可以自由組織政黨、選擇宗教和政治信仰的自由，以東久彌宮為首相的政府表示對此難以執行，占領軍就迫使內閣總辭，換上幣原喜重郎內閣。

一九四〇年十月，在近衛文磨內閣的推進下，日本成立所謂的「大政翼贊會」，將全國所有政黨和社團組織都納入麾下，事實上解散所有其他政治黨團和組織，只允許一種聲音。因此占領軍這一備忘錄（日本一般稱為「自由指令」）發表後，全國人民歡欣雀躍，各種政黨如雨後春筍般紛紛成立，連被嚴厲壓制將近三十年的日本共產黨也得以重新恢復，十月二十日推出第一期機關報《赤旗》。

日本政府在十月十日釋放二千五百名政治犯。占領軍在十月八日進一步明確發布有關政治改革的五大指令，具體是：一、女性解放並授予她們參政權；二、鼓勵工會組織的建立並廢除童工；三、學校教育的自由化；四、廢除祕密警察制度和思想管制；五、去除經濟壟斷並實行經濟制度的民主化。這五大指令可說每一項都對日本原來的制度和積弊進行了根本性掃蕩，在社會上引起強烈的反響。果然，根據一九四五年十二月公布的新選舉法，女性獲得選舉權和被選舉權，第二年的眾議院大選上，有三十九位女性當選為議員，在日本歷史上是破天荒的。根據這一指令，一九四五年十二月制定《工會組織法》（日文是《勞動組合法》），以後又進行修訂，從法律上保障工人的基本權益。在教育領域，一九四五年十月二十二日，占領軍發布《關於日本教育制度的備忘錄》，其實在此之前，日本政府就主動刪除學生教科書中留存戰爭時期的荒唐內容，這時又廢除一八九〇年頒布的《教育敕語》，並廢除充滿忠君愛國思想的「修身課」，禁止對學生進行洗腦教育。

其次，在經濟層面推行具有革命性的改造。主要在兩方面：

第一，農地改革。日本在明治以後雖然推行多次租稅改革，但對於土地所有權幾乎沒有觸動。美國占領軍意識到戰後日本如果要建設穩定和相對公平的社會，財產在一定程度上平均化是必須的，其中較重要的就是「平均地權」，消除土地過於集中。根據占領軍的精神，日本政府在一九四五年十二月制定農地改革方案，但占領軍認為這一方案只是小修小補，沒有對現有土地制度傷筋動骨，不能解決根本問題，於是一九四六年十月對原來的《農地調整法》進行大幅度修訂，公布第二輪農地改革新方案。主要內容是：每家農戶（包括大地主）只能擁有自己能夠耕作的土地，面積限定在一公頃，超過的部分則由國家強制收購，而在鄉村擁有大量土地卻不居住在鄉村的地主，其土地基本收歸國有，國家以低價收購的土地，再以更低價格出售給只有少量土地或沒有土地的佃農，這樣一來，就實現耕者有其田。這是一種以和平方式進行的革命性土地改革，從此在日本消滅了地主階級和無地的佃農，並在實施過程中獲得很大的成功，這一成功經驗後來被許多國家和地區仿效，包括臺灣。

第二，解散財閥，消除少數資本對國民經濟的壟斷。一九四五年十月二十二日，占領軍發布《關於解散主要金融機構和企業及其生產的備忘錄》，決定對包括三井、三菱、住友、安田等四大財閥在內的十八家財閥進行強行解散。為什麼要這樣做呢？首先，美國認為這些財閥及其旗下大企業在戰爭期間與政府勾結，在日本展開一系列對外擴張戰爭中，這些財閥可說是日本政府推行戰爭政策的幫凶，他們在政府主導的軍需工業及相關經濟活動中獲得巨大利益，為了消除軍國主義的禍害，防止日本再度出現軍備化，必須對他們進行懲罰，剝奪他們賺取的經濟利益；其次，這些與政府關係密切的大企業在相關的產業和經濟活動中，占據壟斷地位，不利於自由主義市場經濟的運作，相反，將會構成很大的障礙。他們在暗中實際形成很大的政治和經濟力量，如果不用重拳對其進行打擊，日後又可能形成阻礙社會進步的消極勢力。因而占領局當局痛下決心，做出這一決斷。不過，在具體的操作中，並不是對壟斷資本、或者說三井、三菱等企業本身的解散，而是消除他們的最頂層，打碎集團性組織肌體，使其無法再形成龐大的經濟體，而具體的若干企業依然可沿承原來的集團名稱存活和發展。就是今天所看到諸如三菱銀行、三菱電機、三菱重工、三菱汽車、三菱化學、三菱商事等企業，他們雖然存在一定的關聯，卻並非一個有機的經濟集團，各自在不同的領域內展開獨立的經濟活動，並不隸屬於某一財閥。

其他的改革舉措還可以舉出許多，比如切斷所有宗教組織與官方的關係，尤其是與神道和神社的關係，頒布《宗教法人法》，在信教自由的基礎上，所有的宗教組織都實行法人化，獨立運作，不再與政府具有絲毫關係，這樣一來，宗教組織既不能借助政府的力量來狐假虎威，政府也不能利用宗教團體來推行有利官方意識形態的活動。

當然，也不必過於美化美國占領軍的成就，美國一邊在日本推行民主化，一邊卻對占領軍政策持有異議或反對言論加以管制甚至扼殺，一九四八年對日方針大調整以後，對左翼力量加以一定的限制，對於日本共產黨的活動嚴加監視並試圖打壓。因此，對美國人所宣導的民主自由，不必過於盲信或過度讚美。但總體來說，美國占領軍最初幾年對日本的改革，真可說是傷筋動骨大改造，奠定戰後日本社會在各領域內的基本格局。

日本能夠在戰後呈現出與戰爭時期以及戰前迥然不同的面貌，甚至可說是展現出兩個日本，美國占領軍以及統帥麥克阿瑟可謂功莫大焉，至今，日本人仍然銘記著麥克阿瑟的功績，並為他塑造了高大的紀念銅像。

但是，有個問題引起我的思考。從世界的範圍來看，無論是當時還是日後，日本都是美國占領和改造成功極其罕見的案例。之後美國曾試圖對中南美洲一些國家的武裝干預，對阿富汗、伊拉克的軍事打擊和武裝占領以及戰後的改造，不僅沒有獲得一點驕人的成就，甚至還陷入泥潭。何以在日本獨獨取得相對完滿的結果？

我覺得，除了美國的主導作用之外，日本本身的內在因素也不可小覷。首先，日本是個相對較善於在強大權威前低頭的民族。當時美國在軍事、經濟、文化上占有強大的優勢，日本人一旦認清以後，就甘於屈從其強大的權勢，在十九世紀中葉西洋文明強勢進入時就體現出來了；另一個是當時依然存在的天皇權威，天皇親自發布詔書，表示接受《波茨坦公告》，接受美國的占領和管理，美國也適當照顧到天皇的權威，依然保留天皇的國家元首地位，沒有對天皇進行戰爭責任的追究，縱然軍部仍然有一批人不願意屈從，但在兩大權威的威壓之下，只能以自殺來表示有限的反抗，而未能形成集團性或游擊隊式武裝抵抗；其次，日本民族從根本上來說，不是個宗教性民族（儘管有對神道和佛教的認同），沒有必須死守的宗教原理，因而不大可能對以基督教精神為主體的美國文明表現出強烈的對抗和排斥；再次，日本人在歷史長河中，尤其近代以後，形成比較一致的民族認同和民族凝聚力，整體上較認可和尊重秩序和規則，較聽從上面的指令，大大提高具體執行的效率。當然，或許還可舉出其他原因，但上述幾條，我認為是美國對戰後日本改造成功的主要內因。

第65講 如何看待戰後日本的新憲法？

雖然不能無視日本人本身的因素，但戰後日本得以形成，以麥克阿瑟為主體的美國占領軍對日本的根本改造，作用之巨大可說超出一般人的認識。所有的改造措施都十分重要，但最根本的還是戰後憲法（今日本國憲法）的制定，以根本大法的形式，為戰後日本或說此後日本的發展，奠定最基本的法理基礎。從制定頒布至今（二〇二一年），已經過了七十五年，這部憲法還沒有做過絲毫改動。

那麼，這部憲法是怎麼制定出來的呢？它具體有什麼樣的內容呢？它與此前的明治憲法（《大日本帝國憲法》）有怎樣的關聯和什麼樣的區別呢？

下面圍繞兩部分來說明。

首先，考慮到一九四五年七月下旬發表的《波茨坦公告》基本原則和美國政府早期對戰後日本的基本方針，美國占領當局認為必須盡快制定一部不同於明治憲法的日本新憲法。在占領當局指示下，日本政府一九四五年十月二十五日設立「憲法調查委員會」，成員共有十三人，大多為東京大學教授以及政府法制局長等組成，委員長是曾擔任東京大學教授的國務大臣松本蒸治。一九四六年二月一日，由媒體公布該委員會制定的一份修改憲法試案，即不是重新草擬的新憲法草案，而是對原來《大日本帝國憲法》的修正案。

雖然在日本人看來，修改幅度已經很大，實際上仍沒有突破舊憲法的窠臼，仍然力圖維護原本的天皇體制。對此，麥克阿瑟非常不滿意，自己書寫了一份要點，即新憲法必須據此來草擬。

三要點內容是：一、天皇的地位是國家元首，皇位繼承可世襲，天皇對人民的意志負責；二、日本放棄做為解決紛爭和維護自身安全手段的戰爭，決不允許任何形式的日本陸、海、空軍存在，絕不給予日軍任何形式的交戰者權力；三、廢除日本的封建制度，除了皇族之外，廢除華族。皇室的預算，參照英國皇室。

美國占領當局的態度雖然嚴厲，但仍允許保留天皇。根據美國人對日本社會的考察，包括國務院委託人類學家露絲・潘乃德（Ruth Benedict）從文化人類學角度所做的研究[11]，占領當局認為不宜將天皇制廢除，將昭和天皇列為戰犯進行審判恐怕也不適宜，因此天皇制在一定前提下可以保留，但明治憲法中賦予天皇的絕對大權以及天皇的地位意義，必須得到根本的修改。

昭和天皇本人也非常擔憂自己的命運，一九四五年九月二十七日，麥克阿瑟抵達日本，昭和天皇主動去拜訪，表示了低姿態，於是占領軍決定不將昭和天皇列入戰犯名錄，可繼續保留他的天皇位置，但要求必須在一九四六年元旦向全國人民發布詔書，表明自己與國民之間的關係是相互信賴和敬愛的關係，自己不是依據神話和傳說炮製的神，只是一個人。這些詞語是美國人草擬的，徹底摘除長期籠罩在天皇頭上的光環。

占領當局（總司令部）下面的民政局根據麥克阿瑟的三點要求，草擬一份新憲法草案，由惠特尼（Courtney Whitney）準將在一九四六年二月十三日將英文草案交給外務大臣吉田茂。日本對美國自行草擬新憲法草案感到十分吃驚，力圖說服美國能否在松本憲法調查委員會試案的框架內做出修正案，但美國拒絕日方的要求。美國已經認定完全依靠日本人自己的努力，無法做出完全符合《波茨坦公告》精神的新憲法。日本不得已，只得以美國的草案為基礎討論制定出新憲法的草案，並在三月四日與美方進行通宵達旦的商議，雙方達成諒解，並交由日本內閣會議討論通過，四月十七日，對外公布新憲法草案，以觀察輿論的反應。日本民眾感到這份新的草案與原先公布的試案，不僅內容上發生很大變化，而且行文也很歐化[12]。一般民眾對新憲法草案還是感到歡欣鼓舞，於是這份草案在不久後成立的新議會進行討論並獲得通過，一九四六年十一月三日正式公布，半年後的一九四七年五月三日實施，直到今天。

再者，與一八八九年頒布的《大日本帝國憲法》相較，新憲法具有什麼樣的特點？

它的基本內容體現在什麼方面呢？

一、先來看天皇。舊的憲法中，天皇是至高無上的存在，是神聖不可侵犯的，天皇握有所有的最高權力，是陸、海軍的最高統帥，內閣總理大臣由他任命，內閣在他的領導下執行其意志，國會只是他的輔佐機關，司法是執行他的判斷，民眾是他統治下的臣民，用一句簡單的話來概括，就是主權在於天皇。而新憲法中，天皇只是國民統合的象徵，雖然貴為國家元首，但實際上沒有任何國家權力，在法律上與普通公民一樣，既擁有公民的基本權利，也必須遵守所有法律，這是新憲法與舊憲法最大的區別之一。

二、關於軍隊和戰爭。舊憲法規定天皇是陸、海軍的最高統帥，國民有服兵役的義務。新憲法規定，國家不再擁有軍隊，人民也不必服兵役。後來雖然在美國的鼓勵下組建自衛隊，但自衛隊實行招募制，人民依然沒有服兵役的義務。另外，根據《波茨坦公告》的精神，在麥克阿瑟的旨意下，日本放棄以戰爭做為解決國際紛爭的手段，即國家沒有發動戰爭的權力，被正式寫入憲法第九條，在全世界都是極為罕見的，甚至可說是絕無僅有的，因而新憲法被稱為和平憲法。

三、在立法、司法和行政上，國會不再是天皇的輔弼機關，而是國家最高立法機構，可獨立制定法律法規，廢除戰前具有特權的貴族院，改為參、眾兩院，所有議員均由民選產生。各級司法機關也不必聽命於任何權力，可獨立行使司法判決，並可裁定行政機關的行為是否違憲。而行政機關的政府首腦則由國會指定，自行組閣，不再聽命於天皇，內閣對國會負責，實際上是對全民負責。

四、國民。新憲法的重點就是主權在民，國家尊重國民的基本人權，所有到達法定年齡的日本人，均具有選舉和被選舉權，無論男女，國民的基本人權神聖不可侵犯，即言論、出版、集會、罷工、接受教育、工作、居住等自由和生存權利，必須得到保障，同時必須承擔讓孩子接受教育、納稅、工作的義務。

這樣的新憲法為戰後日本新國家的建設，在制度和法理上奠定堅實的基礎，在人類文明史上也是一部非常健康合理的憲法，從某種意義上來說，它從根本上切除日本近代以來在國家政治體制的重大弊端，對明治以來的日本發展軌道做了極為重大的、甚至是顛覆性的修正，從頭至尾貫穿人民至上與和平主義的理念，防止國家權力的高度集中，從制度上避免獨裁和集權統治出現，有力地防止軍國主義的死灰復燃，讓人民得以生活在相對合理、公平的社會中。雖然，在主要內容上，多多少少可說是一部外來的占領者強加給日本人的憲法，但在客觀上，卻是一部為戰後日本、為日本人民造福的新憲法。可以毫不誇大地說，沒有這部戰後的新憲法，就沒有後來日本展現出來的新面貌。

11 其結果就是《菊與刀》這部著作（繁體中文版，二〇一八年，遠足文化出版）。
12 因為美國怕日本人再大幅度潤色之後，會失去美國要求的精髓，因而新的草案很大程度上只是英文的日文翻譯而已。

第66講 廢墟中的崛起：經濟起飛的奇蹟

長達近十年的窮兵黷武以及戰敗前夕美軍對日本的大規模空襲，停戰時，日本經濟已瀕臨崩潰邊緣，民眾的生活陷入極端的貧困狀態，再加上戰爭末期疏散到各地的八百萬城市居民，以及從海外撤回的六百萬軍人和海外僑民，食物短缺折磨著大部分日本人，隨之而起的黑市經濟猖獗，物價飛漲，人們變賣僅存的家當來換取低劣的食物，空襲摧毀許多人的家園，到處可見臨時搭建的鐵皮棚屋。尤其是兒童嚴重營養不良，缺衣少食。根據東京教育局一九四六年五月對四十九所學校的調查，兒童的營養狀況確實非常嚴峻，一日三餐中，一次米飯也無法吃到的占四二・九%，能吃到一次的占四二・五%。學生的體重明顯下降，骨骼發育不良。政府決定在美國的幫助下，對小學生提供飯食。一九四七年一月二十日，開始對全國主要城市的學校實行每週二次免費供食，同年秋天，又將範圍逐漸向全國擴展。而供食的食物來源主要是占領軍提供的五千噸軍用罐頭食品，和亞洲救濟聯盟提供的脫脂奶粉、肉腸、麵粉等。戰後的日本，尤其是城市地區，用廢墟一詞來描述也不為過。

那麼，什麼因素使得日本在一九五〇年代後期出現經濟高速成長，並在十餘年之後的一九六〇年代末期，成了資本主義世界的第二大經濟體呢？大概有幾個主要原因。

一、美國對日方針的改變。根據最初美國對戰後日本的處理方針，只把日本維持在亞洲中等農業國家的水準，因此拆除日本大部分的工業生產設備，做為戰爭賠償轉移至亞洲的戰爭受害國家。如果這一方針真的實施，將會對日本的復甦帶來釜底抽薪的打擊，戰後重建恐怕會艱難得多。然而，一九四八年初，世界冷戰格局已經基本形成，美國試圖把日本建成「極權主義」的防波堤，於是大幅度修改對日方針。在經濟上，把原本準備拆除運走、估值為十六億四千八百萬日圓的設備，削減至六億六千二百萬，賠償規模降低至原來的五分之二，到了一九四九年五月，索性取消賠償計畫，因而戰前絕大部分生產設備都得以留存下來，這是日本戰後經濟得以復甦的硬體基礎。

二、朝鮮戰爭帶來的特需經濟刺激。戰後的最初幾年，由於物資短缺、黑市猖獗，造成嚴重的通貨膨脹，一年之內物價上漲三倍，隨後強行抑制通貨膨脹政策又導致通貨緊縮，消費不振。更嚴重的是，由於日本國內生產有限，對外出口一直徘徊在低水準上，使得日本難以從海外購買大量的原材料，雖然經過美國占領當局和日本政府的共同努力，提出戰後重建計畫，但都難以有明顯的起色。這時，一九五〇年六月，朝鮮戰爭爆發了。朝鮮戰爭本來和日本沒有直接的關係，但大量的美國兵被運送到東亞，駐紮在日本的美軍有相當部分被派往朝鮮戰場，前方打仗需要各種軍用物質、後勤供給和戰爭服務，於是，日本成了最佳的後援地。根據駐日美軍兵站部的要求，日本原來一部分軍需工廠直接轉為美軍製造武器或武器維修，其工廠數達到五百八十六家，這些原本做為戰爭賠償要被拆除轉移到其他國家的設備，一下子恢復元氣，積極地開工了。包括服務業在內的美軍特需，一九五一年為六億美元，一九五二年和一九五三年都為八億美元，占到日本出口外匯大約六〇～七〇％，外匯額的急劇增加，為日本購買海外原材料提供經濟保障。另一方面，特需經濟也帶動就業和其他相關產業，正在低水準徘徊的日本經濟，一下子被啟動了。因此朝鮮戰爭的爆發，在很大程度上救活了日本經濟。

三、日本在戰前已具備良好的教育體系和科研水準，即便在戰爭時期，為了開發尖端的武器裝備，在科研上也投入相當的人力、財力，戰後不久的一九四九年，京都大學教授湯川秀樹獲得諾貝爾物理學獎，就是明證。尤其是應用型工科領域，非常注重與工業和礦業現場的實際結合，因而能較快地將科研成果轉換為實際的應用，這些有一定教育水準的員工和較先進的技術，也是戰後日本經濟得以快速崛起的重要原因之一。

四、一九五一年九月，在美國的主導下，日本與聯合國大部分成員國簽署《三藩市和約》，標誌著日本重新回歸國際舞臺，並在經濟上納入世界貿易的管道，此後，日本透過國際貿易的方式，從海外購得能源和工業原材料，然後再把工業產品輸往世界各地。尤其是二戰以後，中東地區的石油開採規模日趨擴大，相關國家的煉油技術日益提高，能源產品相對廉價，同時，日本在戰前技術的基礎上，培育了建造大型油輪和貨船的能力，加上一九七三年爆發第四次中東戰爭之前，世界總體局勢穩定，美國的技術轉移，世界的和平環境和國際分工體系逐漸形成，為日本戰後經濟起飛創造外部的可能性。

五、絕對不可忽視的一點是日本國內的政治穩定，尤其是由自由黨和民主黨合併產生的自民黨政權長期執政，以及由社會黨左派和右派重新攜手後形成的主要反對黨力量（即一九五五年體制），大體保證各種政治力量在法制環境中理性競合，也大致保證各階層、各集團的利益訴求得到較合理的實現，因而使日本在一九五五年以後出現超長期的政治穩定，岸信介內閣、池田勇人內閣、佐藤榮作內閣都保持三～八年的長期執政，期間雖然爆發反美、反政府的左翼運動，但整個政局沒有出現亂象，政治的穩定也是日本經濟持續十多年保持高速成長的重要前提。還要提一下，由於戰後相當長的時期內，日本基本上不保有軍力，因此在軍備或國防上的支出很低，一九五五年的國防開支占國民生產總值的一・七％，一九六七年則跌破一％，使日本能夠把更多資金投入經濟建設和其他民生領域。

在上述這些主要因素的綜合作用之下，日本在一九五一年前後經濟情況開始轉好，到了一九五五年，不僅主要的經濟指標恢復到戰前最好年分的一九三七年，很多方面還超過戰前，比如實際的國民生產總值在一九五二年就已達到或超過戰前，一九五五年，人均國民生產總值超過戰前，意味著經濟已從戰後最初階段的非常艱難狀態中走了出來，因此回顧一九五五年之後的《經濟白皮書》上宣稱，日本已經不是戰後時代了。而到了一九六〇年，日本實際國民生產總值已超過戰前的二倍，這一年十二月，池田勇人內閣制定長期經濟計畫，將一九六一～一九七〇年間的十年內GDP增長率定為七・二％，國民實際收入翻一倍，就是著名的「國民所得倍增計畫」。雖然這一期間日本也經歷短暫的經濟不景氣，但總體而言，這十幾年差不多是日本歷史上經濟發展最快的時期，政府的計畫都得到實現，一九六八年，日本的國民經濟總值達到一千四百二十八億美元，超過西德，成為世界第二大經濟體，創造戰後世界經濟的奇蹟。

但是，經濟的高速發展也帶來不可忽視的負面結果，比如物價的快速上漲，一定程度的貧富分化，最為嚴峻的也是人們為此付出最大代價的是急劇惡化的環境汙染。鋼鐵、化工業的迅速發展，導致大量廢氣的排放、重金屬向土壤和水源、近海的排出，引起城市地區霧霾的發生，因食用含有大量水銀的近海魚類而引發的「水俣病」、在富山縣一帶發生的「疼疼病」，都是食用水汙染、土壤汙染造成的有毒食物而爆發的環境汙染病症，一時引起民眾的恐慌。我讀過有吉佐和子撰寫的《複合汙染》調查報告，尖銳地把矛頭指向政府和相關企業。好在政府和企業不久即高度重視，採取一系列防治措施，經過二十多年的不懈努力，才大致消除這些現象，恢復日本的青山綠水。

第67講 東京奧運會：國際舞臺的新亮相

一九六四年十月在東京舉行的第十八屆夏季奧運會，為日本提供了向世界展示戰後新面貌的極佳機會，乘著奧運會的東風，日本的高速公路、新幹線開始起步，整個社會進入史無前例的繁榮時代，日本民眾也首次感受到躋身發達國家行列的自豪感。

日本在戰前就有一次舉行奧運會的機會，一九三六年在德國柏林舉行的國際奧會大會上，決定下一屆奧運會於一九四〇年在日本東京舉行。可是此後日本全面發動對華侵略戰爭，受到英、美等國家的輿論譴責，而日本也忙於戰爭，幾乎把國家財力資源大部分投到戰爭或軍備工業中，已經沒有精力和財力來舉辦奧運會，於是一九三八年向國際奧會正式表示放棄一九四〇年的舉辦權，舉辦地改為芬蘭赫爾辛基，事實上由於二戰爆發，這屆奧運會也未能如期舉行。一九四八年，中斷兩屆之後，奧運會終於得以在瑞士恢復舉行，但由於二戰的戰爭責任，德國和日本都未能獲得參賽權。直到一九五二年，日本才獲得參加赫爾辛基奧運會的資格。雖然經濟還處於恢復期，但日本已積極申辦奧運會，以圓戰前就懷有的夢想，一九五五年在慕尼黑舉行的國際奧會，決定第十八屆奧運會將於一九六四年在東京舉行。

恰好這時日本經濟已達到並超過戰前的最高指標，政治上，由較穩定的執政黨和反對黨力量構成的五五體制正式確立，日本社會進入大踏步的發展期，日本人雄心勃勃，厲兵秣馬，力圖把這屆奧運會辦成向全世界展示戰後新面貌的視窗。投資預算是一萬億日圓，而當時日本整個國家的年度預算也恰好是一萬億日圓。重點在於推進東京的城市建設和全國一定範圍內的基本設施建設。遭受美軍空襲重創的東京，經歷十年左右緩慢的戰後重建，決定乘著奧運會的東風，著手推進大規模的道路、橋梁、場館建設，首先是投資三十一億日圓將原先的代代木練兵場改建成大會主場館，包括附設的游泳池、冰球場、籃球場等，設計新穎而先進，附近建設了供市民休憩的公園、NHK新廣播電視大樓，面貌煥然一新。還在一九五八年建成地標性建築東京塔，高度為三百三十三公尺，除了播送電視節目的功能外，還用作觀光，在一百二十五公尺和二百二十五公尺兩個地方設有觀光臺，可以一覽東京市內的整個景觀。現在看來，尤其是與二〇一二年建成、高達六百三十四公尺的東京晴空塔相比，當然已不算什麼，可在當時卻是整個東京人甚至是日本人的驕傲。

一九五八年，日本已著手興建名古屋到神戶之間的高速公路（名神高速），雖然最後完工在一九六五年，但奧運會舉辦時，已有一部分開通了，標誌著日本已有了高速公路。一九六九年又建成東京到名古屋之間的高速公路（東名高速），與名神高速相連接，構成日本戰後第一條太平洋沿岸的陸上快速大動脈。東京市內，開通一部分首都高速公路。最讓日本人感到興奮的是，連接東京和大阪之間時速二百一十公里的東海道新幹線（日本第一條高鐵），也趕在奧運會召開之前開通了。而日本的參賽運動員真是爭氣，在當時僅有二十個種類的比賽項目中，獲得史無前例的十六塊金牌，整個日本一片沸騰，全國人民歡欣鼓舞。而大會的營運和管理也井井有條，合理高效，以至於當年奧會主席盛讚是史上辦得最出色的一屆奧運會。

一九六四年的東京奧運會拉近了日本與世界的距離，日本進一步融入到世界的潮流中。雖然奧運會之後日本經歷了短暫的經濟不景氣，但第二年就重新出現蓬勃的景象，這一高速成長一直持續到一九七三年的第四次中東戰爭爆發所造成對西方國家的石油禁運為止。一九五六年至一九七二年的十七年間，年均經濟成長率為九・三％，創造了持續高成長的奇蹟。日本的粗鋼生產量占世界的比重從一九六〇年的六・四％，上升到一九七〇年的一五・七％，船舶製造噸位數也在十年間從二〇・七％，上升到四八・三％，幾乎占了一半，乘用車從一・三％上升到一四・二％，商業用車從一・六％上升到三〇・五％，升幅都是驚人的，這意味著到了一九七〇年代初，日本已儼然成了世界經濟大國，令全世界對它刮目相看。

一九五五年前後，不僅食物的供應恢復到戰前最好的水準，重新呈現出昭和初年市面繁盛的景象，事實上，由於美軍長期占領，以及在政治、軍事上與美國的結盟，在生活文化上，美國對日本的影響也是巨大的。戰後日本的政治和經濟社會融入到西方世界中，人們的生活方式愈來愈西化，一九六一年，美國的可口可樂再次登陸日本市場。可口可樂公司憑藉強大的廣告宣傳和美國的影響力，以清涼爽口為賣點，迅速在日本打開市場，從此，日本迎來可口可樂的時代，一九六五年十二月，可口可樂推出罐裝飲品，更方便於自動販賣機內銷售，銷量因此迅速上升，一九六九年，日本可口可樂公司的年銷售額達二十六億日圓，成了當時日本第一的食品製造商。

食品相關的烹調器具、冷藏設備、新的銷售方式等也在一九五〇年代末期開始滲透到一般日本人的生活中。首先受到大眾歡迎的是電子鍋。一九五五年十二月，東京芝浦電氣公司（即後來的「東芝」）研製出一種完全自動的煮飯鍋，售價三千二百日圓，只要啟動電源，米飯就可自動煮好，使得家庭主婦們欣喜不已，雖然在當時價格還是比較高昂，仍然受到市場的熱烈歡迎，一九五七年時，電子鍋的銷售量已突破一百萬臺。以前幾乎與一般平民無緣的電冰箱也開始進入尋常百姓的家庭，一九五三年，松下電器推出一種可自動調節溫度的電冰箱，容量三・五平方英尺的售價十二萬九千日圓，這價格當然不是普通家庭可以問津的，此後隨著生產量加大和技術革新，價格隨之逐年下降，到了一九六三年，日本國內的普及率達到三九．一％[13]，一九六四年，生產量達到三百萬臺，普及率達到四七％，一九七二年，冰箱的普及率上升到九七％。

與此同時，各種新消費方式從歐美傳到日本。一九五三年，東京的青山出現第一家超市「紀國屋」，翌年從美國引進購物卡的方式，並且流行起美國式方形紙袋。之後，超市的數量逐年增加，進入一九六〇年代後出現飛躍性發展，一九六二年時，增加到二千七百家，第二年又猛增到五千家，超市已經成了日本人日常生活（尤其是飲食生活）不可缺少的存在。一九五八年五月，東京新橋的酒店中首次出現按杯出售酒類的自動販賣機，後來發展為飲料販賣機，一九六二年，可口可樂重新登陸日本後不久，推出可口可樂專用的自動販賣機。以後販賣的範圍逐漸擴大到白米、各種酒類、香菸、口香糖等，當然最主要的還是飲料，包括碳酸飲料、果汁、咖啡等，而且分成冷、熱兩類，顧客可按需求自由選擇。此後自動販賣機數量在日本一路飆升，一九七〇年時，數量突破一百萬臺，一九八四年時，已達到五百一十四萬臺，超過美國，成了全世界使用自動販賣機最多的國家，無論在鬧市街頭，還是在偏僻的鄉村公路邊，隨處可看到各種自動販賣機，而且物品價格低廉。

日本人從一九五〇年代末期開始追求所謂三種神器：洗衣機、吸塵器、黑白電視機，十年之後就已迅速普及，人們開始追求新的三種神器：彩色電視、家庭電話和私家轎車，一九七〇年代中期也在全國普及。而東京奧運會的成功舉辦，可說是日本經濟高速成長期的一個熠熠生輝的亮點。

13 同年，黑白電視機的普及率為八八・七%，洗衣機的普及率為六六・四%。

第68講　一九六〇年代：社會運動的潮漲潮落

一九六〇年代前後，既是日本經濟高速成長的年代，也是戰後日本社會運動潮漲潮落、跌宕起伏的時代。何以在經濟連續成長、社會正漸趨富裕的消費社會轉換時，人們的政治熱情也噴湧了出來？繼而在一九七〇年代初期出現極端化的傾向，再之後則戛然而止，幾經博弈、對峙之後，日本社會在一九七〇年代中期開始，終於走向一種有秩序的模式，在此之後，社會上的各種力量，無論在經濟水準上，還是政治主張上，都漸漸走向同質化，整個日本進入相對和諧、安穩的狀態。

一九五〇年代末至一九七〇年代初，引起全日本人民關注或有相當日本人參與的社會運動，主要有幾次。

首先爆發的是一九五九年至一九六〇年反對《日美安保條約》修訂案的國民運動，引發或觸發這一運動的是稍前反對《警職法》修正案的運動。一九五八年十月，岸信介政府向國會提交《警察職務執行法》（簡稱《警職法》）修正案。這一修正案打著維持公共秩序的名目，賦予警察更多權力。如可以隨意入室，隨意闖入勞動組合（工會）辦公室、宿舍等；憑藉一紙「制止」令，便可隨意取締集會；或以「持有凶器」為由，無須持有搜查令，即可對他人任意搜身；無須出示逮捕證，即可對他人實施「保護」……。這一修正案不由得讓人聯想起戰前的《治安維持法》及憲兵的蠻橫跋扈，人們擔心戰後的民主社會遭到破壞，於是左翼的社會黨、共產黨、日本勞動組合總評議會（簡稱「總評」）等，首先站出來表明反對的態度，隨即由更多民眾參與的「反對惡意修改警職法國民會議」組織宣告成立，以這一組織為核心，數百萬人被動員起來，轉而實施好幾次罷工和大眾行動，最終迫使自民黨政府放棄這一修正案。戰後第一次大規模的社會運動，以民眾的勝利而告終。

岸信介政府隨即又向國會提交《日美安保條約》修正案，旨在向美國讓渡更多權利，以確保美國對日本軍事安全的保障。由於一九四〇年代末期已形成兩大陣營對峙的冷戰時代，美國被視為反共勢力的最大堡壘，而整個一九五〇年代，由於戰後憲法保障的民主制度在日本建立，日本的思想界和學術界乃至部分媒體，溫和的自由主義和馬克思主義幾乎成了主流的意識形態，從政治的立場出發，人們對於戰後美國的政治角色懷著一定程度的不滿，不希望日本過於緊密地追隨美國，過於向右側傾倒。為反對條約修正案的通過，總評、社會黨、共產黨等一百三十四個團體於一九五九年三月宣布建立「阻止安保修訂國民會議」，成立大會上，人們要求阻止修訂《安保條約》並予以廢除，以實現日本正不斷努力推行積極中立的共同目標。運動的組織層力圖推進這一反對運動，一九五九年發起好幾次大規模的抗議示威，其中有一次遊行隊伍衝進國會大廈，造成秩序的混亂，引起輿論的批評。與此同時，對安保修訂提出反對聲明的團體逐漸增加，「安保問題研究會」（一九五九年三月建立）、「批判安保大會」（一九五九年十月建立）等展開行動，前者以學者為主體，後者集結一萬會員，其中包括以作家、評論家為核心的電影、戲劇等各界文化人士。

與之相對，贊成安保修訂的「新日本協議會」、「推進安保學生聯盟」等團體也相繼成立，社會上出現分裂。一九六〇年五月二十日凌晨，自民黨占多數的眾議院強行表決，通過新的《安保條約》，反對安保運動瞬間增強到倒閣運動的色彩，人們對於強硬營運議會的憤怒不斷高漲。於是，從第二天開始，為抗議如此強硬的政策，在野黨對國會實施完全抵制。對於前一年遊行隊伍闖入國會曾表示批評的輿論，現在對自民黨倚仗在議會占多數而強行表決的行徑，也表示強烈的反對。報紙等媒體同時轉向要求追究政府和自民黨的責任，要求岸信介內閣下臺、眾議院解散的大眾運動蓬勃展開，大學生是運動的主體。六月四日，國民會議在全國動員五百六十萬人（實際參加者要少於這數字），六月十五日，遊行人群與警察發生衝突，混亂中，一名東京大學的女生倒地死亡，新興的電視媒體對現場做了及時報導，於是，人們的憤怒都轉向政府當局。然而岸信介內閣還是透過國會的法定程序讓新的安保條約得到生效，憤怒的民眾轉而要求岸信介內閣總辭，岸信介本人必須下臺。一開始還自信滿滿的岸信介面對強大的輿論壓力，最後不得不下臺。

這之後，又發生過反對越南戰爭、反對核武器等市民運動。而大規模的社會運動到了一九六八年又達到一個高潮。這次運動在日語中被稱為「大學紛爭」，即大學是主要的舞臺，學生完全成了主角。大學的數量從一九六〇年的二百四十五所增加到一九六七年的三百九十六所，學生人數從六十七萬人增加到一百一十六萬人。日本的左翼社會運動在一九五〇年代中期至一九六〇年代，其核心主體日本共產黨數度發生分裂，旗下演變為好幾個派別，另一支強有力的組織是「全日本學生自治會總聯合」（簡稱「全學聯」），彼此的主張經常發生齟齬，學生各自有政治傾向，一段時間下來，鬱積了相當的情緒。這時，整個世界出現左翼運動的熱潮。一九六六年，中國發生紅衛兵運動，一九六八年，法國發生以巴黎學生為主體的五月革命，都試圖對現行社會秩序進行改革，結果導致流血衝突。受此影響，日本大學生也蠢蠢欲動，一九六八年十二月，一次很偶然的東京大學醫學部接受實習學生名額的爭議，引發全校性紛爭，在學生的呼聲中，校長被迫辭職，「全學聯」依然不甘休，要求進行大學改革、社會改造，並組織學生占領校園內的安田講堂，號召學生罷課，校園陷入一片混亂。學校當局不得不請警視廳出動八千名機動隊，強行解散學生，學生則上街遊行。這場運動從東京擴散到關西地區的京都大學、立命館大學等，一時間日本有七十七所大學都捲入紛爭，陷入動盪，對此，政府以立法的方式採取強硬的措施，半年之後，運動漸漸平息下來。

第三次與其說是社會運動，不如說是嚴重的社會事件。一九七〇年左右，日本極端的左翼力量衍生出「聯合赤軍」主張暴力革命的組織，透過暴力方式襲擊商店、倉庫，奪得武器和財物，然後轉入山裡，企圖走武裝革命的道路，並試圖與世界革命結合，走向國際舞臺。當然其人數很少，幾十個人而已，儘管如此，他們卻是內鬥不已，常以暴力手段處死異己分子。一九七二年二月，他們被警察發現，逃往長野縣輕井澤的淺間山莊，在那裡與警察發生激烈的戰鬥，雙方對峙二百一十八個小時，最後被警察制服。這一切都被電視媒體連續實況報導，吸引全體日本人的眼球，收視率達到九〇%。人們的實際介入度雖然不高，卻觸動了絕大部分日本人的心弦。從此以後，暴力形式的反政府運動被罩上負面的色彩，人們的政治熱情迅速降低，左翼的力量逐漸退潮。

為何會在一九六〇年代前後出現這樣的社會運動呢？我的理解是，第一，戰後相對的民主體制給左翼政治力量（包括共產黨、社會黨、「總評」、「全共鬥」等）提供了前所未有的活動空間，他們試圖透過大規模的社會運動來實現政治理念，與現行的體制進行對抗，同時獲得社會的存在感，一九六〇年的反安保協議，基本上就是這樣的一次運動，至少在迫使岸信介內閣下臺上，獲得了成功；第二，到了一九六八年前後，戰後出生的一代人已經成年，他們相對在較民主自由的環境中長大，較少舊觀念的束縛，相對個性比較張揚，自我主張的欲求比較強烈，恰好此時全世界出現反體制、反傳統的學生運動，做為一種連鎖反應，日本學生也試圖在社會上發出自己的聲音，但實際上並沒有清晰的政治訴求，於是導致校園紛爭的發生，其形式已展現出偏激的端倪，未必能獲得社會大多數的支持，結果喧鬧一陣之後，就不了了之了；第三，在戰後各種元素交雜的日本社會中，其實依然存在著某種壓抑和扭曲，由此滋生出極端的右翼和左翼勢力，前者比如一九六〇年十月，社會黨委員長淺沼稻次郎遭到右翼分子刺殺事件、一九七〇年十一月，作家三島由紀夫組織的「後盾會」脅迫自衛隊兵變失敗後切腹自殺事件等，後者則是被稱為新左派的「聯合赤軍」極端暴力行為等，他們從極右或極左的立場出發，空想和臆造出一些激進主義的理念，試圖透過極端的行為來達成這些怪異的理念，在大眾眼裡都演變成瘋狂的鬧劇。其實，不管是哪一種形態的社會運動或社會事件，恰好是日本從戰前體制向戰後社會演進的過程中，必然會發生的力量碰撞和角逐，有些具有明確且正當的政治訴求，容易贏得大眾的同情、理解和支持，有些則更多的是情緒的傾洩或理念的極端張揚，缺乏廣泛的社會基礎，甚至表現出更多破壞性，因而招來社會的冷眼，成了曇花一現的鬧劇。

為何在此後的幾十年間，直到今天，這樣的運動或社會動盪幾乎再也沒有大規模地出現呢？原因自然很多，我認為最主要的是一九六〇年代前後正是日本經濟高速成長期，進入一九七〇年代中期以後，「所得倍增計畫」早已實現，消費社會和「飽食時代」來到，極大地縮小了社會的階層差異，階級矛盾對立已基本消失，工人的春鬥只局限於保障經濟收入平衡而已，日本人產生「一億總中流」的感覺，覺得人人都已進入中產階級，整個社會呈現出繁榮祥和的燦爛景象，而經歷各種政治力量的博弈之後，日本社會已形成良性的有序模式，人們認為只要遵守規矩和秩序，個體和社會就會朝著良性的狀態演進。人們對於政治的熱情大大降低，無論是國會還是地方行政首長的選舉，投票率一直在六〇%左右，人們覺得個人很難介入國家的實際政治，只要當政者不要太越軌（民主政治制度基本保證一般不會出現離譜的越軌行為），日子總還能過得下去。二〇一五年夏天，安倍政府試圖在國會強行通過安保關聯法案，由此日本將獲得集體自衛權，一部分人擔心這一法案的通過會將日本牽涉進無為的戰爭紛擾，因而在自由主義和溫和左翼的知識階層以及部分市民中激起強烈的反彈，人們透過集會、演講、到國會門前遊行的方式來表明反對態度，那時我恰好在京都大學擔任半年的研究員，目睹和經歷了這些場景，但所有抗議形式都是和平的，最後的結果幾乎與一九六〇年的安保修正案一樣，在自民黨占多數的國會中得到強行通過，反對的人們感到失望和沮喪，但沒有發生進一步的激烈舉動，年輕人也很少參與，這一狀況與一九六〇年代的情形已大相徑庭了。如今的日本人大都已失去熱情、激情和理想，甚至是思考，大部分人都遵奉規矩和秩序，面對這個鮮活的世界，不少人失去了好奇的衝動，這是一九七〇年代以後形成的新社會模式。

第69講　一九八〇年代的雄心和野望：成為有影響力的大國

儘管有若干跌宕起伏，一九五〇年代後期開始，日本經濟出現長達十多年的高速成長期，然而這順風滿帆的成長在一九七三年末，卻因第四次中東戰爭爆發而受到挫折，阿拉伯石油產出國不滿西方國家對以色列的偏袒態度，而對包括日本在內的大部分歐美國家實行石油出口限額，並大幅度提高原油價格，使得能源供應四分之三依賴石油的日本大為震驚，其國內的石油儲備只有四十天左右，因而在全國上下引起一片恐慌，不僅企業忙於應對，市場上出現一片搶購狂潮，物價隨之飆升，後來日本政府幾經努力，趕緊派副總理三木武夫去阿拉伯世界解釋示好，最後危機雖然得以緩解，但石油價格已猛然上漲四倍，導致日本國內的物價在一九七四年前後飆升二〇%左右，日本經濟的高速成長因此打上休止符。

好在經過近三十年的勵精圖治，日本經濟已有比較扎實的基盤，國內的消費市場也已建立起來，儘管高速的成長已經結束，此後的十多年裡，依然有四%左右的穩定成長，在世界的目光中，日本儼然成了受人矚目的優等生。英國的《倫敦經濟學人》雜誌以三期連載的篇幅，刊載日本特輯，出現「令人驚訝的日本」、「冉冉升起的朝日」這樣炫目的大標題，以後美國國務院正式創造「日本株式會社」的詞語來概括日本企業的經營模式，美國的東亞研究家傅高義（Ezra Feivel Vogel）撰寫《日本第一》，日本政府的產業政策受到廣泛的好評，日本非常看重外部世界（尤其是西方世界）對自己的評價，歐美的一片讚美聲不免讓日本人沾沾自喜，得意滿面。而事實上，到了一九八〇年前後，日本已完成「經濟大國」的形象塑造，進入西方七國俱樂部。這一時期，日本經濟上的強盛主要體現在兩方面。

第一是日本製造的家用電器、醫療器械、船舶、汽車、半導體、計算器幾乎風靡全世界，以其品質優秀、價格適中而受到全世界的青睞，比如，汽車產量從一九六〇年的十六・五萬輛，增長到一九八〇年的六百一十八萬輛；電視機從一九六〇年的三百五十八萬臺，上升到一九八〇年的一千三百八十五萬臺；粗鋼從二千二百一十四萬噸到一萬一千一百三十八萬噸，工業品大量出口，二十年間贏得巨額的外貿順差，使日本的外匯儲備連年快速上升，國家經濟實力大大增強。

第二是累積了相當的財富後，日本的資本開始向海外大規模輸出，利用美國雷根政府實施高利率政策，日本有相當的資本流入美國的債券證券市場，獲得較高的利益回報，同時日本加快海外直接投資的步伐，尤其在北美、南美和東南亞，在當地開設各類製造企業，由此日本在海外的資產也穩步上升，從一九七一年的三百二十八億美元，上升到一九八五年的四千三百七十七億美元，上升了十三倍以上，日本幾乎成了世界上最大的債權國。

而且這樣的情勢，此後延續了差不多十年。於是，海外的旅遊勝地出現大量的日本觀光客。五星酒店的住客、世界名牌的買主，不少都是日本人，日本人在世界上成了有錢人的代名詞。

一九八〇年代前期，日本經濟發展的奇蹟引起全世界的驚嘆和讚美，在某種程度上，日本成了模範國家，其企業文化、經濟管理模式首先受到歐美先進國家的關注和研究，在世界上（尤其是東南亞地區）受到人們的仰視，資本和技術的輸出、ODA援助（政府開發援助）的實施，使日本由此奠定在東亞區域的經濟領袖地位，日本的古典文化隨同流行文化風靡全球，日本的電視劇在東亞各國屢屢創下收視紀錄，日本的流行歌成了熱門的背景音樂，日本的動漫和遊戲更是迷倒了一代年輕人。

此時，對日本民族精神的內省、對近代日本的批判性思考已大為減弱，戰後一段時期曾有較大勢力的左翼力量，在富裕的中產階級迅速成長之後，逐漸走向衰弱。隨之而起的是，日本要成為政治大國甚至軍事大國的欲求，在相當一部分的民眾中滋生開來。

一九八二年十一月，雄心勃勃的中曾根康弘就任日本首相，一直執政到一九八七年十一月，是戰後任期最長的內閣之一。他大刀闊斧地在財政和行政上實施一系列重大改革，比較引人注目的是實現國營鐵路民營化，總體上獲得日本民眾的喝彩。在政治上，中曾根康弘政府明確提出「回歸保守」的口號，中曾根提出的另一個理念是「健康的民族主義」。因民族主義一詞在戰後一直帶有貶義色彩，中曾根企圖用「健康的」（日文是「健全的」）這定語賦予新的意義。一九八五年十月，他在外國記者俱樂部會見記者時說：「我認為我們必須要有具自信心的民主主義基石，而構成這一基石的另一方面是健康的民族主義。」基於這一想法，中曾根在日本推行「戰後政治的總結算」，力圖修改憲法，努力擺脫戰後美國的影子，因此，他強調要確立「日本的國家定位」。一九八五年七月，他在法國索邦大學演講時指出：「已經占了世界經濟一成水準的日本，卻還縮在遠東的一個角落裡，如同與國際社會無緣似的，我們不能再對承擔國際義務和責任閉目無視了。」（中曾根的言論等引自日本歷史科學協議會編《日本現代史》，四六一～四六二頁，東京青木書店，二〇〇一年）有日本學者評論說，中曾根的這些言論表明做為經濟大國的日本，應該具有領袖國家一員的自覺來承擔相應的作用和責任。為鼓起日本民族的自信心，中曾根甚至以首相的官方身分第一次參拜列入甲級戰犯牌位後的靖國神社。中曾根的言行雖然受到左翼和一部分中道力量的批評，但還是受到日本輿論較為廣泛的好評，說明中曾根的大國主義政策，表達了相當一部分國民的心聲。

事實上，一九八〇年代，日本人的民族自豪感空前高揚，日本國內出現謀求聯合國常任理事國的呼聲。同時有日本學者認為，一九八〇年代，在整個東亞（包括東南亞）漸次出現從勞動密集型的輕工業向以裝備工業為主體的重工業，再向高科技產業發展的所謂逐漸遞增前行的雁型模式，而日本則是整個雁陣的領頭雁，在資金、技術和管理上為整個東亞做出出色的榜樣，東亞正跟隨向前飛行，日本多少扮演著經濟領袖的角色。部分日本人覺得戰後以來一直受到美國的壓制，現在終於抬起頭來，贏得世界的尊敬，日本應該在世界舞臺上扮演更為重要的角色。當時針對美國的民族主義思潮重新湧動起來，值得注意的是，這種思潮往往帶有右翼色彩。以國家主義和皇道思想為指向的右翼力量，對於美國影響中的現代民主理念、對戰前日本的否定和軍事上對日本的掌控政策的反抗，在戰後一直存在，主要體現為對戰後和平憲法的不滿。一九八〇年代初期，日本實現經濟大國的目標，並躋身G7的行列，這一脈力量愈來愈表現出要掙脫美國、再度成為獨立強大帝國的反美傾向，石原慎太郎與人合著的《可以說「不」的日本》（一九八九年）、《依然可以說「不」的日本——日美之間的根本問題》（一九九〇年）、《可以堅決說「不」的日本》（一九九一年），可說集中體現這一思潮的聲音。

總之，到了一九八〇年代後期，隨著日本經濟地位的大幅度提升，以及國際社會的讚譽聲迭起，日本試圖以經濟大國為基點向政治大國邁進的欲望滋生了。仔細想來，這樣欲望的產生自有其內在的合理邏輯，但是任何欲望都應該有個限度。無疑，這是一種民族主義情緒的膨脹，與明治晚期的日本有些相像。民族主義或者說國家主義（英語中是同一個詞，即nationalism）在很多場合往往是一把雙刃劍，在凝聚國民精神上可以成為良性的張力，但如果不加以理性的規範和適當的羈縛，其膨脹的激情也可能走向偏狹與狂熱的歧途，最終不僅危害整個國際社會，也會將自己的國家引向末路。縱觀世界文明史，任何國家都是如此。民主和理性的社會對此應該時時保持冷靜而清醒的頭腦。

第70講 泡沫經濟的發生與崩潰

一九九一年十一月，我第一次訪問日本，從經濟起步不久的上海來到霓虹閃爍、車水馬龍的東京，下榻在商業中心之一的池袋西口大都會酒店。慶應大學的教授請我吃飯時說：日本的泡沫經濟開始崩潰了，你在街上感覺不到出現不景氣的跡象嗎？說真的，我一點都感覺不到。我不知道什麼叫泡沫經濟，不知道此前的日本是怎麼樣的，這是我第一次踏上日本的土地，到處燈紅酒綠、人頭攢動。那時上海的夜還有點黑黑的，全國高速公路僅通了上海市內到嘉定的一小段，整個上海沒有一條地鐵，沒有一家超市，沒有一家便利店，街頭連電話亭也沒有，當然也不知道購物中心是什麼。那位教授的話讓我感到雲裡霧裡。

我對經濟基本上是門外漢，但對有些道理能夠理解。後來讀了不少文獻，慢慢懂得什麼叫泡沫經濟，它是如何發生的，又是如何破滅的，它對後來的日本究竟意味著什麼。

所謂泡沫經濟或者經濟泡沫，關鍵字是泡沫，意思是土地、股票等資本的價格被快速拉升到遠遠超出其實際價值的水準，也就是價格虛高，背離了實際價值。這樣的情形在日本是如何大規模產生的呢？一九八〇年代前半期，日圓兌換美元等國際強勢貨幣的價格較低，二百五十日圓才能兌換一美元，使日本的產品在國際市場上具有良好的競爭力，也使日本的外貿一直出現順差，就是收支的盈餘，支撐日本在一九八〇年代的經濟繁榮。但美國的經濟卻因眾多交易夥伴國的盈餘而長年出現貿易逆差，美國人覺得這是國際市場對美元實際價值過高估計造成的，於是在一九八五年九月召集世界上最發達的五個國家財政部長、央行行長，在紐約的廣場酒店開會，達成其他世界主要貨幣兌美元升值的協定，就是所謂的「廣場協議」。結果日圓在翌日立即出現升值，一年以後，升到一百五十日圓兌換一美元。原本就很有錢的日本人，一下子覺得更有錢了，海外資產和海外商品在日本眼中一下子跌了六〇％，於是大量日本人前往海外旅遊購物，日本富商出手闊綽地在海外購買土地、房產、珠寶、古董、名畫，日本股市迅速上升，人們爭相投資房地產和股市，於是土地價格進一步暴漲，東京都的土地價格從一九八〇年到一九八八年上漲四・七倍，全國土地價格上漲將近二・八倍，據當時有人估算說東京山手線內的土地價格，差不多可以買下整個美國。於是乎，全國上下一片歡欣雀躍。

但是任何事情都可能是雙刃劍。日圓升值以後，日本產品的價格在海外的競爭力就下降了，很多企業反而面臨倒閉的險境。於是央行提出金融寬鬆政策，大幅度降低貸款利率，目的是降低企業的融資成本，使企業重新振作起來。但是貸款利率的降低卻進一步激起人們投資的欲望，資本逐利的鐵則導引著市場的行為，人們設法從銀行獲得低息的融資來投入增值更快的房地產和股市，結果是房地產和股市進一步暴漲，股市從一九八六年的一萬三千點，猛然上漲到一九八九年底的三萬八千九百五十七點，已經完全脫離實際的價值，因而形成虛假的泡沫。這時政府意識到危機，趕緊採取金融緊縮政策。一九九〇年三月，政府提出「不動產融資總量限制」，限制銀行貸款給投資者炒房、炒股，且大幅度提高貸款利率，這樣一來，投資者的資金鏈出現斷裂，房產和土地的分期付款變得無法如期償還，於是房地產價格出現暴跌，銀行突然背負大量的壞帳，金融機構的運作業陷入困境。這時又曝出政界人物與企業界甚至黑社會互相勾結，黑金交易，買空賣空、行賄受賄等醜聞，連帶的，股市出現大跌，從將近四萬點經過幾年風雨飄搖之後，一度跌到將近一萬點，當年擁有大量股票價值的人自以為腰纏萬貫，結果連續幾年逐漸被掏空，更有難以償還房地產貸款的人深陷債臺高築的困境，不得不廉價變賣房產，從有錢人的地位瞬間跌入負債人的困境。

一九九一年時，泡沫經濟已開始崩潰，但只是剛剛開始，不少人還沒意識到嚴峻性，消費熱潮雖然比起一、兩年前已明顯退潮，各公司的交際費開始削減，高級場所比以前冷清許多，但對於從經濟相對落後國家來的我而言，還感覺不到，當時東京的夜晚比上海明亮璀璨，東京街頭的繁華也遠勝於上海。

值得一提的是，日本的泡沫經濟達到頂點的一九八九年，一月七日這天，昭和天皇去世，標誌著自一九二六年末開始的昭和時代終結，後來持續三十年之久的平成年代開啟大幕。

如今的人們對於平成年代已有各式各樣的敘述和評價，但平成最初七、八年裡，媒體卻是壞消息接連不斷，大多數人的臉上在泡沫崩潰之前的喜悅、得意、快活、熱氣騰騰、興高采烈的神情慢慢消失了，人們的面色變得冷峻。一九九二年以後，東洋信用金融、Cosmo證券、木津信用組合等紛紛倒閉，人們的心靈蒙上一層陰影。然而，寒潮依然一波接著一波，一九九七年，影響更大的三洋證券、北海道拓殖銀行、山一證券相繼破產，尤其後者是當時日本四大證券公司之一（另三家是野村證券、大和證券、日興證券），在一般人心目中，猶如航空母艦一般是不可能沉沒的，居然也轟然倒塌了，許多人感到一陣恐慌。事實上，這幾年裡，許多日本企業因資金鏈斷裂而不得不宣告倒閉，還有一些企業竭盡全力躲過危機，但以前在日本企業中極少出現的裁員情況卻頻頻出現了[14]，很多人擔心突然被公司裁員，但這樣的厄運每每還是會臨頭。一些人被公司裁員後不好意思對家人說或怕連累家人，每天裝作去上班的樣子，坐在東京軌道交通環狀線山手線的電車上，一圈一圈又一圈，天氣不錯時，到小公園的長椅坐上半天，到了下班時間再裝模作樣地回家，每天唉聲嘆息，愁眉苦臉，而且事情總有穿幫的一天，換來的是更大的痛苦。這些情況後來被媒體揭露出來，使得整個日本社會都蒙上一層陰影。

我有位日本朋友已經退休，經濟泡沫時買了很多股票，也有一些不動產，總覺得自己這一生算成功，花起錢也比較闊綽，結果沒多久股市狂跌，不動產價格連連下跌，原先擁有的財富日益縮水，他漸漸覺得富裕這個詞和自己沒什麼關係了。各大公司一再緊縮交際費（就是陪同客戶吃喝玩樂的費用），各種高級餐飲、娛樂、高爾夫球場、甚至色情行業都漸漸蕭條，連鎖引起很多人失業。可以說，平成時代開局就被一片愁雲慘霧所籠罩。日本的經濟似乎一下子回到一九七〇年代末期，於是出現一個詞語叫作「失去的十年」，然而事實上，經濟低迷並沒有在十年後走出谷底。

14 日本企業還出現英文詞語restructure（重建、調整），日本版詞語的リストラ，在日語語境中就是裁員的意思。

第71講　後泡沫經濟時代：日本真的停滯了嗎？

一九九一年之後，我幾乎每年都去日本，斷斷續續在日本各地待了四年多時光，對平成時代的日本多少有些感性認識，也時常閱讀書報，幾乎每天看電視，不時與各類日本人和在日本的華人交往、交談。這一講主要依據各種資料，對後泡沫經濟時代的日本，盡可能做出客觀的描述。

首先，從主要的經濟指數出發，日本這三十年來到底是對外界裝傻裝弱、實際卻發憤圖強、核心技術上依然是領先世界的科技產業強國？還是「失去了三十年」的低迷停滯狀態？由數字資料來說話。這三十年間，日本國內生產總值成長平均約在一％，一九九〇年代比較糟糕，甚至出現負成長，二〇〇〇年以後雖有起伏，但努力走出困境，尤其是近年，有的年分出現超過一％的成長。儘管如此，這一成長率與同時期中國的七～八％無法比，甚至與美國的二・五～三％也有明顯的差距，一九六〇年代平均約七～八％的成長率，更是遙遠時代的回憶了。通貨膨脹率或者說物價上漲指數（對國家的經濟成長是必要的比率），根據國際貨幣基金發布的資料，一九九六～二〇一六年的二十年間，美國累計上漲四六％，英國是四一％，法國是三一．五％，德國是二九．一％，而日本只有二．四％，遠遠低於其他發達國家，對於民眾而言，物價穩定或許是件好事，但消費因此難以擴大，經濟成長缺乏動力。

日本為什麼會出現長達三十年、恐怕在今後相當時期內仍會延續的經濟低迷呢？當然，有國際經濟變動、日本產業結構、產業政策等方面的原因，此外，經濟學教授塚崎公義還指出如下三個原因。

一是勞動力嚴重不足，在經濟高速成長期，每年都有大量的勞動力人口從農村向城市移動，如今這一移動基本已經停止，因為農村已沒有剩餘人口可以向城市移動，而城市呢，出生率比以前大為降低，也就是說，能夠提供有效勞動力的青壯年人口逐年減少，人口紅利已經完全沒有了；二是因機械化而帶來勞動生產率上升的情勢已大大減緩，無論在工業領域或農村田間，各種機械早已普及，生產效率上升的空間極為有限，曾出現的玫瑰色光亮已大大消退；三是少子化、老齡化問題日益加劇。當然，還可以找出若干其他原因，比如日本沒有有效及時地開發出經濟成長的新領域，整個社會的創新機制和創新能力無法與美國匹敵等。

其次，這三十年間，與經濟資料相對應的，出現了幾個大變化。

一、少子化和人口老齡化問題日益嚴峻。這問題在一九八〇年代已出現，但現在日益顯示其嚴峻性。戰後的一九四七～一九四九年間，每年新生兒出生有二百七十萬人，一對夫婦大約生育四・三二人，是戰後歷史上最高的，以後有高有低，第二次出生高峰出現在一九七三年前後，大約有二百萬人，一對夫婦大約生育二・一四人，以後漸漸減少，一九八四年出生人數跌破一百五十萬人，泡沫經濟崩潰以後，出生人口連續下降，到二〇一六年，只有九十七萬多人，家庭生育率降到一・四四人。據統計，二〇一二～二〇一七年期間，日本總人口減少了一個斯德哥爾摩城市的人口數，即一百零六萬多，截止至二〇一七年十月，日本總人口一億二千六百七十一萬人，據預測，今後的四十年間，總人口將減少四五%，而且相當部分是青壯年人口。與此同時，日本的醫療水準不斷提高，人們的平均壽命逐漸延長，據日本勞動省發布的最新資料，二〇一七年男性為八一・〇九歲，女性為八七・二六歲，在世界上，女性居第二位，男性居第三位。同時，六十五歲以上老年人，占了總人口的二七・七%，也就是說，接近三分之一的人口超過六十五歲，是目前世界上最高的。

據日本內閣府二〇一七年發布的老齡社會白皮書，泡沫經濟崩潰尚未充分顯現的一九九〇年是五・八個勞動力人口養活一個老年人（六十五歲及以上）；二〇〇〇年變成三・九人養活一個老年人；到二〇二五年，二・一人養活一個老年人，之後的情形將愈來愈糟糕。

近年，日本對來自東南亞的外籍勞動者悄悄放鬆簽證門檻，日本各地的低端服務型行業，諸如餐飲、超市、便利店等的臨時從業人員，來自越南的年輕人多了起來，他們大都是藉學習的名義來日本的打工者，一些印尼護理學校畢業生來到日本努力學習，設法考取工作許可資格，在醫院或養老設施當起護理員，而多年來以所謂「研修」名義來到各工廠打工的中國人也不在少數。日本的勞動力短缺在相當程度上阻礙了經濟的躍進，甚至影響到整個社會機器的良性運轉。從這一點來看，總體上，日本未來的前景，恐怕難以再現一九六〇年代前後的燦爛景象。

二、泡沫經濟崩潰以後直到今天，日本人的實際收入在下降。有份日本官方發布的統計，從一九九五年到二〇一一年的十七年裡，人均年收入從四百五十七萬日圓，小幅下降到四百零九萬日圓，這期間，一九九八年曾上升到四百六十七萬日圓，換句話說，現在每個月的淨收入比一九九八年減少五萬日圓。考慮到物價小幅度上漲，日本人的實際生活水準無疑比三十年前下降了。

三、日本社會在戰後首次出現比較明顯的貧富差別，或者說是一定程度的貧困化，即近年來日語中頻頻出現的「下流社會」或者社會的「下流化」。一定程度的貧困化出現當然有各種原因，其中比較重要的原因是出現派遣員工的現象和制度，有些人畢業後或想重新就業時，一時難以找到正式的就業機會，就去派遣公司登記，派遣公司根據招聘公司的要求，向這些公司派遣員工，一般簽約期是數天到六個月，期滿後需要再次簽約，亦即該員工雖然在某公司工作，卻只是個臨時工，無法享受公司的獎金福利，他只與派遣公司簽訂勞動合同，由派遣公司負責社保、醫保，而大多數合同都是有期限的，因此工作不穩定，收入相對較低，一旦合同到期，往往會遭遇失業，雖然日本社會建立較完善的救濟制度，依然難免會產生窮人。從統計上來看，純粹的派遣員工人數似乎不很多，二〇〇〇年是三十九萬，二〇一七年為二百一十九萬，占整個就業人數的二・四%，但還有九百九十二萬非全日制員工，四百二十四萬臨時打工者，三百九十四萬合同工等，加起來人數相當可觀，這些人的工作相對缺乏穩定性，幾乎沒有晉升的可能性，收入也較正式員工為低，很容易淪為社會底層。

處於社會底層的，還有一部分是單親媽媽。我在二〇〇七年《中央公論》雜誌上讀到一篇報導，一位在缺乏家庭溫暖中成長的單身母親，年輕時學習不是很用功，高中沒念完就草草結婚，婚後發現男方沒有家庭責任，也沒有經濟能力，於是婚姻破裂，獨自養育孩子，靠開小貨車送快遞為生，不僅收入較低，還幾乎沒有時間教育孩子，在這樣環境中長大的孩子，很容易成為熊孩子（比較調皮的孩子）。這樣的情形並不是個別的例子，伴侶無法依靠，疏遠了父母（上一代可能也是單親家庭），而自己也沒有太好的技能，只能做些簡單的勞動，自己的孩子也難以在身心兩方面得到健康的成長，從某種意義上說，貧窮往往會一代一代地傳遞。由以上各種元素疊加，大約從二〇〇〇年前後開始，日本漸漸形成所謂「下流社會」，雖然窮人的數量和貧困程度，遠比發展中國家、甚至美國的窮人要好得多，但相對於整個社會，日本畢竟已經產生窮人階層。

當然，這三十年中，日本並不都是一片愁雲慘霧，有時太陽的光亮透過雲層照射出令人鼓舞的光芒，日本在有些領域依然穩步發展，諸如高科技領域、醫療技術和設施、高端製造業甚至航太科技等方面，依然有不少傲人的成就，在整個世界上仍處於領先地位，並出現多名諾貝爾獎得主，是歐美之外獲得諾貝爾獎者最多的國家。另外不可忽視的事實是，日本在海外的資產數額連續二十七年居於世界首位，二〇一七年達到二千零一十二萬四千三百一十億日圓，扣去負債數，海外純資產數額為三百二十八萬四千四百七十億日圓，數額較前幾年有所增加。這說明日本經濟雖然整體上在走下坡路，確實有著難以根治的結構性缺陷，但依然是個很有底蘊、很有實力的國家，整個社會的肌體比較健康，目前並沒有尖銳的社會矛盾，世界第三經濟體的地位，一時很難撼動。

第72講　平成時代的變與不變

前文主要是根據日本官方公布的各種最新資料，對泡沫崩潰後日本經濟狀況以及社會問題進行概述，聽起來有點枯燥，但了解一些基本資料是非常有必要的，我不是經濟學出身，但學術研究的方法大致是相通的，沒有詳實的文獻和資料做依據，結論往往很難成立。不過在這一講裡，我想從個人體驗出發，講述我眼中平成時代的變與不變。

先說它的變。

首先，隨著日本整個社會結構發生變化，人們（尤其是年輕一代）的觀念和生活方式也發生顯著的變化。泡沫經濟還沒充分鼓脹的一九八〇年代，日本已完全成了工業化國家，第一產業和第二產業早已實現現代化，第三產業也蓬勃興起，發展到較成熟的階段，它本身逐漸向後工業或者後現代國家轉換，恰在這時，經濟泡沫突然被鼓吹起來，又在幾年內破滅，在某種程度上，可說是加速日本向後工業社會演變的進程。

所謂後工業或後現代社會的基本特徵是什麼？一般的理解是，當機械化文明已發展到相當成熟時、當物質生活得到空前的富足階段時，人們對所謂的現代化社會的價值觀產生困惑和懷疑，鋪天蓋地發達的情報資訊使人們感到眩暈，漸漸喪失追求成功[15]的熱情和激情。大多數人（尤其是年輕人）已不再熱衷於擁抱轟轟烈烈，人們更在意平凡的日常生活，在意日常歲月中的小歡喜和小陶醉，即村上春樹小說中所傳遞的「小確幸」，隨意和愜意是人們喜歡的狀態。泡沫經濟的崩潰也讓很多人開始反思和反省，泡沫崩潰導致經濟上的黯淡，一般人不可能再像以前那樣出手闊綽。於是，人們（尤其是中青年人）的價值觀、生活方式、消費理念在這三十年間發生較大的變化。

再說它的不變。

一九九一年，我初到日本時，泡沫經濟剛剛崩潰，崩潰後的跡象還沒有充分顯露出來，來自改革開放剛起步的中國的我，覺得日本完全就是發達國家的典範，超高層大廈林立的東京新宿西口，上午八、九點上班時間，一大群衣著光鮮、穿著深色或淺色的剪裁精緻的毛料大衣、光亮皮鞋的大公司員工，步履匆匆又體型挺拔的身影，給我留下非常深刻的印象。那時市面上依然是霓虹閃爍、燈紅酒綠，公司白領自不必說，大學教授也幾乎個個西裝革履，頭髮梳得整齊油亮，街頭行駛的大多是中級以上的車，電視裡依然滿是名車的廣告。但十年以後，情況就發生較大的變化，首先是人們的意識發生了變化，同時口袋也變癟了。光鮮亮麗似乎已不是人們熱切追求的，穿西服打領帶的標準形象變得愈來愈少見，人們穿得隨隨便便，尤其是大學的教員，西裝革履去上課已十分少見，只有職員還是較守規矩地穿著西服，以至於在大學裡要辨別誰是教員、誰是職員，看衣著就能大致明白。

為了節省能源，政府開始宣導夏天的涼爽服裝，至少上班時間不必再繫領帶。經過幾年的推動，人們的衣著變得愈來愈隨性、隨意，女性以前幾近瘋狂的名牌包、名牌服飾、名牌首飾、名牌手錶等，漸漸失去往日耀眼的光彩，因而價廉物美的「UNIQLO」、「無印良品」成了經常光顧的地方。東京等大城市偶爾還會看見幾輛高級車，而地方上幾乎九〇%都是廉價、排氣量小的代步車，汽車已完全失去往日裝點門面、抬高身價、炫耀擺闊的意義，只要性能還不錯、省油、能代步就好。

在求學就業方面，昔日進名校、進大公司的人生軌跡雖還沒有完全崩塌，但其熱衷程度已完全不可同日而語了。與三十多年前的勃勃野心或雄心相比，大多數年輕人只想求得簡單、舒適、安逸，自己開一家麵包烘焙店，與朋友一起研製新口味咖哩飯，然後開一家咖哩飯館，年輕女性覺得開一家花店就很開心了，愈來愈多年輕人只想在平凡生活中找尋可以預見、可以捕捉的幸福，海外留學、海外工作、海外旅行都不大能夠激起他們強烈的興趣。與其借了大量貸款買間大房子，不如沒有什麼負債壓力的小房子更舒心。打拚、奮鬥、冒險、勇闖……這些詞語對許多人來說已變得陌生。大學畢業生的月薪大多在二十萬日圓左右，年輕人口袋裡很少有存款，截止二〇一七年，日本的個人金融資產共有一千八百萬億日圓，其中六〇%在年逾六旬的老人手裡，老年人看到日本經濟前景黯淡，想到老後不安定的生活，都不敢亂花錢，而年輕人手裡極少有可觀的存款，嚴重阻礙日本消費市場的擴展。針對這一現象，二〇一六年底，日本著名的經濟評論家大前研一出版一部暢銷書書《低欲望社會》，認為在經濟不景氣的平成時代成長的日本新一代，對未來已放棄遠大的志向，日本難以在這一代手裡重新崛起。因而，新一代日本年輕人又被稱為「佛系青年」、「草食動物」，他們安於現狀，得過且過，與在戰後不久出生的「團塊世代」，恰好形成鮮明的對照。

從另一角度看，低欲望未必是個貶義詞。看淡或被迫看淡一九八〇年代的浮華喧囂，疏離了外在的豪奢熱鬧，只在日常的營生中尋求生活的小確幸，不再追求需要奮力打拚才能得到或不一定能得到的功名利祿，對於整個社會乃至整個世界，未必不是好事。過多地追求社會的進步和發展，是要以能源和環境的付出為代價。一個社會到了相當的成熟期，或許應該降低發展速度甚至是零成長，如今的北歐國家，大多處於此一較良性的狀態。或許正因為欲望普遍比較低，人們的憤怒、怨恨情緒也很難滋生，社會經濟發展雖然停滯，有些人的經濟水準雖然下降，卻沒有滋生出尖銳的社會矛盾，也沒有產生大規模的社會動亂。倘若任憑欲望膨脹氾濫、野心橫行肆虐，恐怕會招來社會的動盪和災難。當然，若是如同行屍走肉、甚至以啃老來維持生計的，則應毫不猶豫地加以擯棄。

以我三十年來在日本斷斷續續的體驗，感到這麼多年來，日本依然有很多東西沒怎麼發生變化。在觀念上，多年培育起來的公共道德、公民社會概念依然根深柢固，絕大多數日本人依然遵紀守法，循規蹈矩，享受公民權利的同時，也自覺履行公民的義務。對於工作，仍然是兢兢業業、克勤克儉。整個社會的服務水準，或許有些下降，但在世界範圍內，仍然堪稱第一。以人為本的理念深入人心，無論是做社會體系、制度設計，還是設施硬體設計，都是以人的使用方便為最大前提。這些理念和態度歷經平成時代的經濟低迷，貫穿到了今天。

或許是經濟不景氣，或許是社會發展到成熟階段時自然會這樣，日本整個社會的外貌變化也很小。三十年前，我看到街頭均勻地布滿紅色的英倫風電話亭、車站機場到處都有排列整齊的公用電話，每每會感嘆日本社會的先進，三十年過去了，風景依舊，雖然手機早已普及。三十年前，超市的物品琳瑯滿目，便利商店遍地開花，自動販賣機遍布城鄉，今天風景依舊，只是便利商店的便當花樣更多，口味更佳，而價格幾乎還是和三十年前差距不大。中國已幾乎人人用手機支付，日本人依然使用現金，最多是信用卡或銀行卡，而刷卡在三十年前也早已普及了。三十年前，我在早稻田大學使用落成不久的圖書館，驚嘆其設施的先進和設計的人性化，今天重新踏入，風景依舊，只是桌椅有些老舊了，而館內影印機的複印費，還是三十年前的十日圓一張。在中國，人們經常使用時光穿越來形容變化的劇烈，而在日本，幾乎一切仍和三十年前一樣。前兩年我得半日之閒，去闊別二十餘年的早稻田大學一帶懷舊，幾乎每一家店家都還在營業，每一幢房子還是以前的高度，每一條小巷走起來如同昨天剛來過那樣熟門熟路。令人驚訝的是，歷經三十年風風雨雨，竟然沒有留下歲月的滄桑感，建築的外觀還是新新的，彷彿一切就在昨天。

這就是我體驗到、感受到的平成時代的變與不變。

15 所謂的成功一直被解讀為出人頭地，事業有成。

日本文化：穿梭古代與現代

第73講　國風時代的日本文學

從這裡開始，我們講講日本文學。第一冊《被隱藏的日本史》的第14講「從唐風文化到國風文化」、第15講「日本語文的誕生」中，已提到日本假名文學的誕生、日本的和歌、隨筆文學和小說等，這裡想就文學本身做點論述。

國風這個詞主要對應外來的唐風，重點是強調日本本土的文化和文學。在日本民族的語文誕生之前，漢字是唯一的書寫媒介，記錄歷史、抒發感情都要透過漢文和漢詩，在文學上，漢詩集《懷風藻》是最初的成就，作者大部分是皇族、貴族和高級僧侶，之後又產生《凌雲集》、《文華秀麗集》、《經國集》三大敕撰，即由天皇下詔編纂的漢詩集。

但是，漢字漢文的表現形式與日本民族的語言並不一致，記錄歷史、撰寫公文或許還過得去，因日本早年的政治制度和法律體系是源於中國，但抒發情感、表達個人細微的感受，漢字漢文多少還是有戴著鐐銬的感覺，難以自由盡興。於是在歷史的演進中，與語言的發音基本一致的假名誕生了。

平安時代開始，在大陸文化的培育和刺激下，本土文化逐漸走向成熟，誕生了日本的韻文——「歌」，以及主要用假名撰寫的散文——小說和隨筆，其表現形式和表現內容都非常日本，後人就稱為國風文學。因篇幅關係，這一講中，韻文主要講《萬葉集》和《古今和歌集》，散文主要講日記文學和小說《源氏物語》和《今昔物語》。

德仁天皇的新年號「令和」取自《萬葉集》，使《萬葉集》紅了一陣子。《萬葉集》總共有二十卷，收錄長短不一的四千五百三十六首和歌，篇幅上遠遠超過《詩經》，不過成書年代卻比《詩經》晚了一千二百年左右，大概在八世紀下半葉。作者的範圍比較廣，上至皇家貴族，下至地方上普通平民，內容也相當龐雜。與《懷風藻》等漢詩集相比，《萬葉集》無疑是和歌集，記錄的是日本人用本民族語言吟詠的「歌」。但要強調一點，它沒有出現平假名和片假名，百分之百都是漢字。為什麼？因為平假名等還沒有誕生。漢字如何記錄日本人的語言呢？當時的日本人想了一個辦法，利用漢字的日本式讀音，把一部分漢字做表音文字，而不取其原本的意義，以此來記錄日本人的語言。這類只有注音功能的漢字被稱為萬葉假名。但問題來了，《萬葉集》問世後，除了極少數用漢文寫的序文等之外，幾乎所有的「歌」後人都看不懂。我手頭有一套朝日新聞社一九七七年出版的「日本古典選」系列的五卷本《萬葉集》，我試著閱讀用漢字堆砌的原文（現被附在最後），說實話，宛如天書一般，完全是雲裡霧裡。而對於日本人來說，也是雲裡霧裡，因此問世後約五百年裡，一直被擱置在冷宮。後來一些專門的學者對此反覆研究和解讀，就像我們破讀甲骨文一樣，終於破解了那些注音漢字的意思，重新把它用漢字和假名整理出來，並加以注釋，就形成今天出版的《萬葉集》。《萬葉集》的內容雖然是純粹的和歌，記錄的文字卻是百分百的漢字。它可說是日本文學的鼻祖，同時形式上是個過渡期的產物。

《古今和歌集》如同名稱所表述的，是一部純粹的和歌集，奉了醍醐天皇的命令，由紀貫之（八六八～九四五年）等人約在十世紀前期編撰而成，收錄的是九世紀（平安前期）的和歌一千零九十五首。與《萬葉集》相比，《古今和歌集》的不同點主要在以下幾方面。

第一，形式上已是漢字和平假名共同使用的日文了，而且長歌極少，大多是短歌；第二，就作者而言，沒有《萬葉集》那麼廣泛，基本上是生活在都城內的貴族階級，而且是一些中下層的貴族，宮廷的上層人物幾乎沒有和歌作品；第三，由於作者的生活範圍相當狹窄，生活相對單調，因此和歌所吟詠的內容不那麼豐富多彩，與中國的漢文學傳統相比，和歌的作者更注重的是身邊的生活、環境，他們對於外部世界（整個社會）幾乎缺乏關切，儘管那時儒家思想早已傳入日本，但在和歌的世界中，儒家的影跡似乎很疏淡，日本一般民眾的世界，距離它們似乎很遙遠。那個時代，佛教的影響很大，和歌集中有些與佛教儀式相關的描寫，但作者的關切幾乎都在現世，對於佛教關注的來世（彼岸世界），大多沒有反映，因此，和歌內容主要記述身邊的瑣事和所處的環境，抒寫自己對於戀愛、情感以及四季的纖細感受，也就是說，日本文學的世俗性而非政治性的性格，在《古今和歌集》中基本奠定了；第四，要特別說一下，《古今和歌集》對於四季變換的描寫，占了相當篇幅。二十卷《萬葉集》中，與四季相關的占了十分之一，主要也是借四季來抒發愛情，但是二十卷《古今和歌集》中，描寫四季的有六卷，占了總篇幅三三％以上，大多是專門吟詠四季的景物及作者對於四季變化的纖細敏感的感受，雖然他們的生活世界很狹小，接觸的自然也很有限，因此，他們對於有限的外在世界觀察和體悟格外細膩，善於調動視覺、聽覺、觸覺、感覺、嗅覺等各種感官去感受四季的細微變化，釀成公家文化中，高度發達的審美意識，在後世日本民族對於美的感覺和美的意識養成，產生極為深遠的影響。但是，毋庸諱言，以宮廷環境為主題的公家文化的柔弱、狹小，甚至有些病態的情感，也在《古今和歌集》以及後來大部分和歌集中表露無遺。日本著名的文化批評家加藤周一指出：「實際上，在九世紀所決定對於美的感受性形態，不僅貫穿了整個平安時代，而且在貴族統治的政治沒落之後也長久地持續著，透過能和連歌，影響了歌舞伎和俳諧，直到今天。八世紀之前一直影響到今天的美學類型，幾乎完全沒有。」（《日本文學史序說》（上），東京築摩書房，一九九一年，一三九頁）這一論斷基本上是成立的。

幾乎在《古今和歌集》問世的同時，日本興起用假名撰寫的隨筆文學，其大部分形式是日記，且作者大多是生活在宮廷圈子的女性，因此日語中又稱為「女房文學」，女房這個詞在日語中大多用來指稱自己的妻子，但原意是高級宮女的房間，後來泛指在宮中有地位的女子。日記文學的開山之作是紀貫之的《土佐日記》，借一個女子的口吻敘寫了從土佐回到京都五十五天旅程的一路見聞和內在心情，插入許多和歌以及有關和歌的意見。之後有十世紀中葉的《蜻蛉日記》，做為大臣妻子的作者，詳細記錄自己的婚姻生活，以及對於擁有多名配偶的丈夫的嫉妒、苦澀和苦惱的情感，雖然是波瀾不驚，對心理描寫卻相當細膩，甚至被認為是日本心理小說的開端。《枕草子》、《紫式部日記》、《讚岐典侍日記》是典型的「女房文學」，寫的都是宮廷生活的日常瑣事，卻處處透顯出女性觀察的綿密細緻，不乏精彩的人性感嘆，《枕草子》更像是一部季節風物詩。

在和歌和隨筆文學的基礎上，最後誕生了日本成熟的長篇小說。最早有《宇津保物語》（九七〇年左右）、《落窪物語》（十世紀末）、《竹取物語》、《伊勢物語》（大致同時期）等，十一世紀初，《源氏物語》問世了，作者被認為是紫式部。主人公光源氏是容貌秀麗、才華出色的王子，大半部分寫的是他一生與多名女子的交遊，宴飲酬酢，春風得意。到後來，心愛的女子紫上去世了，榮華由此坍塌，體會到人生的酸楚。後半部則是他死後發生的故事，猶如《紅樓夢》後四十回，彌漫著世間的悽楚悲涼。從文學性來說，《源氏物語》無疑應該列在第一，但實際上敘說的口吻、人物的塑造、故事的展開上，仍有許多難解難讀的地方，它的成就也不必過分地誇大。

十二世紀前半期誕生的《今昔物語集》是日本篇幅最大的一部短篇故事集，大致分為印度、中國、日本三個大部，把以前的佛教故事、中國傳奇和日本早年物語重新進行陳述改編，總共一千零四十篇，有點類似明代的「二拍」，內容思想比較龐雜，對後來日本文學的展開具有一定的影響。

總之，到了平安時期，以日本語文為媒介的日本民族文學開始走向成熟，湧現出包括和歌、長篇物語、短篇故事在內的一大批有影響的作品，可以說，列島本土文學到了這一時代才算真正成立，構成日本文化的主體之一，在很大的程度上形塑了後世日本人的道德價值和審美理念。

第74講　「五山」與五山文學

今天想講清楚有關「五山文學」的幾個話題：什麼是五山？五山文學是什麼？五山文學在日本文學史或日本人精神史上，到底具有什麼意義？

一、什麼是五山？

五山這個詞語，準確地說，「五山十刹」是宋代依據印度「五精舍」的說法創造出來的。最初從印度傳來「禪」，然後在唐代創制出禪宗，可說是佛教在中國的一種新形態。宋代時，禪寺已經很興盛了。南宋時，十三世紀初的嘉定年間，禮部侍郎史彌遠向朝廷奏請設立禪林的五山十剎制度，簡單地說，就是把當時林林總總的大小禪寺分個級別、定個高低，以五山為最高，底下還有十剎。當時定的五山是：杭州及周邊的徑山寺、林隱寺、淨慈寺，以及寧波郊外的天童寺、阿育王寺。南宋及以後時期，這五座禪寺被定為最高級別的禪寺。

日本在九世紀停止派遣遣唐使之後，日本與中國的官方往來就中斷了，北宋時，官方和民間的往來比較少，但到了南宋，日本的平安時代已經結束，開始武士當權的鎌倉時代，有些道德學問很高的僧人坐了商船到中國，比如榮西（一一四一～一二一五年）、道元（一二〇〇～一二五三年）等，把南宋時期的禪宗傳到日本。當時掌權的北條家族也想借助中國文化的力量與京都的傳統勢力相抗衡，於是模仿南宋的五山制度，在鎌倉也設立五山，分別是建長寺、圓覺寺、壽福寺、淨智寺和淨妙寺。一三三五年鎌倉幕府倒臺之後，京都方面另建立京都五山，自覺權威上要高於偏遠的鎌倉，因而停止了鎌倉五山，直到一三八六年才恢復認可，因此日本有兩套五山制度[16]。京都的五山從順序上來說，分別是天龍寺、相國寺、建仁寺、東福寺和萬壽寺，另把最初曾列為五山最高格的南禪寺定為別格，也就是特別的位置。

這兩地的五山都成了從鎌倉時代晚期到室町時代中期的日本文化高地，並由此誕生五山文學，帶動日本禪學、庭園、建築、茶文化的發展。我曾踏訪京都的五山，當年的萬壽寺已成了東福寺的一部分，它的名字差不多也被湮沒了，而其他幾座寺院在今天的京都依然享有崇高的地位。鎌倉的五山，我曾去過建長寺和圓覺寺，面貌與初建時的格局有了一些改變，但依舊古色蒼然。

二、五山文學是什麼？

五山文學就是誕生在寺院裡的日本漢文學。

為什麼要特別把佛寺文學拿出來講呢？第一，日本的鎌倉時代和室町時代都是武家將軍掌權的幕府時代，以朝廷王公貴族為中心的公家勢力已大為衰敗，日本文化和藝術的精華差不多轉到寺院裡去了，僧人成了整個社會最有學問、最有文化的人，寺院和僧人的地位很高，朝廷和幕府都非常看重他們，在禪林中形成的文學在日本獲得很高的地位；第二，五山文學純然是漢文學，與中國禪林有著極為密切的關係，這是我真正感興趣的地方。

融入更多日本本土元素的國風文化興盛起來，漢詩漢文就漸漸淡出了日本的主流文壇。差不多到南宋時期，由於民間貿易的展開，兩國僧人坐著商船互有往來，禪宗就在這時傳入日本。一二四六年，臨濟宗高僧蘭溪道隆受鎌倉幕府第五代將軍（當時叫執權）北條時賴的邀請來到鎌倉，開創後來被列為鎌倉五山之首的建長寺；一二七九年，已是天童山景德寺首座的無學祖元受鎌倉幕府第八代將軍北條時宗的邀請，來到日本，成了鎌倉五山之一圓覺寺的開山祖，最後在日本終老。還有一個一山一寧也是位高僧，後來做了普陀山觀音寺的住持，元王朝建立後，曾兩次攻打日本都沒有成功，就派一山一寧做為和平談判使者去敦勸日本服從元朝，結果被當作間諜關了起來，但最後他的道德和學問折服了日本朝野，先後做鎌倉建長寺、圓覺寺和京都南禪寺的住持，受到日本皇室的高度尊敬。

這些高僧到了日本，把宋代禪僧中流行的一些偈頌、詩文以及宋代的木版印刷技術一併帶到日本。那個時代，日本人看中國有較多仰視的姿態，於是五山的禪僧開始模仿宋、元的禪僧，吟詩作文，大約從鎌倉時代晚期到室町時代中期（十三～十五世紀），在京都五山和鎌倉五山中湧現出一大批文學造詣很深的僧人，留下許多漢詩文集，在日本朝野的眼中，這些人都是很崇高的存在，在日本文學史上留下獨特的碩果，木版印刷也被稱為「五山版」。限於篇幅，這裡主要介紹三位，一位是雪村友梅（一二九〇～一三四六年），另兩個就是被後人稱為五山文學雙璧的義堂周興（一三二五～一三八八年）和絕海中津（一三三六～一四〇五年）。

雪村友梅很小時就出家，在建長寺當來自中國的一山一寧的侍童，從小就受到一山一寧的教誨，十八歲時坐船來到元代中國，在元大都（北京）待了兩年，遍訪各處高僧，由於那時元與日本的關係惡化，他因此受到牽連而被捕入獄，幸好免於一死，就在中國各地遊歷，閱讀大量經史子集，積累了深湛的漢學修養，最後擔任長安南山翠微寺的住持，被元王朝授予「寶覺真空禪師」的稱號。在中國待了二十四年後，雪村回到日本，受到禪林和官方的敬仰，曾出任建仁寺等的住持，他在文學上的成就體現在詩文集《岷峨集》和《寶覺真空禪師語錄》中。試舉後者其中一首：「枯似榮兮儉似奢，醉霜楓葉染辰砂。一枝折向銅壺裡，勝對春三二月花。」將佛界與俗界、實像與虛像，自然地融為一爐。

義堂周興和絕海中津兩位都是日本著名的禪僧，也是造詣極高的造園家夢窗疏石（一二七五～一三五一年）的弟子。義堂雖沒去過中國，漢文學造詣卻很深，曾出任五山的建仁寺、南禪寺住持，留下用漢文撰寫的日記《空華日工集》和漢詩文集《空華集》。

絕海中津應該是五山文學中成就最輝煌的一位，被後人評為達到日本中世（鎌倉—室町時期）文學的頂峰。他十四歲時從家鄉來到京都天龍寺，侍奉夢窗疏石，夢窗去世後輾轉在多間寺院參禪，三十四歲時，渡海來到杭州，進入中天竺寺，後來又入靈隱寺等拜名僧學禪，總共待了十年，不僅佛法造詣很深，還習得當時流行於中國禪寺的四六駢文體[17]。回到日本後，很多著名禪寺邀請他當主持，室町時代很有作為的第三代將軍足利義滿很看重他，請他來當自己創建的鹿苑寺住持，但不久他與足利義滿意見不合，隱遁到山裡，多年後雙方才重歸於好。

絕海中津不僅詩文都十分出色，還把中國傳來的四六文體在日本禪林中廣泛傳播，在日本掀起四六駢文體的熱潮，影響一直沿承到近代。他的作品集主要有《蕉堅稿》、《絕海和尚語錄》等。試舉前者其中一首〈宿北山故人房〉：「擬訪北山友，來書偶見招。入門松日落，對榻夜燈燒。詩苦寸腸斷，鐘清諸妄消。天明辭勝侶，雲雪漲溪橋。」詩苦寸腸斷或許是尋常詩人的感慨，鐘清諸妄消則進入了禪林的世界。

三、五山文學在日本文學史或日本人精神史上，到底具有什麼意義？

五山文學可說是宋、元文學透過禪林的路徑在日本生發出來的漢文學，原本的漢文學傳統在日本衰微沉寂近四百年後，經過禪僧的努力，重新綻放出熠熠光輝。漢文學在日本雖然是一種外來的文學形式，卻大大提升了日本人的文學品位和文學修養，在本民族的和歌、物語等體裁之外，有了一種更加精緻整齊、美麗凝練的表現形式，與千百年傳承下來的中國古典和日本漢詩漢文，一起滋養了日本人的精神和文采，在一定程度上甚至滲入日本人的骨髓，今天的日語表現中，四六句式的詞語依然比比皆是，很大的程度上應歸功於五山文學。

以後的江戶時代，漢詩文依然是日本雅文化的主幹，成了學問、學養的代名詞。直到近代明治和大正初期，中層以上的日本人大多具有良好的漢學修養，幾乎都可寫一手不錯的漢詩漢文，不僅文人如此，赳赳武夫也能出口成章，比如日俄戰爭擔任第三軍司令的乃木希典，寫得一手氣勢鏗鏘的漢詩。室町以後日本人有如此好的漢學修養，當年隆盛的五山文學可謂功不可沒。

二〇〇七年七月底，國立東京博物館舉辦「京都五山・禪文化」特別展，短短一個多月內就有十萬人參觀，且入場券高達一千五百日圓（約新臺幣四百元），可見五山、五山文學的魅力依然綿延不絕。

16 在日本屬於禪宗寺院的五山，基本上都屬於中國傳過去的臨濟宗。換句話說，日本的五山是禪宗內臨濟宗的寺院，在如今日本的佛教中，具有極大影響力。

17 四六句式駢文體起源於漢末，南北朝時達到成熟的境地，隋、唐以後，科舉考試以詩賦取士，當時官方的公文基本上都是四六文體，宋以後在禪林中達到新的高度，有學問的僧人往往以能寫得一手漂亮的四六駢文自得，絕海中津在杭州浸潤十年，駢文水準也為禪林所讚嘆。

第75講　娛樂色彩濃郁的江戶文學

近代以前的日本文明史中，江戶時代或許是最有趣、最具日本情調的時代，尤其十七世紀末期到十九世紀初期將近兩百年，是人們認為傳統的日本文化達到成熟、走向絢爛的時期。最重要的前提是江戶時代延續兩百多年社會安定和經濟發展，其結果帶來城市的繁榮和市民階級的誕生。市民階級這個詞有點新，歷史上一般稱為「町人」或者庶民，町人是指居住在城市裡的居民，以商人階級為主，庶民則是相對王公貴族和中高級武士階層的中下層民眾。

城裡居民在衣食大抵獲得滿足之後，就要尋求快活、娛樂，於是文學上催生了兩大類型的成熟，一是戲劇，一是小說，前者是許多人曾聽說過的歌舞伎和人形淨琉璃，後者則是形形色色的物語小說，這兩者幾乎是同步進行的，其發祥地和興盛地是三大城市的京都、大阪和江戶。

先來說說戲劇中的歌舞伎。歌舞伎最初出現在十六世紀末，最早是一種女性舞蹈團體表演，一六〇三年進入京都後，受到上層和庶民的廣泛歡迎，他們就女扮男裝在茶屋裡表演，或形成一種歌舞劇形態，後來當局認為有傷風化，禁止女子演出，也禁止年輕男子成為主體，後來，誕生類似於梅蘭芳男扮女裝的角色，如今的歌舞伎依然是清一色的男演員。江戶時代最終完成的歌舞伎是一種集臺詞、音樂、舞蹈於一體的戲劇形式，或演繹歷史故事，或表現當今社會的各種世相，最為經典的劇碼是一七八四年在大阪竹本座第一次公演的《忠臣藏》，以四十七名赤穗義士為主君報仇的事蹟[18]編寫而成，宣揚武士忠於主君、重視榮譽、輕視生命、集體獻身的價值觀，兩百多年來長演不衰。

除了故事外，演員的演技是決定這齣歌舞伎是否賣座的關鍵，一些經典劇碼的故事，觀眾大都耳熟能詳，人們觀劇是衝著演員來的，與京劇有點相似。不過與中國傳統戲劇不同的是，歌舞伎重要演技派的名角，歷來都是家族世代傳承的，比如市川團十郎，第一代創建者生於一六六〇年，至今已傳到第十二代，第十二代年事已高，現在最當紅的是他的繼承者、長子市川海老藏，不僅演技做工好，長得也相貌堂堂，一直是媒體的焦點人物。如今的觀眾雖以年長者居多，也不乏年輕人的身影，演劇的盛況雖已不可與江戶時代相比，卻如一棵常青樹，一直受到部分日本人的追捧和喜愛。

再說戲劇中的人形淨琉璃。淨琉璃原本是一種有音樂伴奏的說唱劇，十六世紀後半期，中國的三弦經琉球傳到日本，演變成一種用撥片彈奏的三味線，淨琉璃因此誕生，後來又加上人形（木偶、偶人），操縱者和偶人同時出現在舞臺上，稱為人形淨琉璃，根據劇情，偶人表現出不同的形體動作，另有稱為「大夫（太夫）」的人依照獨特的曲調念出不同人物的臺詞，伴有三味線演奏的音樂。與歌舞伎不同的是，人形淨琉璃最關鍵的不是演員，而是劇本，是故事，人們除了觀賞偶人的操作、臺詞的念白以及音樂之外，主要是欣賞故事劇情，因此，劇本創作是決定一齣人形淨琉璃是否成功的關鍵。

十七世紀末期，誕生了日本最偉大的人形淨琉璃劇本創作家近松門左衛門（一六五三～一七二四年），他出身較低微，但富有文學才華。這裡要先提到竹本義太夫（一六五一～一七一四年），他出身農家，自幼喜愛戲劇，跟著名師到處學藝，三十四歲時，在大阪道頓堀開設一家劇場名為「竹本座」，並創造一種「義太夫節」的念白曲調。竹本義太夫一眼相中近松門左衛門，請他撰寫劇本，第一個較成功的是根據歷史故事改編的《出世景清》，使他一舉成名的是《曾根崎心中》，根據當時發生的真人真事撰寫，說的是大阪一家醬油店的夥計和一個青樓女子相愛，醬油店老闆要把侄女嫁給他，竟然遭到回絕，老闆很不開心，那時老闆借給他的一筆欠款被他的朋友騙走了，無法如期償還，就和那個青樓女子在曾根崎的樹林裡雙雙殉情[19]了。劇本表現的是江戶社會中人情與義理、金錢與愛情之間錯綜複雜的關係，最後導致一起人間悲劇。這齣戲獲得極大的成功，場場爆滿，連演不衰，竹本義太夫為經營劇場而欠下一屁股債也瞬間還清了。

這個故事後來被改成歌舞伎的劇本。一七一五年，近松門左衛門根據鄭成功抗清復明的事蹟創作《國姓爺合戰》劇本，鄭成功出生於日本平戶，他的母親是日本人，因而日本人對他很感興趣。這部淨琉璃以中、日兩國為舞臺，故事宏大壯麗，情節跌宕起伏，已成了人形淨琉璃的經典曲目，也被改編成歌舞伎上演。時至今日，歌舞伎和人形淨琉璃仍是代表日本古典表演藝術最重要的種類之二。

日本歷史上，江戶時代是小說創作和閱讀達到空前繁盛的時期，造成這一現象有三個重要原因，一是城市的發展和商業的繁盛造成大批城市居民（尤其是商人階級）出現，他們本身非常有故事，也非常喜歡閱讀故事；二是印刷技術和印刷業的迅速發展，使各種小說讀本如雨後春筍般，充斥各種書肆坊間；三是江戶時代以寺子屋為代表的基礎教育機構遍地開花[20]，市民的識字率相當高，為文學作品提供廣大的閱讀階層。還有一個原因，當年明、清時期，中國的小說做為商品透過長崎口岸流入日本各地，為日本的小說創作提供了新的樣本。如果翻閱這時期的文學史，會看到諸如假名草子、浮世草子、草雙紙、灑落本、讀本、滑稽本、人情本等各式名稱，在時期上也有些先後不同，大體可以理解為十七～十九世紀上半葉出現的各式都市小說，有點類似明代馮夢龍和凌濛初等編訂的「三言二拍」。

一開始，江戶小說的興盛地是商業都市大阪，最著名的作家是井原西鶴（一六四二

～一六九三年）。他顯然是個絕頂聰明的人，最早是俳諧（充滿機智詼諧的短歌）的作者，後來以大阪商人生活為題材撰寫小說，創作《好色一代男》、《好色一代女》、《日本永代藏》、《世間胸算用》等一大批小說，吸引無數的讀者。

《好色一代男》寫富裕商人家庭出身的浪蕩公子世之介，自幼在女人堆裡長大，一輩子在女色中尋求歡樂，一開始與表姐、堂姐、女傭、寡婦等身邊的女性發生各式各樣的戀愛，三十四歲以後，父親去世，他繼承龐大的財產，於是拿這筆錢在大阪、京都和江戶各處青樓裡買笑買色，尋歡作樂，最後在六十歲時與七個同伴坐上名曰「好色丸」的船隻駛向名曰女護島的地方，再尋求刺激的人生。粗略看來是一部情色小說，但井原西鶴在聲色犬馬之外，還用寫實主義手法十分精彩地寫出各色市井人生，間或夾雜人生教訓，而不是淪為一個淺薄的故事，幾百年來各種版本在日本一直暢銷不衰。

《日本永代藏》則是一部由三十個故事組成的短篇小說集，中心思想是商人應該靠節儉、勤奮和聰明致富，是一部訓導人們應該如何發家致富的作品，還包括一些致富後不注意守財而潦倒沒落的故事，本來會淪為無趣的教訓故事，但作者以出色的文學才華，生動地描寫都市中各種商業活動，以及在商業舞臺上躍動的各色人等，以及他們表現出來豐富的人性。總之，井原西鶴的小說故事性和文學性都很出色，其中心思想或許與明代末期貪財好色的人生追求有幾許吻合，更多表達了城市商人的人生思想。

文學作品做為書籍出現，背後一定有出版業的發達為背景。十七世紀下半期至十八世紀前期的大阪和京都，出版業和書肆業極為興盛。在這之前，出版幾乎都掌握在大寺院、貴族和各地大名的手中，十七世紀中期前後，民間的出版業興盛起來，光京都一地就有各類印刷出版書籍的機構近一百家，其中較著名的有京都的八文字屋，書店老闆很會做策劃行銷，他物色了一些很會玩樂又有些文采的人物，和他們一起商議構思小說創作，其中較走紅的是江島其磧，他是個公子哥兒，經常出入青樓酒肆，對各家青樓名妓十分熟識，於是炮製出諸如《傾城色三味線》等一系列通俗小說，多少有些誨淫誨色，格調很低，缺乏井原西鶴的目光和製作故事的能力，當時很受一幫酒足飯飽的富裕市民歡迎，但在文學史上卻沒什麼地位。

再往後，政治文化中心轉移到東面的江戶，十八世紀中期前後，做為文化商品製造地的江戶迅速崛起，各類通俗小說大為繁榮，湧現出諸如曲亭馬琴等一批著名的小說家，其超長篇小說《南總里見八犬傳》，在情節構造、人物描寫上受到《水滸傳》的影響較大。後人把江戶時期這類主要供人消遣的文學稱為「戲作文學」。

18 請參見《被隱藏的日本史：從上古時代到政治革新》第25講。
19 殉情的日語寫作「心中」。
20 日本沒有科舉考試制度，人們接受教育的目的不是為了考取功名做官晉爵，而是為了書寫、閱讀和算帳。

第76講　日本近代文學是怎樣發生的？

日本近代文學的發生如同近代社會的開啟，是在西洋文明的刺激和衝擊之下展開，倘若沒有近代西洋文明的傳入，大概就沒有日本近代文學的誕生。開始的階段主要是翻譯和介紹西洋文學，然後是各種模仿和學習，之後形成日本近代文學的整體面貌。

江戶時代的日本文學被稱為「戲作文學」，主要供市民階層消遣娛樂，從中獲得快感的同時，也接受一些人生訓導，故事比較好看，但對於人性、社會的思考卻相對薄弱。一八七〇年代後期，伴隨著啟蒙思想運動和自由民權運動的發生，有些人從政治訴求的目的出發，開始編譯一些西洋的政治小說，比如把英國政壇大老、政治小說家李頓（Edward Bulwer-Lytton）的《歐尼斯特・馬特弗斯》（*Ernest Maltravers*）改編成《花柳春話》（織田純一郎譯，一八七八年），根據英國著名的歷史小說家司各特（Walter Scott）的《拉美莫爾的新娘》（*The Bride of Lammermoor*）編譯的《春風情話》（坪內逍遙，一八八〇年）等，為日本讀者打開了一扇西方的視窗，書名仍不脫江戶戲作文學的窠臼。類似的還有法國科幻作家儒勒・凡爾納（Jules Gabriel Verne）的《環遊世界八十天》（*Le tour du monde en quatre-vingt jours*）等，追求新異奇幻。受此影響，日本出現幾種影響較大的政治小說，比如矢野龍溪的《經國美談》（一八八三年）、柴四郎的《佳人之奇遇》（一八八五年），梁啟超避難到日本後，曾在二十世紀初把這兩部小說翻譯成中文。矢野龍溪很熟悉英、美的法律，曾懷抱一腔熱血試圖推進日本的民主政治，後因染病臥床，就把政治理念以小說形式抒發出來。柴四郎曾到美國遊學六年，目睹世界政治風雲的變幻，就透過小說來談論政治話題。這類作品雖然迥異於傳統的戲作文學，所取素材和描述人物場景也具有時代的新鮮感，但畢竟還不是真正意義上的近代文學。

一般認為，日本近代文學真正起步，在理論上是坪內逍遙（一八五九～一九三五年）一八八五年問世的《小說神髓》，在實踐上是二葉亭四迷（一八六四～一九〇九年）一八八七年付梓的長篇小說《浮雲》。坪內逍遙一八八三年從東京大學政治經濟科畢業後，到東京專門學校（早稻田大學前身）去教書，他當時讀了一些英文版的西方文藝理論書，於是撰寫一部文學論著作《小說神髓》，主張小說的重點第一是人情，第二是事態風俗，不應拘泥於勸善懲惡的說教功能。這部書在理論上談不上有多大的體系性和深刻性，但被認為是日本近代文學理論的開山之作，稍後從東京外語學校俄語專業畢業的二葉亭四迷也出了一本《小說總論》，較多汲取俄國文學批評家別林斯基（Vissarion Grigoryevich Belinsky）等人的寫實主義理論。

坪內逍遙也試圖按照自己的新理論創作一部小說《當世書生氣質》，但卻談不上是一部成功之作。倒是二葉亭四迷在實際創作上做出傑出的建樹。通曉俄文的他從翻譯文學入手，翻譯了屠格涅夫（Ivan Sergeyevitch Turgeniev）《獵人筆記》（*A Sportsman's Sketches*）中幾個短篇，受西方文字的影響，他突破日文舊式文言表述，創造「言文一致」的新文體，類似於五四時期出現的白話文學，優美、簡約、凝練的文字，引來讀者的高度認可，於是在一八八七～一八八九年間推出長篇小說《浮雲》，描寫一個受過近代教育、在政府機構中擔任下級官吏的知識分子文三的家世、戀愛和內心的孤獨等，故事的精彩性也許不算動人，卻注重描述人物的內心世界以及對於社會的思考，已經完全不同於江戶時代的戲作文學了，被認為是日本近代小說的先驅之作。

與小說相比，詩歌的革新要滯後一些。當時，任何一種文學樣式要從傳統的窠臼中突破，沒有外來新風的刺激幾乎是不可能的，而詩壇上擅長寫作俳句、短歌和漢詩的文人，一般都不通西洋語文，而深諳西方語文的人物，諸如福澤諭吉、中江兆民等人，都熱衷於鼓吹啟蒙思想，精力多投身於政治運動，因而在詩壇上是舊態依然。這期間也有像中村正宇這樣自海外回來的人翻譯過一些英、美詩人朗費羅（Henry Wadsworth Longfellow）、拜倫（George Gordon Byron）等的詩作，但都是用漢詩體譯出，形式上仍是傳統的五言、七言詩，感受不到西洋的新風，而且數量很少，無法釀成革新的空氣。這種冷寂的狀態直到一八八二年才被打破。當時有外出正一等三位東京大學教授，分別出身於社會學、植物學、哲學專業，通曉英文，聯手出版一部《新體詩抄》，擯棄方整的漢詩形式，把五七調的短歌拉長，翻譯出十四首西洋詩，又加上自己創作的五首新詩。門外漢弄文學，難免有些不高明，卻給當時的詩壇注入一股鮮活的清泉，引來人們的喝彩，出現不少仿製的詩作集，但舊文學的痕跡依然很深。

一八八九年八月問世的《於母影》，標誌著日本新詩壇的真正成立。這部詩集的譯者是森鷗外（一八六九～一九二二年），及其文學社團新聲社的同仁。森鷗外從東京大學醫學部畢業後去德國留學，主業還是醫學，但他酷愛文學和美學，受德國文學的影響巨大。《於母影》選取的原詩是歌德（Johann Wolfgang von Goethe）、海涅（Christian Johann Heinrich Heine）、拜倫等抒情味很濃的詩作，在突越語言的障壁上獲得圓滿的成功，由此奠定日本新詩發展的方向。如果說小說界確立近代軌跡的第一步是來自寫實主義的影響，那麼詩壇上吹拂的是浪漫主義之風，一八九〇年前後，日本的新詩壇漸趨成熟，島崎藤村先後推出《若菜集》、《一葉舟》等詩集，抒發青春的熱情和漂泊的旅愁，清新可誦。同時，土井晚翠等一批新詩人接踵踏上詩壇，創辦《文庫》、《明星》等雜誌，至此，日本詩歌完成從傳統向近代的轉軌。

日本文學一旦實現向近代的轉軌之後，迅速地與以歐美為中心的世界文學交流匯合，西方新興的各種文藝思潮立即湧入島國日本。繼寫實主義之後，最先對日本文壇產生影響的是浪漫主義，一八八九年，森鷗外組建的新聲社創刊了被認為是傳播浪漫主義的機關刊物《水柵草子》，翻譯介紹法國作家雨果（Victor Marie Hugo）的劇本《克倫威爾》（*Cromwell*）的序言，森鷗外早期的小說《舞姬》等就具有濃郁的浪漫主義色彩。而最具有浪漫主義氣質的詩人應該是北村透谷，他受英國詩壇、尤其是拜倫、雪萊（Percy Bysshe Shelley）、華茲渥斯（William Wordsworth）等人的影響很大。島崎藤村的早期作品也可歸入浪漫主義的範疇，但藤村不久轉入自然主義，北村透谷在二十五歲時自殺身亡，情勢很猛的浪漫主義在日本竟然很快地退潮了。差不多同時，法國的自然主義在日本登陸，最早介紹左拉（Émile Édouard Charles Antoine Zola）自然主義理論的也是森鷗外，不過，對日本文壇影響比較大的，不是左拉，而是莫泊桑（Henry-René-Albert-Guy de Maupassant），法國的自然主義到了日本，演變成一種敘寫自己身邊事、或者以自己的生活經歷為題材的「私小說」，比如永井荷風的《地獄之花》、島崎藤村的《破戒》、田山花袋的《棉被》等，描寫雖然很細膩，格局卻顯得比較小，逐漸蛻變為身邊瑣事的細緻描寫和自我經歷的赤裸裸告白，缺乏對社會的批判力。

做為對自然主義的反動，一九一〇年前後，日本文壇上出現兩股新的文藝思潮。一個是唯美主義，木下杢太郎等一九〇八年在東京組織的「牧羊神之會」，試圖把異國風情和古老的江戶情趣調和在一起，追求一種唯美的境界，這一派最出色的作家當推永井荷風和谷崎潤一郎了。另一個是「白樺派」的人道主義。學習院出身的武者小路實篤和志賀直哉等受晚年托爾斯泰（Lev Nikolayevich Tolstoy）的影響，一九一〇年創辦《白樺》雜誌，鼓吹正面向上的人生，除了文學之外，較多留意藝術，介紹羅丹（François-Auguste-René Rodin）和後期印象派的作品，其文學成就以志賀直哉的小說為最高。

之後，象徵主義、社會主義文學也從西方傳來，在日本結出自己的果實。至於像夏目漱石等作家，大家比較熟悉，就不具體介紹了。

從以上概述可以看出，日本近代文學完全是在西方近代文學感召、衝擊之下出現，最初經歷從傳統向近代轉換的實驗期，漸漸地，日本本土的近代文學建立起來。近代文學的建立主要有兩個標誌。一個是思想內容，即表現近代對社會、人生、人性的認識，其實質內容與江戶時期的戲作文學已大相徑庭；另一個是表現形式，明治中後期出現的新小說，無論是短篇還是長篇，基本上都是以西方小說為楷模，大致洗去了舊小說的風格和形式，語言大多脫胎於翻譯文學，形成精緻的口語體，至於詩歌等則完全是外來形式，意象、句式和內容等均與俳句、漢詩換了一個不同的面貌。日本近代文學的出現和完成，與整個日本社會從前近代向近現代轉型的進程是一致的，同時因為多年來的歷史積澱和本地風土的影響，烙上深刻的日本印記，並不單純是西方近代文學的翻版。

第77講　日本當代文學：不止是村上春樹

日本的近現代文學大致有兩個系統，一個是所謂的純文學，就是比較注重文學本身，以人、人生、人性為主要描述和思考對象，同時注重文學的表現樣式、文學風格、文學手法、文辭的表現等，這一系統的作品成就，後來大抵由文藝春秋社於一九三五年創設的芥川獎來進行評價，文學史或文學評論家所論述的，基本上是這一系統的作品；另一系統是所謂的大眾文學或說通俗小說，故事性和娛樂性是其主要功能，它也有個評價機制，是與芥川獎同年設立的「直木獎」，有的讀者偏愛純文學，有的讀者喜愛通俗小說，更多的是兩者都閱讀，發行量往往後者更多一些。

先說一下純文學。

我的感覺是如果說戰前的日本近代文學主要重在描述，即描述明治、大正和昭和初期日本人的外部和內面生活，那麼戰後以來的當代文學則更多是對民族精神的反思、內省和剖析。戰後基本實現了主權在民的民主制度，對文字和言論的各種禁錮、壓制已被完全打破。從一九三七年日本發動全面侵華戰爭到一九四五年戰敗，日本文壇一直在官方（尤其是軍部）的嚴厲控制之下，幾乎沒有出現過什麼有價值的作品，即使有，也很快被封殺了，比如谷崎潤一郎的《細雪》等。戰後，日本人獲得前所未有的言論自由，作家們從戰時的壓抑中甦醒過來，尤其是中青年一代，他們或從自己的戰時經歷出發，或從宗教中尋求某種思想力量，透過文學故事的演繹，從戰爭的悲劇性結局來思考日本民族乃至人類、人性的複雜性，湧現諸多文學史上熠熠閃光的作品，形成所謂「戰後派」作家群。椎名麟三（一九一一～一九七三年）、武田泰淳（一九一二～一九七六年）、野間宏（一九一五～一九九一年）、大岡升平（一九〇九～一九八八年）、堀田善衛（一九一八～一九九八年）、安部公房（一九二四～一九九三年）等是早期一代的戰後作家，後來又有開高健、石原愼太郎、江藤淳、大江健三郎等一批新作家崛起。

以自己的戰爭體驗為素材來探討日本人的精神層面和人性的，主要有大岡升平的《俘虜記》（一九四八年）、《野火》（一九五一年）、《萊特島戰記》（一九六七～一九六九年）等，武田泰淳一系列以上海為舞臺，描述戰爭後期各色日本人心路歷程的小說（一九四七～一九五二年）、堀田善衛以日軍南京大屠殺為主要描述對象的長篇小說《時間》（一九五五年）等。

大岡升平戰前畢業於京都帝國大學法國文學科，是斯湯達爾（Stendhal）的翻譯家和研究家，戰爭後期應徵入伍，被派往菲律賓戰場，被美軍俘虜，又經歷一段所屬日軍被美軍擊潰後艱難逃亡的經歷，他的作品運用法國現代心理小說的手法，非常細膩又鮮活真實地寫出戰爭期間身為軍人的日本人的精神扭曲，在極端困苦的境遇下，人性的冷峻、殘酷又夾雜著一絲絲溫暖，也可視為優秀的反戰文學。

武田泰淳曾在東京帝國大學中國文學科讀過一年，後因各種原因退學了，他是僧侶的後代，也獲得僧人的資格，因自幼閱讀佛經的緣故，培育了良好的漢文閱讀能力，後來又學習現代漢語，可以沒有阻礙地閱讀中國古典和現代作品，後來受到左翼思想的影響，對當局一直心存不滿，一九三四年與竹內好等人一起創建中國文學研究會，一九三七年應徵入伍，被派往中國戰場，雖然只是後勤的輜重兵，畢竟也經歷過彌漫的烽煙。一九四四年再次來到上海，體驗了日本的戰敗，回到日本後，以自己的戰爭體驗和商海經歷為題材，撰寫一系列小說，揭露日本憲兵的飛揚跋扈，寫出各色日本人在特殊時代的各種面貌和內心世界。

堀田善衛年輕時迷戀法國文學，畢業於慶應大學，日本已風雨飄搖的一九四五年四月，冒險來到上海，目睹日軍在海外的種種「皇軍」行徑，開始反省這場戰爭，戰後在上海又待了一年多，回國後戰爭的陰影一直在心頭無法抹去，於是做為小說家登上文壇，寫出十來篇以上海為舞臺的作品，獲得芥川文學獎，一九五五年出版長篇小說《時間》，以國民政府留守文官的目光，敘寫日軍在南京令人髮指的大屠殺行為，同時試圖凸顯出在這非常時代、不尋常環境中的各色日本人、中國人所表現出來的複雜人性，讀來令人震撼。

戰後文學中有個屢屢被人提及、也擁有廣大華人讀者的作家三島由紀夫（一九二五～一九七〇年）。他在戰後的一九四七年畢業於東京大學法學部，卻自小喜愛文藝，稱得上是文學天才，一九四九年發表半自傳體小說《假面的告白》，表現在優越家庭中成長的青年同性戀意識的覺醒，以及在行為上的嘗試，並由此產生虛幻的憧憬。這部小說以其題材的獨特和描寫的精緻而受到人們的關注。他的作品中最為人們所知曉的應該是《金閣寺》，根據真實發生的金閣寺燒毀事件為題材，杜撰出一個完全體現他自己風格的故事。小說中焚燒金閣寺的和尚，更多體現了三島由紀夫本人的內心世界。首先是金閣寺無與倫比的美，震撼並征服了作品的主人公，在戰爭後期，他甚至幻想自己與金閣寺一起在戰火中成為灰燼，後來他有機會成了寺內的僧人，並獲知寺院住持的骯髒行徑，他覺得心目中神聖的金閣寺受到玷汙，他的幻想遭到轟毀，便一把火燒毀這座具有五百多年歷史的珍貴古建築。這部作品被認為是三島由紀夫藝術性最高的小說，淋漓盡致地體現唯美主義的追求，同時透露出他內心病態的傾向，後來在思想上轉向極端的民族主義，一九七〇年試圖策動東京自衛隊發動兵變，失敗後自殺身亡。

後來屢屢以右派言論出名、當了許多年東京都知事的石原慎太郎（一九三二～），當年也曾是文學青年，一九五五年在一橋大學念書的他，發表小說《太陽的季節》，獲得第一屆文學界新人獎以及當年下半年的芥川獎，一舉成名。這部作品的文學價值雖然不怎麼被評論家看好，但以有些異常的形態講述拳擊部的高中生在銀座邂逅一位姑娘，然後猛烈追求的故事，對於性的異色描寫以及小說中所表現青年人狂放不羈的姿態，多少使當時的讀者感到新奇和刺激，第二年被拍成電影，成了人們議論的話題，「太陽族」一詞成了形容戰後新一代的流行語。後來石原還寫過《處刑的房間》和《瘋狂的果實》，也立即被拍成電影。成了名人之後的石原輕易地登上政壇，一九六八年當選為國會議員，在政治態度上以極端的國家主義者著稱。

一九七〇年代登上文壇的村上春樹，基本上也可歸入純文學作家的類型。

大眾小說的領域必須提及日本的推理小說。日本的推理小說之父無疑是戰前聲譽鵲起的江戶川亂步，但成就最高者，我認為是松本清張。把松本清張歸在大眾文學的範疇內，對他有些不公，他最初是以獲得芥川獎的小說《某一〈小倉日記〉傳》成名，但這部小說恰好也是直木獎的候選作品，可說松本清張具備了所有文學領域內的才華。我在大學讀日文時，就看過他的原作《點與線》，包括《眼睛的障壁》、《日本的黑霧》、《砂器》等所有他的作品，故事扣人心弦，推理縝密細緻，文字表現乾淨俐落，但主題都直指社會弊病、人性黑暗，具有強烈的批判力和思考力。小學畢業的他不僅文學成就傑出，而且在歷史研究領域（特別是歷史細節的追究和挖掘）也有出色的成績，令學界對他刮目相看。至於其他的推理小說，日本每年都大量湧現，題材不斷擴大，手法千變萬化，東野圭吾是近年頗受讀者青睞的作家。不過，一些作者為了博得讀者的眼球，除了懸疑之外，神祕、異靈、迷幻，甚至成了變態心理學、犯罪心理學的大雜燴，對人性的思考反而減弱了，有的甚至落入某種窠臼，格局大同小異，難免令人生厭。

日本的當代文學還可以舉出許多，單部作品發行量超出百萬的，差不多可以舉出上百部，限於篇幅，只能匆匆打住了。

第78講 日本的造園藝術體現怎樣的審美情趣？

日本的庭園發展到如今，已經達到相當高的水準，形成獨特的風格，雖然都屬東方文化一流，然在精緻、細巧、優雅諸方面具有濃郁的日本風情，當年郁達夫曾對此讚美不已：「日本人的庭園建築，佛舍浮屠，又是一種精微簡潔，能在單純裡裝點出趣味來的妙藝。甚至家家戶戶的廁所旁邊，都能裝置出一方池水，幾樹楠天，洗滌得窗明宇潔，使你聞覺不到穢濁的薰蒸。」（《日本的文化生活》，《郁達夫文集》第四卷，一五九頁，花城出版社，一九八二年七月）即便是很有味的日本庭園，若要追溯其淵源，還是發自中國文化，這一點很多日本庭園研究家也普遍認為。

相對於中國大陸文明，日本列島上的文明起步較晚，庭園也較晚才出現，大約在八世紀奈良時代前後。平安時期，王公貴族階級中形成一種稱為「寢殿造」的住宅樣式，其特點是寢殿的南面築有庭園，園中均引水鑿建一泓池水，池中築一名曰蓬萊的小島，有橋相連接，成了「寢殿造」的固定格局。這一造園思想或造園格局，從直觀上來看，是中國帝王思想及皇家苑囿格局的傳承，但實際根源卻在於道教思想。平安中期出現日本歷史上最早的一部造園專門著作《作庭記》，作者據說是橘俊綱（一〇二八～一〇九四年），這部著作論述的是「寢殿造」內庭院的布局和營造方法，卻充滿陰陽八卦、敬神求仙的道教風水思想，書中將東西南北定為青龍、白虎、朱雀和玄武，顏色分別為青、白、赤和黑，表示清流、大道、平野和山嶽，造園時在引水、布石和築屋諸方面不能違背上述四神的象徵意義，將四神分別配置在東南西北之後，中央建築或庭園就是理想之境（蓬萊仙境），園池中央的島便是蓬萊島，如果池面寬廣，池中築有一組島嶼，依次就是蓬萊、方丈、瀛洲、壺梁等。

這一充滿道教色彩的造園思想尤其為統治階級所遵奉，在皇室和幕府將軍所營造的庭園中時常可見體現這一思想的布局。這一傾向到了桃山和江戶時代尤為興盛，豐臣秀吉十六世紀末下令在京都營造的醍醐寺三寶院，庭園的池中設置了蓬萊、方丈和瀛洲三島；一六〇一年，江戶幕府開創者德川家康在京都築二條城，其中二之丸庭園也有上述三神仙島；江戶時期水戶藩主德川光國於一六六九年建成、現仍留存在東京的後樂園，園內就有一名為大泉水的池子，池中有名曰蓬萊的小島，可見這一傳統的源遠流長。平安末期以後，皇室衰敗，貴族勢力萎靡，鎌倉時代主要是寺院的庭園，特別是禪宗傳入和淨土宗興起，日本出現不少出色的庭園，而室町時代可說是日本造園史上的黃金時代之一，幕府將軍的宅邸和寺院的庭園都有一批佳構，尤其是出了一位傑出的造園家夢窗疏石，使日本的造園達到很高的水準，今天看到的西芳寺、金閣寺（正式名稱為鹿苑寺）、銀閣寺（慈照寺）等，據說都是出自夢窗的手筆。

夢窗是臨濟宗的禪僧，也是五山文學的領袖之一，他製作的庭園開創日本式庭園的典範，但是夢窗本人漢文學造詣深厚，又精研佛理，對中國文化體會很深，他的庭園風格中可見明顯的中國影跡，特別是對模山範水的講求和對自然情趣的追求，以及對於局部細節的精心勾畫等方面，完全是東方思想的表現。

東亞式庭園與西洋庭園很大的區別是盡可能地接近自然的原本狀態，使人處在人為的庭園中也盡可能地有種置身自然的感覺，從而達到與自然互為感應、互為交融的境界。因此在造園的宗旨上是模山範水，求其自然率真而摒棄人工的畫一整齊，在具體的手法上大抵採用鑿池、築山、引水、疊石等幾種手法。鑿池引水的做法在中國園林最初傳入日本時就一起流播到日本。最典型的就是前面說到的「寢殿造」結構，在南面必鑿築一泓池塘，然後將水源引入池內，在整個庭園中形成一條曲曲彎彎的小溪，日語中稱為「遣水」，也可譯為「曲水」，規模大的，可在此舉行曲水流觴。有的庭園史家解釋說，京都夏天酷熱，引郊外山泉或溪流入園，可使人有清冽之感，減少暑氣，同時平增許多風情。

遍走日本的各處庭園，除了室町時代發展起來的枯山水外，池水或流溪是必不可少的組成部分，大部分還是主要的建構，而且這池水不是西洋庭園或是印度泰姬瑪哈陵前的長方形或其他幾何形，而是蜿蜒多姿的不規則型，特別是江戶時代發展成熟的環遊式庭園，與中唐後的庭園有極大的相似性，均以池水為中心，有廊閣、曲徑和小橋互為相連，迂迴往復，移步換景，池水與周圍的林泉亭閣渾然融為一體，具有明顯的東方情韻。

築山疊石的手法，最初也是傳自中國，但由於日本沒有具「漏、透、瘦」特點的太湖石，因此築山疊石的手法和造型，與今日在中國園林中常見的疊山理水有較大的不同，鎌倉時代以後中國禪宗全面傳入，禪不僅做為一種宗教，更做為一種人生思想和生活美學逐漸滲入到一般日本人的日常中，日本的枯山水和茶庭中的疊山布石，更透發出幾分禪意和畫思，很耐人細細玩味。

再來說說枯山水。枯山水是日語詞彙，雖然山水一詞源自漢語，漢語中也有山水畫或枯筆畫法的詞語，但枯山水卻是日本人的創造，不僅是詞語，枯山水樣式的庭園也是日本人的創造。枯山水是一種沒有水池也沒有河塘的庭園，甚至沒有泥土和植物，一般是在建築物的一面或庭院一隅的地面上鋪設細白的沙礫或細石，以象徵水面，另在沙石上或橫或豎地堆置幾處石塊，以象徵蒼山或海島。這樣說來好像沒有什麼詩情畫意，其實不然，因對鋪設在地面的沙礫很講究，而且要依照不同的創意爬梳出各種或曲或直、或粗或細的紋路，以示漣漪、微波或波濤等不同的質感，壘石疊山也不是隨意放上幾塊，而要精心構劃，巧作布局，使之成為一幅耐人尋味的山水小品。京都龍安寺、大德寺的大仙院和妙心寺等乃至全國各地的庭園中，都可見或大或小、或精雅或粗獷的枯山水。

枯山水美學思想的源泉來自禪宗。日本著名的造園研究家重森三玲在《枯山水》中說：「進入了東山時代（指室町時代中期，因足利義政將軍移居至東山而得名）後，以禪宗為中心的藝術愈益顯出它的重要性，做為庭園的枯山水獲得急速的發展也是理所當然的。因此，當時的枯山水之所以能在形式和內容上得到統一，緣由就在於有了禪宗的思想背景。枯山水在象徵主義的發展階段中，具有很大的禪宗特色，這一點不可否定。」（九十四頁，大八洲出版株式會社，一九四六年十二月）另位學者久松真一在《禪和美術》（一九五八年初版）中認為枯山水的代表作龍安寺的石庭體現了禪所具有的七個特點：不對稱、簡素、枯高、自然、幽玄、脫俗、靜寂。

枯山水的造型得以成立的另一個重要背景是宋、元水墨畫的影響。宋、元水墨畫（還可包括以後的《芥子園畫譜》）對於山水的理解、表現以及畫面上山水風景的布局都極大地影響了日本人的審美視角和審美意識，自然也影響了枯山水庭園作品的布局和造型。還是引用重森三玲的著作：

到了室町時代，枯山水已不注重模擬自然的景致，而是仿照水墨畫等山水圖來加以謀劃製作，這時候，因為模仿的不是自然本身，所以具有很明顯的象徵色彩，這是為使庭園的構建更加接近完美而付出努力的結果，在那個時代，人們就已意識到與其模寫自然的風致，還不如模寫山水畫更為便捷。這是因為水墨山水畫本身就富於象徵的意味，人們從中發現了更快完成枯山水庭園的捷徑。（《枯山水》，九十～九十一頁）

我個人的感覺是枯山水的耐看，一在於它的造型從不同的視角望去，就有不同的景象呈現；二在於四時日光的變化造成光影變幻，朝夕最佳。戰後登上文壇的作家遠藤周作曾抒發感覺：

這時恰好西斜的陽光落在白色的沙礫上，投下石頭的陰影。就在我呆呆地凝望著的時候，白沙似乎變成了湛藍色的大海。五處疊石，個個變成了彷彿在哪裡見到過的島嶼。島嶼上有石頭山，峻峭的山崖上好像還疏疏落落地生長了些灌木叢。在這處島嶼的附近，海浪衝擊著一塊稍稍露出水面的岩石，飛濺出浪花。把目光投向遠處的海面，在遠遠的地平線上可見島嶼上起伏的山脈，和山腳下綠色的原野，原野上星星點點地散落著粉牆的民家，令人聯想到粉牆內的種種不知曉的人生。（《昭和文學全集》第二十八卷，

五八八～五八九頁，小學館，一九八九年二月）

我認為就像茶道一樣，枯山水的美學思想和構圖創意也來自中國，即禪宗思想和宋、元的山水畫，但是把兩者非常自然妥貼地糅合在一起，並在造園上形成獨特的枯山水，則是日本人的創造，它所體現出的日本人的審美意識，便是不對稱、簡素、枯高、自然、幽玄、脫俗、靜寂。

第79講 書院造：十六世紀完成的日本傳統建築

我們去日本參觀寺院、神社，或到日本風的料理屋用餐，甚至有機會去小城和鄉村的日本人家裡做客，明顯感到日本建築的外觀上和中國似乎很相像，裡面的構造卻有鮮明的和風，尤其是必須脫鞋入內的榻榻米式房屋，和傳統的中國建築已大相徑庭了。

早期列島上的日本人住什麼樣的房子呢？什麼時候開始形成今天所看到的日本式建築呢？

日本最早的文獻《古事記》、《日本書紀》裡，對於房屋建築幾乎沒有什麼記載，後人對此的了解主要依據考古發掘和研究。以狩獵、採集等為主要營生手段的繩紋時代，人們大都居無定所，農耕文明傳來後，伴隨著耕地的誕生，便在耕地周邊形成一些村落。那時的日本人主要居住在半穴居的住所裡，就是向地下挖出一公尺左右的深度，上面再蓋一個簡陋的屋頂，以躲避風雨。

一九七四年，研究者對大阪市內的長原遺跡進行發掘調查，從中挖出一些黏土做的房屋模型陪葬品（日語稱為「埴輪」），經研究確定，大概是四世紀下半期的物品，也就是大和國家正式誕生之前。由此可知當時人們居住的房屋樣式，只是很簡單的人字形屋頂小屋，大都是有門無窗，式樣十分簡陋。稍晚一些，發展出一種中國傣樓那樣的建築樣式，日語稱為「高床建築」[21]，日本早期的高床建築大概也是從南方傳來的。如今用來祭祀天皇祖神的伊勢神宮以及出雲大社等，或者說神明造[22]這類神宮樣式，還留有高床建築的明顯特點。那時用來儲存穀物等的倉庫，基本上都採用這樣的建築，奈良著名的皇家藏品庫房正倉院，也屬於高床建築。

六〇七年，聖德太子派遣隋使與中國交往，後來又有十六次遣唐使，較為先進的大陸建築樣式和技術由此傳到列島上，首先體現在兩個領域，一個是佛教寺院，另一個是朝廷宮殿和王公貴族的住宅。

在此就上層階級的住宅做些論述。

這種建築樣式後來被稱為「寢殿造」。所謂寢殿，就是睡覺的房屋，那時被認為是最重要的部分，是正殿，其他部分的建築都是圍繞寢殿來構造。寢殿一般坐北朝南，在東西兩側建有廂房或開放式廡廊，若財力許可，在中間鑿一個水池，在東西廂房或廡廊的南端再建造一個殿宇，雅稱為「釣殿」，意為可在這裡垂釣。寢殿造的房屋大都比較高大，沒有專門的窗戶，四面是兩邊可以開合的高大木門，裡面沒有分隔的小房間，只用屏風等互相隔開，因而冬天大概很冷，寒風會從木門的縫隙中吹進來，即使裡邊烤火取暖，偌大的房屋空間恐怕也難以有效地使屋內暖和起來。外觀看起來似乎比較宏偉，但做為住宅，確實有些大而無當，並不實惠。由寢殿造而產生一種日語稱為「池泉回游式」的庭園，當年的王公貴族沿著廊廡和水池散步嬉戲，甚至還在池中堆築假山，放一葉小舟在池中遊蕩。

大約在九～十世紀的平安時代，寢殿造的大住宅完全成熟了，至今留存的一〇五三年建造京都宇治的平等院鳳凰堂和京都御所（以前的皇宮）內的紫宸殿，大致還有寢殿造的遺風，尤其是鳳凰堂[23]，前有一池水塘，今天的平等院裡，鳳凰堂兩邊的廡廊已與正殿連成一體，只有不大的一段，並沒有向東西兩翼拓展，池水兩邊也沒有建築，所謂的釣殿，也沒了蹤跡。至於京都御所內的紫宸殿，則是後人重新建造的，早期的宮廷建築屢屢被毀於戰火和大火。由於寢殿造的樣式大而不惠，後來武家政權興起以後，在建立幕府的所在地就漸漸擯棄了這樣的樣式，對於後來日本人的傳統住宅，嚴格地說，已經沒有什麼影響了。

鎌倉時代掌權的將軍或各地有影響力的豪族，曾出現一種稱為「武家造」的住宅，但是文獻中沒有很明確的記載，實際的建築物大都沒有留存下來，根據後人的推測，初期在一定程度上還是延續寢殿造的一些元素，規模相對小一些。將軍依然擁有自己的大殿，用來舉行宴飲和儀式，但一所大宅子裡，往往會分割成田字形，不再是空曠的一大間，有些房間內已局部出現榻榻米。可以看作是寢殿造與後來出現的書院造之間的一種過渡樣式。

今天，日本人把傳統日本式建築樣式，稱為「書院造」。什麼是書院造呢？先從書院說起。「書院」一詞原本從中國傳來，唐代時指附屬於衙門的書庫、書籍編纂所等，到了宋代則演變為講習儒學的私人學堂，如著名的白鹿洞書院、嶽麓書院等。南宋及以後有一批中國僧人，如蘭溪道隆、無學祖元以及一山一寧等，先後來到日本，日本也有諸如榮西、道元等僧人前往南宋學禪，就把中國的書院概念傳入日本。但「書院」一詞傳到日本則被賦予不同的含義，主要是指禪僧的住房兼書齋，成了僧人誦經學佛、與人會談和說法的空間，因此房屋中設計了置放文具筆墨的地方，典型的表現是在牆面上設置高低錯落的裝飾架（日語稱為「違棚」）。在寢殿造的時代，紙糊的格子窗、用厚紙板支撐的拉門都還沒有誕生，甚至今天經常可見到用藺草編織的榻榻米也還沒有出現。那時考究一點的地面就是地板。

這樣的一種書院風格的建築，在鎌倉時代末期和室町時代，逐漸演變成上層武家用來會客或舉行飲茶活動的會所，「會所」這個漢字詞語在室町時代已經出現了，並出現接待客人和舉行活動的「座敷」[24]。帶有「書院」的「座敷」這種建築樣式，後來被稱為「書院造」。

「書院」的部分又逐漸演變為「床之間」，中文一般翻譯為「壁龕」，勉強可通，它是在「座敷」中稍稍高出榻榻米、略向內伸進的部分，壁面往往懸掛水墨畫或漢字的書法作品，下面置放插花或其他工藝品，高低錯落的木架上可置放文具或裝飾物品，這樣，「床之間」就完全成了裝飾的空間。

「書院座敷」的最初形態是室町幕府第三代將軍足利義滿在自己居住的花御所室町殿之外，還建造了一處專供社交、遊樂的會所，以後歷代將軍的宅第內便另設會所，陳列、懸掛、展示所收藏的各種珍貴「唐物」。在千利休最終完成的茶道、最初被稱為「侘茶」出現之前，這一類由武家將軍主導講究排場的茶會，便被稱為「書院茶」。不過，第八代將軍足利義政不大喜歡豪奢，他所營造的東山山莊內所建造的會所，樣式逐漸演變成小巧素樸的「書院座敷」。現存最早的「書院座敷」是足利義政建於一四八六年的慈照寺東求堂，具有五百三十多年歷史的東求堂被完好地保存下來，並列為日本國寶，同時被認定為現存最早的日本書院造建築，每年只有限地對外開放兩次。我在京都居住半年，先後去京都不下三十來次，每次去銀閣寺，東求堂都一直關閉著，難以入內一窺堂奧，心裡總是覺得很遺憾。據介紹，裡面還沒有具備可掛書畫、放置插花的「床之間」。

現在人們可見到的書院造風格建築，大概在十六世紀正式完成。十七世紀初為德川家康在京都建造大宅第「二條城」中的「二之丸」（原意是日本城中圍繞核心部分所建的周邊城郭）的御殿，可以說是供最高層階級居住的書院造典型，最外面的進口處是守衛武士駐紮的「遠侍」，往裡走是德川將軍會客的「大廣間」，這裡基本上具備書院造的所有元素，再往裡還有可供私人會見的「黑書院」，最裡面是空間更小的「白書院」。一般民居自然沒有那麼闊氣。

再把一般書院造建築做個簡單的歸納。建築一般是單層，其基本構成是有個供人脫鞋、穿鞋的玄關，由此進入，通常是個廣間，也是正式的「座敷」，可理解為日本傳統住宅的客堂，「床之間」就設在座敷內。座敷與屋子內的其他空間用拉門來隔斷和連接，採光則用白紙裱糊的格子窗。為防止風雨侵襲，格子窗和拉門的外面，設有木製的「雨戶」，放下來就可遮蔽風雨。比較大的住宅，臨屋子的南面有個較大的庭院，考究的可做成石庭，也就是枯山水，沿庭院的一面有一長排稍稍向外突伸的「緣側」，風和日麗或月朗風清之時，可在此或盤腿閒坐，或把兩條腿垂在「緣」下，飲茶、觀景、賞月、發呆，或與友人閒談敘舊，實在是非常愜意的所在。這是書院造中最讓我喜歡的空間。

日本的料亭、寺院、庭園大抵都有這樣的設計。今天城市的公寓裡，純粹的書院造自然已不復存在，但人們會盡可能營造一個和室，而其基本元素，自然是來自書院造。

不過，今天無論在城市還是鄉村，獨門獨院的房子並不罕見，而它的基本格局大都還是書院造。

21 「床」在日語中是指用板材鋪設地面的意思，這種高床建築，整個房屋用木柱子架起來，距離地面有一定的距離，另外造一個木樓梯從地面通往架起來的房屋。這樣的建築形式在南太平洋和東南亞一帶頗為尋常（中國傣族主要居住在毗鄰泰國、緬甸的西雙版納地區），主要是避免地面的潮氣和大量降雨的積水。

22 日語裡的「造」，指的是某種建築樣式。

23 這裡也是《源氏物語》後半部故事展開的舞臺，後人根據《源氏物語》的場景描寫，將當時寢殿造式樣的建築和庭院做了復原，並用很詳細的圖畫繪製出來，自然是非常好的參考，但畢竟不是歷史的原物，只是後人的理解和想像而已。

24 「座敷」指的是鋪設草席（榻榻米）的客廳，其功能類似於舊式中國的客堂，但樣式迥然不同，一般無桌椅之設（近代才出現矮桌），主客均席地而坐，有主要供採光的紙糊格子窗（日語稱為「障子」）和厚紙糊成的木框拉門（日語稱為「襖」）。

第80講 從唐繪走向大和繪

若說如今的日本是個藝術發達的國家，可以說絕非誇飾之辭。除了各類寺廟中保存的原創性藝術品外，目前日本全境有各類博物館和美術館二千餘家。一九九八～一九九九年，我在長野大學任教，坐著日本友人的車造訪過或矗立在都市的樓群間、或掩映在鄉村的樹林中近二十家美術館。在到處都是崇山峻嶺、人口只有二百一十萬的長野縣，竟有六十多家美術館，至少有一半都具有相當的規模，建築外部設計和內部裝潢都很富有情調，藏品也頗為可觀。一九九三年三月，我去神戶旅遊，恰逢法國羅浮宮的部分藏品在神戶博物館展出，儘管門票價格不菲，依然是觀者如雲，我去的那天是禮拜天，門前排起長蛇陣，大多是全家人或母親帶了孩子專程來看畫展，這場面使我頗受感動。當年戴季陶曾在《日本論》中評論過日本人：「日本審美的程度，比較在諸國民中算是高尚而普遍。」日本人「最富的是幽雅精緻，缺乏的是偉大崇高，尤其是偉大」（《日本論》，一七〇頁，海南出版社，一九九四年八月）。應該說是比較中肯的。

日本人在過去數千年歷史中，創造出較輝煌的藝術，在世界藝術園地領有一席之地，有些明顯占據了高地。但細細考察一部日本美術史（限於篇幅和本人的學識，只能以繪畫為中心），從西元前三世紀的彌生時代至近代開始前，差不多可說在每個階段都或多或少地受到來自中國的影響。與世界上各種早期文明一樣，石器時代的日本人也在陶器上留下了各種造型紋飾，甚至產生形象奇特的陶偶，但迄今尚未發現壁畫及任何形態的有形象圖畫，甚至進入農耕的彌生時代也是如此，從這點來說，日本美術的發達相對而言是較晚的。六世紀佛教傳入日本，其意義絕不只於宗教，佛寺在建築、雕塑、繪畫和音樂等多方面，將大陸文化帶到日本。同時在另一個意義上，它也成了日本文化得以孕育、成長和成熟的重要溫床之一。

從隋、唐開始，大和朝廷更多直接與中國交往，而不再經由朝鮮半島的仲介，因此唐文化對日本發生全面影響，體現在佛教美術上就是雍容大度、宏偉莊嚴的氣派。七三〇年，移建於奈良藥師寺的藥師如來像，面容豐滿，身軀魁梧，安定莊重，「這些要素都表明是深受中國初唐影響而產生的新樣式。」（久野健等編著《日本美術簡史》，第三十頁，蔡敦達譯，上海譯文出版社，二〇〇〇年十一月）這一時期，佛寺殿堂內的壁畫已頗為普遍，藥師寺內的《吉祥天像》被認為是早期日本繪畫中的傑作，雖是佛畫，畫面上卻是一位美麗的女神，有學者評論說：「奈良時代的天像幾乎都表現出唐朝貴婦人的風姿。如果去掉她左手上的寶珠和頭上象徵著神性的光環，那高聳的花冠、細長的柳眉以及風韻的體態，簡直就是唐張暄仕女圖的翻版。」（戚印平《日本繪畫史》，第二十四頁，中國美術學院出版社，二〇〇二年二月）

平安時代前期（一般指七九四～八九四年），日本與唐的交往以遣唐使形式展開，學習和模仿唐文化依然是這時期美術的主要傾向，但到了中後期，在汲取和消化大陸文化的基礎上，也醞釀和創造具有民族特色的美術。在寺院的建築風格、佛殿內的格局配置以及佛像的塑造上，除了留有唐風的餘韻外，還融入日本人的理解和審美情趣。尤其是空海傳入真言宗後，佛像的塑造上密教的色彩很濃厚，向源寺的十一面觀音像無疑還有明顯的唐代影跡，之後密教在中國本土逐漸衰落，而日本密教風格的造像一直未曾中斷，延續至今。十世紀時，淨土宗興起，使得淨土一流的佛寺建造及佛像塑造、屏風畫主題、佛寺壁畫的構圖等都竭力營造一種曼妙的、華美的、亦幻亦真的極樂世界氣氛。經過幾世紀的努力，日本本土美術日益成長並逐漸走向成熟。

日本美術史中，有兩個互有關聯的詞語，一是「唐繪」，一是「大和繪」，這兩個詞語出現於平安時代。「繪」自然是指繪畫，而「唐」一般可理解為唐朝，只是個與中國有關的符號。唐繪除了表示從唐朝傳入的繪畫外，還表示以中國風土為題材的日本繪畫，以後還指融入中國典故、風俗和景色的屏風畫和隔扇畫，甚至是宋、元風格的繪畫；而「大和繪」則是指在唐繪影響下成長、以日本風土為題材的具日本風情的繪畫。

唐代繪畫基本上以人物畫為主，早期的唐繪意味著各色人物圖像，而仕女圖是唐代人物畫的主要樣式，相傳為張萱和周昉所作的《揮扇仕女圖卷》和《簪花仕女圖卷》都是流芳百世的佳作，可從中一睹體態豐腴的唐代美女風采。我不知道平安時期的日本是否也崇尚豐腴的美女，從《源氏物語》對美女的描寫往往用「清秀妍麗」、「清麗可愛」的詞語來看，似乎未必以豐腴為美，但現藏於奈良正倉院的《鳥毛立女圖屏風》等仕女圖的女子幾乎都是圓圓的臉龐加上小巧的嘴，容貌和形態幾乎與唐代仕女圖無異，可見早期的唐繪還是以模仿自唐傳入的作品為主。

當然並不都是仕女圖，《釋奠圖像》畫的是孔子和他的弟子，《聖賢障子》裡的人物匯集了三十名歷代中國傑出的名臣，如蕭何、蘇武、諸葛亮、魏徵等。唐代從李世民起，不少帝王都喜歡將忠臣名將繪成圖像，並加上題贊懸掛於堂閣中，以勉勵臣下見賢思齊，從而促進教化，鞏固統治。日本的朝廷受此影響，吩咐畫工仿照繪製，就有了今天看見一部分留存的這類圖畫。當然，能夠留存至今的畢竟是鳳毛麟角，有些只能藉昔日詩文中相關吟詠和描寫來一窺其面貌了。編撰於八二七年的漢詩集《經國集》，收錄不少題寫在畫卷上或描繪畫卷圖景的詩，如嵯峨天皇對清涼殿一幅山水壁畫的吟詠：「良畫師，能圖山水之幽奇。目前海起萬里闊，筆下山生千仞危。陰雲朦朦長不雨，輕煙幕幕無散時。」由此可見，九世紀時山水畫已經比較興盛了。

要在唐繪和早期的大和繪之間劃出明確的界限是有些困難的。最初的唐繪都是由遣唐使團直接帶入的，比如空海歸國時帶回不空三藏等的畫像，就出自唐代畫家李真之手。然後以來自中國的畫作為粉本，有依樣畫葫蘆的，也有稍作改良乃至進行重大改作的。例如原藏於京都東寺的十世紀初的唐櫃，四面繪有圖畫，表現的是弄玉和鬥雞場面。弄玉和鬥雞都是唐代世俗的遊戲，據說後來曾傳到日本，因此畫面上表現的究竟是日本還是中國的情景，一時似乎難以判明，但總體上應該還是中國的情趣，故此物稱為唐櫃。

日本著名的美術史研究家源豐宗的理解是：「人物的風俗等是比較中國化的，恐怕是模仿中國的粉本繪製的。而且，其衣裳上的褶皺、看上去像縱形條紋的陰影以及描繪顴骨線的臉上表情，繼承了中國的傳統。但是畫面上悠然的空間表現、對對象形態的簡潔把握方法，還是體現了日本人的感覺。」（《日本美術史論究》第一卷，一三六～一三七頁，思文閣，一九七八年十一月）源豐宗的結論，這是大和繪準備時期的世俗畫。

還有一幅也是由東寺舊藏的屏風畫，題為《白樂天閒居圖》，表現的是白居易隱居廬山的情景，畫面上有一間草庵，庵旁有樹木十來株，兩側圍有竹籬，一道清泉潺潺流過，不遠處是一泓開闊的水面，草庵中間一老者正在持筆作詩，不遠處有訪客正下馬走來。按照常理，應該是一幅唐繪，但在戚印平的《日本繪畫史》和源豐宗的著作中，都將其歸入早期大和繪的範疇，理由是其開闊空曠的構圖以及畫面中表現平明的感覺，已經具有日本人的審美意識了。

由此可見，初期大和繪明顯受到唐繪的影響，本身的特徵還沒有充分地表現出來，但隨著日本人的審美意識逐漸發達和成熟，大和繪終於在十三世紀的鎌倉時代正式形成獨立的繪畫形式。關於大和繪的精神特點，源豐宗在《日本美術史論究》中歸結為「情趣主義」，具體對其本質歸納了三點，一是文藝性，二是做為造型特徵的平明性，三是優美性，這優美性兼有女性的柔美和典雅的心緒美。從形式上來說，大和繪主要是四季繪和月次繪，即按春、夏、秋、冬不同的季節來描繪自然的景色，或是按四季的背景來烘托或展開畫中的人物和故事，一般以屏風畫居多。唐繪的屏風畫常被用來放置在清涼殿、紫宸殿等皇室宮殿的公共場合，而後來的大和繪則主要被用作私人宅第的裝飾，平安中後期以後，後一類需求愈來愈大，大和繪因此獲得進一步的發展。

現藏於京都神護寺的《山水屏風》，被看作是一幅十二世紀末和十三世紀初的典型大和繪，畫面中「寢殿造」樣式的建築雖然明顯受到中國建築的影響，卻是日本在十世紀前後形成有日本特色的代表性建築樣式，另外畫面上的獵鷹、鹿鳴和秋草也是這一時期和歌所吟詠的題材，已染上濃郁的日本情調。大和繪自然是日本的繪畫樣式，其中透發出的精神和情趣也是日本式的，但卻是從唐繪中發展和演變過來的。

第81講 雪舟：橫跨列島與中國大陸的傑出畫家

雪舟（一四二〇～一五〇六年）在日本被稱為「畫聖」，是室町時代的水墨畫家。

從唐人張彥遠的《歷代名畫記》來看，中國水墨畫在唐代就已出現，張彥遠提出的「墨分五色」概念，在水墨畫界可謂耳熟能詳，他說：「草木敷榮，不待丹綠之彩，雲雪飄颺，不待鉛粉而白，山不待空青而翠，鳳不待五色而綷，是故運墨而五色具，謂之得意。」水墨畫在五代時逐漸走向成熟，至兩宋時達到全面的興盛，一時名家輩出，佳作紛呈。但似乎以宋代李公麟的人物畫成就最高，他將人物畫提升到文人畫的境界，精煉、含蓄、耐人尋味，具有文人畫的審美意趣。至宋初，山水畫分成北畫和南畫兩宗，尤以南畫對後世的影響為大，日本日後接受的水墨山水畫，主要也是南畫一流。南畫在宋初的代表人物或說始祖，是被米芾熱情推崇的董源和巨然。到了宋代，蘇軾和米芾等人的水墨畫又把文人畫推舉到新的境界，即蘇軾所說「詩畫本一律，天工與清新」的境界。元代在繪畫上出了很多傑出的人物，黃公望、吳鎮、倪雲林、王蒙等元四家的水墨山水畫，如《富春山居圖》、《秋江漁隱圖》等大都蒼茫沉鬱，墨氣渾厚，流韻深長。

中國水墨畫何時傳入日本，確切的年代似已不可考，水墨畫正式東傳大概始於南宋時期。十四世紀室町時代，日本模仿南宋設立五山制度，禪宗在日本正式確立，禪僧間的往來更加頻繁，水墨畫在這一時期大規模傳入日本，不僅有僧人的攜帶，並透過貿易管道大量流入，文獻記錄傳入日本的宋、元畫作數以百計，絕大部分均是水墨畫（因水墨畫是宋、元畫的主流）。宋、元畫傳入，極大地豐富了日本繪畫的表現形式及精神內涵。倘若沒有禪宗和富有禪意的水墨畫傳入，很難想像日後的日本美術以及相關文化領域會是怎樣的面貌。

接下來介紹一位在日本水墨畫界被奉為畫聖、與中國水墨畫界的淵源極為密切的大畫家雪舟。雪舟出生於今岡山縣。據江戶時代的狩野永納《本朝畫史》記載，他的家境並不富裕，約十二歲時曾到家鄉附近的寶福寺出家為僧，但又有文獻說他很早就到了京都的相國寺，跟隨名僧春林周藤學禪，春林給他起的禪名曰等楊。一四六三年，他四十三歲時，來到日本的元代僧人楚石梵琦給他寫了「雪舟」兩字，意為「如雪之純靜，如舟之恆動」，他就以雪舟兩字為自己的字，一般稱為雪舟等楊。對他的人生影響較大的是在相國寺擔當都管的畫師周文[25]，雪舟跟隨他學畫，在技法和禪學兩方面都獲得極大的教益，美術評論家中島純司教授認為：「在這樣的詩畫軸鑽研的時代裡，等楊所掌握的是寄寓在高士隱逸的幽邃空間中的禪的境地，和脫俗明淨的聖域的設定。」（《新編名寶日本的美術十四卷 雪舟》，六十二頁，小學館，一九九一年十月）在相國寺期間，由於周文的畫名太盛，雪舟無法獲得嶄露頭角的機會，但這一時期對他精神和畫技的形成和成長而言，是極為重要的人生階段。

當時禪林五山制度早已建立，但等級森嚴，若非名門出身，很難有出人頭地的機緣，於是雪舟在四十歲左右，離開京都，來到當時頗有勢力的諸侯大內教弘統治下的周防（今山口縣東部），在與大內家族有關的小寺院雲谷庵當了住持，也是從這時期，他正式開始畫家的生涯。在相國寺期間就因畫師周文的緣故，而對宋、元畫具有極濃厚的興趣，這時對源於中國的水墨畫更為傾倒，隨著畫名逐漸提高，他感到日本水墨畫中可開掘的內涵已經不多，極想到中國本土探尋古典精神的本源，汲取營養之後再開闢新的畫風。這樣的機會終於來了。室町幕府為了與中國修好，決定向明朝派遣遣明船。一四六七年，雪舟得以隨船同行。這一年三月，船隊在寧波靠岸，雪舟等人按當時的慣例去參拜中國禪林五山之一的天童寺，也許是出於禮儀的緣故，雪舟在天童寺被授予「禪班第一座」的稱號，使得在日本禪林中地位卑微的雪舟極感榮幸，之後在作畫時必落款「四明天童第一座雪舟筆」，多少有些炫耀的色彩，同時說明他對中國禪林懷著非常敬仰的心情，視若祖庭。八月，一行沿大運河啟程去北京，十一月抵達。雪舟到中國的目的是尋求文化的古典之源，訪求名師，以使自己的畫達到更高的境界，晚年在《破墨山水圖》自序中寫道：

「余曾入大宋國（當時已是明朝，雪舟大概是為表示自己是師承宋、元畫宗，而仍稱大宋國吧），北涉大江，經齊魯郊至於洛（並非指洛陽，洛在日本人心目中只是都城的泛指，這裡應該是北京）求畫師。然揮染清拔之者稀也。於茲長有聲、李在二人得時名，相隨傳設色之旨，兼破墨之法。」

說的是他曾隨李在等人習畫，破墨（現稱潑墨）之法似乎也是這時掌握的。但實際上，中國之行在訪求名師方面讓他感到有些失望，雪舟在中國期間，正是明代畫壇處於低谷時期，戴進等一批名家已經謝世，而沈周、文徵明等江南文人畫尚未興起，雪舟有「揮染清拔者稀也」的感嘆，也不一定是空穴來風。據與他一同到中國的良心在《天開圖畫樓記》記載，雪舟一行到北京時，適逢曾被燒毀的禮部衙門重建竣工，禮部尚書聞悉來京的日本人中有一位畫家，就請雪舟在中堂繪製壁畫，結果深得讚許，謂日本人猶有如此手筆，中華子孫當更加勤勉才是。這件事使雪舟十分得意，後來在日本廣為傳播，雪舟的地位愈加如日中天，一直被奉為畫聖。據良心在《半陶藁》冬景圖上的題贊，雪舟曾對周圍的日本人說：「大唐國裡無畫師，不道無畫，只是無師。蓋泰華衡恆之殊，是大唐國之有畫也。而其潑墨之法，運筆之術，得之心而應之手，在我不在人，是大唐國之無師也。」

二年多的中國之行仍使雪舟獲益良多，主要是中國深厚的人文積澱和壯闊的雄山大川，使雪舟的心境和眼界隨之大為開闊，良心在《天開圖畫樓記》還記載說：「歷覽名山大川，自都邑之雄富，州府之盛麗，及九夷八蠻，異形奇狀之物，一一模寫，以得之於手而應於心，則其畫意闊而大者，不言可知矣。」雪舟一路在中國遊歷，沿途所見之巍峨高山，滔滔江河，以及無數的城郭街市、寺院道觀、高樓廣宇，都在他心目中留下深刻的印象，他一路做了很多寫生，同時收集很多畫本，並根據寫生以及融匯於心的自然造物，運用所學的潑墨技法，日後創作《四季山水圖》（長卷）、《唐土勝景圖卷》、《各地人物圖》等篇幅宏大的作品。晚年雪舟的山水畫既不是對某一畫家的摹寫，也不是忠實的景物寫生，而是將自然的山水與心胸的積澱渾然融為一體，《唐土勝景圖卷》中，可看到矗立於滔滔大江中塔宇高聳的金山寺，城郭綿延的吳江縣，遠山近樹，煙雲迷濛，桅檣舟楫，片片點點，畫面上既有實寫，也有想像的虛構，真實與虛擬天衣無縫地融合，既有寥寥數筆勾畫大氣磅礴的宏闊氣勢，又有局部真實的細節描寫，雖是單色水墨畫，卻是濃淡適宜，層次清晰，整個畫面非常有靈氣，使他的畫風超越了前輩周文，達到史無前例的新境界，也許就是雪舟一直在追求的古典精神吧。

在中國二年多的歲月中，雪舟結識了不少友人。我在寧波博物館曾看到一四六九年五月雪舟即將啟程回國時，當地人徐璉寫了一首〈送別雪舟詩〉，依依之情溢於言表，抄錄如下：

家住蓬萊弱水灣，風姿瀟灑出塵寰。久聞詞賦超方外，剩有丹青落世間。
鷺嶺千層飛錫去，鯨波萬里踏杯還。懸知別後相思處，月在中天雲在山。

雪舟與寧波的緣分真是不淺，他曾畫過氣勢開闊的《寧波港圖》，也畫過寧波東郊的《育王寺圖》，生動地記錄了五百多年前這座浙東大港的歷史風貌。

雪舟回到日本後，恰逢發生在京都的應仁大亂，為避戰亂，他來到九州的大分，在背山面海的風景絕佳處建造一棟「天開圖畫樓」，在此作畫，教習弟子。「天開圖畫樓」應是取名於宋代詩人、畫家黃山谷的詩「天開圖畫即江山」，名為天開圖畫樓的建築在宋時已有記載，雪舟將畫齋也取名為天開圖畫樓，表露出對宋文化的景仰。他在這裡畫了不少優秀的作品，《四季山水圖》等就是這時的傑作。雪舟對於當時明代的畫壇雖有些失望，但對宋、元畫依然非常傾倒，這一時期還模仿南宋四大家之一的夏圭，創作了一幅《山水小軸》，模仿元代名畫家高彥敬，畫了《山水圖》，這些畫都送給弟子了。這時雪舟新的畫風已完全形成，技巧也十分圓熟。以後又四處遊歷，至京都，訪鎌倉，最後來到山口，重新恢復雲谷庵，在此定居，直到一五〇六年去世。

雪舟的不尋常之處，在於充分吸取和消化前輩日本畫家和宋、元畫精神內涵的基礎上，充分調和在中國遊歷的人生體驗，兼容並蓄，吐故納新，將自己的畫風和日本水墨畫的水準提升到嶄新的境界，開創日本畫壇的新生面。我想，這是人們尊奉他為偉大畫家的主因吧。在今天日本，雪舟依然非常受人喜愛和尊崇，二〇〇二年五月，東京國立博物館專門舉辦雪舟畫作展，吸引無數人前往觀看，一時成了人們經常談論的話題。能夠稱得上偉大的畫家往往是不朽的。

25 周文是十五世紀前半期日本極其重要的畫僧，將宋、元水墨畫的精髓充分消化後創立周文一派的畫法，後來成了室町幕府的御用畫師。周文在相國寺時，畫風已十分純熟，創作《詩畫書齋圖》、《送迎圖》等一系列代表作品。

第82講 浮世繪：江戶時代的人間百態

對現代人來說，浮世繪是個常聽到的詞語，很多人一定見過浮世繪畫作。可是以前，絕大多數人都很陌生，不誇大地說，一九七〇年代末到一九八〇年代初，我在大學學習日文時，整整四年的教科書和其他文本中，都沒有出現過浮世繪這三個字。那個年代絕大多數人的興趣幾乎都在日本家電產品、汽車、電影和流行歌。

這一講想談談：第一，什麼是浮世繪？第二，浮世繪為何誕生在江戶時代？第三，浮世繪和其他繪畫作品相比，有什麼特點？第四，介紹幾位主要的浮世繪畫師。

什麼是浮世繪？雖然都是漢字，對於一般人來講確實有些陌生。先從「浮世」這兩個字說起。浮世在日語中原本寫作「憂世」，發音一樣，最初與佛教有關，指煩惱多多的人生或人世間，一切都是變幻無常；而從中國傳來的漢文解釋則有動盪不定的人世的意思。清代沈復寫《浮生六記》，「浮生」和「浮世」還是有相通之處。

不過從十七世紀的江戶時代初期開始，「浮世」的意思慢慢有了變化，更多包含對於現世的肯定，表達一種「人生得意須盡歡、莫使金樽空對月」的及時行樂思想，浮世也可理解為充滿人生歡樂的大千世界，那麼浮世繪就是描繪人間俗世的繪畫作品了，而且其觀賞者不像以前的畫作主要是王公貴族、上層武士將軍，而是普通大眾、一般庶民。另外，除了極少數畫師親筆描畫的手繪作品外，絕大部分是印製的木版畫，因而數量陡然增加了，市井社會中隨處可見，並不是一種高雅稀罕的東西。從繪畫內容和題材上來看，根據它的歷史演變歷程，大致可分為美人畫、演員畫、動植物畫、名勝風景畫、春畫等。

浮世繪是江戶時代（十七～十九世紀）的日本獨有的，此前從來沒有過，近代以後它的流脈差不多也斷絕了。為什麼只誕生在江戶時代呢？浮世繪與此前的任何畫作都不一樣，它不僅是藝術品，還是一種可供消費的商品，它的誕生主要源於兩點。

首先，對浮世繪的需求，亦即浮世繪這一商品的消費階級形成了。結束長達近百年的戰國時代後，江戶時期進入相對安定的社會發展期，京都、大阪、江戶等城市相繼形成，產生數量較龐大、以商人和工匠等為主的町人階層，中下級武士長年沒有什麼仗可打，閒閒地成了消費階級，他們需要娛樂和消遣，於是各類通俗小說（包括歌舞伎和淨琉璃在內的戲劇）、飲食業、青樓業等興盛起來。小說需要各類有趣的插圖，戲院要張貼海報廣告，連青樓女子也需要有人來做宣傳，於是有些畫師在傳統繪畫技術的基礎上創製了浮世繪，以滿足町人階層的消費需求。

其次，版畫製作和印刷技術的進步。江戶時代之前，印刷業主要由寺院（僧人）來掌控，用來印刷各種佛經和其他經典著作和詩文集，隨著「繪草子」、「滑稽本」等通俗小說的興起，從京都、大阪到江戶，漸次出現大量的書肆，既從事出版印刷，也兼及銷售，由此帶動印刷技術、尤其是木版製版技術的進步。版畫的製作和印刷要由三方人員的圓滿合作才能完成，那就是畫師、木板雕刻師和上色印製的印製師，缺一不可。最初的色彩只是水墨一色，漸漸進步到丹色、紅色以至彩色，就是套色印製的彩色畫作，這樣的浮世繪作品，日語稱為「錦繪」，最終在十八世紀後期、由畫師鈴木春信完成，這時，才完全形成後人所看到大部分的浮世繪作品。上述兩個元素是浮世繪在江戶時期誕生的最主要原因。

浮世繪和之前的繪畫相比，有什麼特點呢？是什麼構成浮世繪這個概念呢？

一、繪畫技法。浮世繪的繪畫技法自然不是突然蹦出來的，是在前人成就的基礎上發展起來的。之前講過，日本繪畫史上，有個從唐繪到大和繪的發展階段，十六世紀後期的戰國時代、日本藝術史上一般稱為安土桃山時代，以狩野家族為主體的畫家，形成在障壁上繪製裝飾性畫作的狩野畫派；十七世紀前期開始，又興起裝飾風格更為強烈的光琳畫派，也是在障壁、屏風上繪製畫作，主要是為將軍、大名等權貴階層服務。這些前人已達到的成就是浮世繪畫師在藝術或技術上的主要源泉，但浮世繪主要不是寫意畫，基本上是寫實畫，因此基本功夫是線描，用墨線勾畫出具體的描繪對象，然後才著色，因此，線條是其第一生命，色彩是其第二生命，當然，構圖也極為重要。這是它不同於此前繪畫的主要方面之一。

二、它的繪畫題材或繪畫內容幾乎與此前的繪畫迥然不同，它把繪畫對象拓展到整個市井社會，一開始以人物畫為主，主要是兩類人：美人和演員，後來出現街上的販夫走卒、浣衣女、捕魚者等人們日常生活的場景，再後來出現風景名勝畫，以寫生為基礎，不是虛構的山水，而是標出地名的實寫圖，這也是以前幾乎沒有的，同時出現不同於以前花鳥畫的動植物題材，甚至還有妖魔鬼怪。還有個不可忽視的是數量眾多、直接描繪男女性交場面的春畫，賣得非常好。

三、成熟的浮世繪已採用西洋的遠近透視法，這點在風景畫和歷史畫中體現得尤為突出，這是日本傳統繪畫中完全沒有的新氣象。

四、浮世繪是版畫，世間流傳的主要是可大量印製的版畫，於是流播到一般市民階層，人們可以張貼在家裡或茶樓、飯館，成了市民階級的一種娛樂形式，對整個社會產生很大的影響。

下面按照浮世繪發展的歷史，介紹幾位著名的畫師。

菱川師宣（約一六一八～一六九四年），可說是浮世繪元祖，出身低微，從家鄉千葉到江戶來學畫，為大量的情色讀本畫插圖，描繪當年江戶民眾吃喝玩樂的生活，尤其擅畫美人畫，一幅《顧盼回眸的美人圖》已是浮世繪美人畫的經典之作，《祕戲圖》開啟了浮世繪春畫的濫觴。

奧村政信（一六八五～一七六四年），他無疑是位出色的畫師，同時經營一家印刷作坊，經過多次試製，終於開發出紅繪、漆繪等富有色彩的版畫，應該是他最大的功績，尤其是漆繪，墨色中融入膠的成分，乾了以後發出漆一般的光澤。他的畫作以美人畫、風俗畫和風景畫見長，一幅《兩國橋納涼圖》膾炙人口，是江戶中期浮世繪的代表作之一。

鈴木春信（一七二五～一七七〇年），他最大的功績在於一七六五年創製出「錦繪」，即一種完全的彩色版畫，他的畫作很多是把歷史上著名的風景畫，諸如「近江八景」等，用當時的新技法和審美目光加以重新表現，他畫的美人不求妖豔，而注重清雅，因而給美人畫帶來一股清新之風。他非常勤奮，並不漫長的一生創作九百幅左右的作品，著名的有《座敷八景》、《風俗四季歌仙》等，給同時代以及後世的畫師極大的影響。

喜多川歌磨（一七五三～一八〇六年），一開始為「黃表紙」、「灑落本」等一些通俗小說畫插圖，也畫戲劇演員的畫，後來認識了現在風頭很健的日本書店「蔦屋書店」的元祖蔦屋重三郎，蔦屋幫他出版浮世繪的版畫，他的畫作題材廣泛，最出色的還是美人畫，他很少畫全身，多是上半部，時人稱為「大首繪」，因而細部更耐看，一幅《浮氣之相》實在堪稱經典，也畫了許多春畫，因為賣得好。

葛飾北齋（一七六〇～一八四九年），他的名字幾乎成了浮世繪的代名詞，是成就最為輝煌的一位，具有天分，又極為勤奮，善於從中國、日本和西洋繪畫中汲取養分，然後融會貫通，他的繪畫題材幾乎遍及浮世繪的所有領域，且都有傑出的成就，最著名的是《富岳三十六景》，法國印象派大家諸如莫內（Oscar-Claude Monet）、馬奈（Édouard Manet）等都從他的作品中獲得很大的啟示，被一九九九年美國《生活》雜誌列為一千年來影響世界最巨的一百人之一，也是唯一入選的日本人。在西方，說起Hokusai（北齋的羅馬拼音），幾乎無人不知、無人不曉。

歌川廣重（一七九七～一八五八年），風景畫大師，《東都名所》系列畫是其成名作，《東海道五十三次》系列、《名所江戶百景》都是傳世之作，讓人愛不釋手。

到了明治年間，由於時代巨變，加之西洋畫傳入，浮世繪就漸漸隕落了，明治時期還有小林清親（一八四七～一九一五年）也頗有成就，他從西洋油畫、西洋近代版畫中汲取養分，奠定日本近代版畫的基石，到後來，他的作品也不大像浮世繪了。浮世繪的歷史因此畫上了句號。

第83講 陶瓷器：從「山寨」到超越

陶器的製作雖然源起於日本本土，但此後的發展卻與東亞大陸和朝鮮半島有著非常密切的關聯，尤其是瓷器的製作工藝，更是經朝鮮半島傳至日本。可以說，當年日本在陶瓷器的製作和藝術上的重大進步，幾乎每次都是對中國大陸和朝鮮半島文化「山寨」式模仿的結果，然而日本人在汲取外來養分的同時，在漫長的歷史發展中，尤其是室町和江戶時期，由於狩野畫派、光琳畫派等裝飾藝術的發達，和帶有濃厚禪意的非均衡審美意識的成熟，陶瓷器藝術也形成鮮明的日本特色，在江戶後期達到非常高的水準，近代以後又有了飛躍的發展，在某種程度上，可說已經超越中國大陸和朝鮮半島這兩個本家。

根據最新的研究，日本的陶器燒製已有一萬二千年歷史，大概在九千年前的繩紋時代，日本列島上粗陶器的燒製已漸趨普遍，但長達約一萬年的歲月中，日本本土的製陶技術只能燒製溫度在一千度以下、質地較粗劣鬆散的「土師器」。五世紀前後，經由朝鮮半島帶來新的製陶技術，產生「須惠器」。日本陶瓷器史上說須惠器的製作工藝是從朝鮮半島傳來，從傳承途徑來說，大概是沒錯的，但我懷疑傳來這些技術的很可能是漢人或漢人後裔，因漢武帝時，勢力曾擴張到半島中北部，設立漢四郡，中原地區有許多漢人移居到半島。日本歷史上曾有幾次移民高潮，四、五世紀正是外來移民的高潮期，大和政權將這些移民按他們的技能分別編成各個部，其中有個從事陶藝的稱為「陶部」，「陶部」的「陶」字念作sue，與「須惠」的發音一樣。須惠器與之前用低溫燒製的陶器（或曰土器）確實不一樣，它是一種將耐火度高的黏土以製陶用旋轉圓盤（日語稱為轆轤）製作成型後，放入窯中經千度以上高溫燒製後做成結構細密、質地堅硬的硬陶器具。

唐朝時，雖然中國越州青瓷傳到日本，但當時日本人無法燒製出與青瓷媲美的瓷器，只是在原來三彩技術的基礎上，吸取中國的灰釉技法燒製出灰釉陶器。這些灰釉陶器與越州青瓷相比，顯得粗礪得多。不過越州青瓷的傳入，大大開拓了日本陶器形態的種類，仿照中國陶瓷器製成的除了碗、盤之外，還有帶柄的水瓶、水注、唾壺、四足壺和香爐等，碗盤的形狀不僅有圓的，還有菱形的。早期的碗形態雖還有模仿金屬器的痕跡，但不帶蓋子這一點卻與中國的陶瓷碗相同。

進入鎌倉時代後的十三世紀初期，鄰近現在名古屋的愛知縣瀨戶地區陶器製品的燒製蓬勃興起，揭開日本陶瓷業新的一幕，這一地區燒製的陶器被稱為「瀨戶燒」，因其製品的品質優秀，而且十六世紀前後之前，這裡是日本唯一的施釉陶器產地，所以日語中「瀨戶物」已成了上等陶瓷器的代名詞。十三世紀時，以進口的中國陶瓷為樣本，主要是白瓷的水注、梅瓶和四耳壺，被看作是武家文化的象徵，大概是專門向中國訂購的。十三世紀時正是鎌倉幕府較興盛的時期，這三件陶瓷器也被戲稱為新興武家文化的「三種神器」。這三種神器就成了這一時期瀨戶燒的重要產品。到了十四世紀，瀨戶燒的技術又有了長足的進步，陶器上的釉色從灰釉逐漸進步到有光澤的萌黃色，於是不再稱灰釉而稱黃釉，而且黃釉上再加入鐵，創造出黑褐釉。之所以會想到要開發出黑褐釉，乃是由於這時從中國傳入被稱為「天目」的茶碗。

鎌倉時代（約為南宋），日本僧人到浙江天目山的禪寺（也許是西天目山的禪源寺）修習時，見到寺院內使用福建建州產的黑釉茶碗，愛不釋手，日後帶了若干這類茶碗攜回日本，日本人便稱這類茶碗為天目茶碗。黑釉茶碗帶到日本後，立即受到茶道界的喜愛，尤其是帶有星紋狀結晶、會在光照下晶瑩閃光的建盞，在日本被稱為耀變茶碗，視為天目茶碗的最上品，此外還分類為油滴天目、禾目天目、灰被天目等。

很長的歷史時期，日本人一直非常崇敬中國的陶瓷產品，但傳到日本的數量畢竟有限，於是開始仿製天目茶碗，十四世紀時，瀨戶窯燒製出黑釉的天目茶碗，稱為瀨戶天目，形狀顯得質樸稚拙而有禪味，後來有好幾個地方都燒製天目茶碗，於是，十四世紀的主要產品，就是以白瓷為代表的武家文化器種和茶具（準確的名稱應是茶道具）兩大類。進入十五世紀後，瀨戶燒的作風有了些變化，一方面黃釉更加均勻透明，黑釉則加入一種叫水打的氧化鐵，形成比較穩定的黑色，另一方面厚重感和成形力都有些減弱。這一時期瀨戶燒的另一個變化是漸漸脫離日用器皿的軌道，逐漸向情趣性高級品演變，這也是受了中國陶瓷器的影響，瀨戶燒除了原先的水注、梅瓶和四耳壺之外，還模仿中國青瓷製品燒製花瓶、香爐等，而最典型的則是茶葉罐、茶壺和茶碗了，因為十五世紀後，茶道開始在日本興起，陶瓷器就與茶文化發生密切的關係。

進入江戶初期的十七世紀初葉，在朝鮮陶工的幫助下，日本人第一次燒製出瓷器，在日本陶瓷史上可謂是一次革命性躍進。與陶器相比，瓷器大概有三個特徵，即原料是富含石英等礦物質的瓷土、燒成溫度在一千二百度以上、器表施有高溫下燒成的釉。中國在南北朝時期的浙江東北部、古稱越州的地方，就已燒製出青瓷，與此同時，北方還出現黑瓷和早期白瓷，形成「南青北白」的格局，到了隋、唐，青瓷胎質更為細膩，釉層更為瑩潤。宋代是中國瓷器發展史上的高潮期，各地名窯的形成標誌著製瓷工藝的全面成熟。至今仍然熠熠生輝的青花瓷，是在景德鎮燒製成功的。

說來有些令人難以置信，日本在彌生時代以後，出現數次移民高潮及以後的遣隋使、遣唐使，中國大部分文化和工藝技術都在同時代或稍後傳到日本，但製瓷技術卻在很晚的十七世紀才由朝鮮半島傳到日本，換句話說，日本的陶器製作歷史可以追溯到一萬多年以前，而瓷器的製作卻只有短短的四百年歷史。

十六世紀末，平定天下的豐臣秀吉出兵進攻朝鮮，強行帶回來一批朝鮮陶工。中國的製瓷工藝在宋代時已傳入朝鮮半島。根據文獻記錄，一六一六年，朝鮮陶工金江三兵衛（朝鮮名字叫李參平）來到今屬於佐賀縣的有田，佐賀藩主鍋島忠茂要求他製作瓷器，於是在燒製灰釉陶器的窯中成功地燒製出瓷器。一六三七年以後，有田的窯就以燒製瓷器為主了，如今，有田燒在日本，已經成了優質瓷器的代名詞。早期有田燒的特點是，工藝主要依據朝鮮傳來李朝時代的燒窯技術，而款式和花紋圖案上，則以景德鎮窯燒製的青花瓷為摹本，並參照明代《八種畫譜》等圖繪書為藍本加以繪製，因此具有濃郁的明代風格。而到了十七世紀中期，有田燒已擺脫朝鮮李朝時代的技術和藝術樣式，引入新的中國技術和藝術風格，當時是明、清之際，正經歷著改朝換代的動亂時期，南方窯場受到很大的衝擊，一批經驗豐富的工匠為避戰亂而流入日本，由此帶來中國的製瓷技術和藝術樣式，直接促進有田燒的技術革新。

漸漸地，有田燒不僅在青花瓷方面取得長足的進步，又在彩繪的燒製方面獲得成功。十七世紀中葉以後，有田町的街道兩旁逐漸形成彩繪燒製一條街，被稱為彩繪街。而這一時期，中國正值明、清王朝更迭，海上航路受到極大的影響，荷蘭東印度公司向中國購買的瓷器無法順利運出，就轉向日本訂貨，促進有田燒的大批量生產，特別是十七世紀末，日本人仿製景德鎮民間窯燒成的金襴手（一種在五彩瓷中加入金彩的高級瓷器）取得成功，荷蘭人向他們大批訂購價格高昂的金襴手，有田燒的名氣更是如日中天，聲震遐邇。

到了江戶時代後期和明治時代，日本已形成成熟的陶瓷文化，它的陶瓷器大致可分為三類，一是無釉的素燒陶器，比如現在屬於岡山縣的「備前燒」，製品呈赤褐色，還有福井縣東部的「越前燒」等，形狀稚拙質樸，有著陶土獨特的手感；二是上釉的陶器，上文提到的「瀨戶燒」，和今岐阜縣一帶的「美濃燒」、「織部燒」等，都是其典型製品，陶土的溫厚和釉色的斑斕是其特點；三是江戶初期發展起來的瓷器，歷史最短，卻是進步最為迅猛的領域，胎質細膩溫潤，有的潔白晶瑩，圖案則多姿多彩，平心而論，就製作工藝和作品的藝術水準而言，差不多已超過當今中國的水準。

第84講　日本色情文化為什麼發達？

一九九一年十一月，第一次去日本時，有個現象讓我嚇了一跳。在書店或便利商店內，隨處放著一些有色情圖片的雜誌，小孩也可以翻看；在新宿西口的街上，有家專門賣色情讀物和錄影帶的商店（後來才知道這樣的商店很多，主要是出租錄影帶的），夜幕下新宿東口的歌舞伎町，一些人站在店門口大聲吆喝，招徠客人，從店面和霓虹燈裝飾來看，大概是提供色情服務的場所。在日本，色情文化或色情服務是不是公開合法的呢？

說起來真有點複雜，簡單點說，色情文化是公開、合法的，但賣淫、嫖娼是非法的，唆使組織賣淫活動是屬於犯罪的。而有法律限制的色情文化或色情服務，在日本曾是一個很大的產業。

一九七〇～一九九〇年代初期，色情業在日本相當興盛，全國稍有規模的城市，多少都有些如下的色情場所：脫衣舞場，一種寫作soap-land有裸體女子為男子洗浴的洗浴場；還有一種名字叫image-club，裡面是女子按照顧客的要求，變換穿著諸如護士、女學生、空姐的衣服，以製造某些形象的色情表演；提供變態性虐待服務的SM-club，還有上門性按摩服務等；此外還有以性為主題的各種電影、錄影帶，以及多達五百多種色情雜誌，真是五花八門，令人眼花繚亂。

也許有人會問，是不是日本男人特別好色，或者日本女人特別卑賤，才造成如此現象？我並不完全這樣認為。世界上的國家或地區，只要當局開一個管道，並不強行管制和限定，多半會有色情文化氾濫的情形，往往是由性別特性和城市社會的消費性造成。在戒律森嚴的宗教占據統治勢力的國家，人的情欲往往被視為一種罪惡。可是具有諷刺意味的是，修道院或牧師之中，也曾屢屢爆出淫亂事情。佛教的教義中，「邪淫」被認作必須禁絕的「五戒」之一，但看看「三言二拍」，不少都是描寫和尚淫亂的故事。其實在中國最初的倫理中，「色」未必是被否定的，《禮記》記載孔子的話說：「飲食男女，人之大欲存焉。」孟子也說過：「食色，性也。」倒是到了後來，道貌岸然的禮教壓制了人的天性。

那麼，相較其他國家，日本的色情文化為何如此興旺呢？據我了解，日本的早期文明中，為了祈求後代的大量繁育，曾有性器崇拜的信仰，有個時期，性器（尤其是男根）不僅被看作人丁旺盛的象徵，還被視為招福納祥、擊退外敵、防止惡魔病魔入侵的象徵，因此在村口和路旁，常可見到用石頭、木頭或金屬做成男根形狀的物體。在許多民族的早期文明中都可見到，屬於生殖崇拜一類。日本最早的書籍《古事記》等所記述的神話故事中，也常可見到有關性的隱喻或直白的描述。後來大概是儒家思想的傳入和大一統國家的建立，這些民間習俗便慢慢地衰頹了。

傳統的生殖崇拜與當今的色情文化雖然有些關聯，但有極大的差別。現在所說的色情文化大多是一種有關性的消費文化，屬於商業範疇，一般情況下，消費者是男性，女性則提供色情服務。在世界範圍內，這樣的文化差不多與人類文明史一樣悠久。不過色情服務主要存在於陌生人社會，畢竟一個村落裡，彼此都是街坊鄰居，怎麼可能開出一家妓院呢？

說起來，日本大規模的色情服務出現得比較晚，在平安時代或鎌倉幕府、室町幕府時代，也有為王公貴族或上層人物服務的祕密賣淫行為，後來在旅途的要津、為來往旅行者提供下榻的客棧附近，也曾出現一些暗娼，但似乎還沒有形成有規模的青樓區，大規模的色情服務是城市誕生以後才真正出現。日本差不多到了江戶時代的十七世紀，才形成像江戶、京都、大阪這樣的都市，有了真正的城市居民，且以男性居多，於是，為男人服務的色情業就應運而生了。十八世紀時，出現江戶的吉原、大阪的新町、京都的島原和長崎的丸山等四大青樓區，日語稱為「遊廓」，做色情服務的女子被稱為「遊女」。這些青樓的名字都叫某某茶屋，好像是喝茶的地方，但內行的人都明白主要是提供性服務。

不僅有青樓，江戶時代還湧現許多供市民消遣的通俗小說，比如大阪出身的井原西鶴撰寫的《好色一代男》、《好色一代女》，就有不少描繪遊廓的場景和生活，那時誕生的浮世繪裡，也有一部分是春畫，直接、赤裸裸地描繪男女性愛，而且往往把性器畫得很誇張。這些都是迎合新興市民階級的消費需求。明治維新以後，西洋人見日本人如此開放，就指責他們不文明，居然娼妓都是公開的。日本政府為了顯示自己是個文明國家，不得不頒布法令，表面上限制公娼，甚至發布一些取締令，不過實際上，賣淫業一直沒有根除過。

一九二〇年代左右，東京等街頭出現一些咖啡館，本來是喝咖啡的地方，當時咖啡算是比較摩登的洋玩意兒，可是不久就慢慢變味了，一部分咖啡館的女招待兼做起賣淫生意，引起當局的注意，於是日本政府在一九二九年發布「咖啡館、酒吧取締要項」，一九三三年，又將此做為「特殊飲食店取締規則」的適用對象。一些真正供應咖啡的店家為了洗清色情形象，就改稱「喫茶店」，因此今天日本的咖啡館已然稱為「喫茶店」。

一九三〇年代下半期開始，日本開始大規模的對外侵略戰爭，對內實行法西斯統治，幾乎取締一切娛樂場所，再加上戰爭時期，一切從嚴，色情文化就被壓了下來。但是日本當局卻允許在軍隊內開設慰安所（即軍中妓院），真是令人匪夷所思。

戰後百廢待興，物資匱乏，色情業卻迅速復活了，明的暗的，到處氾濫。為了對此現象加以規範，一九四八年頒布《關於規制風俗營業等及其相關業務規範化的法律》（法律第一二二號），對相關的營業做出較明確的法律規定[26]，這一法律之後重新修訂過好多次，最近一次是二〇〇一年。簡單地說，在日本經營脫衣舞場，有女子裸體服務的洗浴場，有色情服務的酒吧、咖啡館、舞廳，製作色情音像製品，出版色情書報、雜誌都是允許的。

但是有個嚴厲的規定，色情服務的場所，裸體可以，賣淫不可以，賣淫是嚴重違法甚至是犯罪，要追究仲介人或經營者的刑事責任。色情圖像可以，但敏感部位不可直接暴露，必須打馬賽克。但總是上有政策，下有對策，一些公開的色情場所內，雖然沒有直接的賣淫、嫖娼行為，但根據專門從事這方面調查的記者報導，實際賣淫業也是存在的。比如，**soap-land**從性質上來說，只是女子為男子提供洗浴服務，沒有賣淫。但經營者會製造巧妙的名目，即店裡的每個浴室是租借給女子的，有明確規定不可有性交服務，一旦有女子提供賣淫服務，查究起來是女子的個人責任，與店家無關。警察難以抓到現行（不可隨意私闖民宅），就無法處理，大多對此睜一眼閉一眼。除非涉及兒童色情，那必須嚴肅處理。日本當局為了加入國際組織和國際人權公約等，法律上都制定一套與國際接軌的制度規章，但實際的監管卻比較寬鬆。

不過，色情消費畢竟是要花錢的。一九九〇年代以後，經濟泡沫崩潰，公司和個人的口袋都癟了不少，色情業的經營愈來愈艱難，不少脫衣舞場等色情場所紛紛倒閉，使得女子進入這一行的門檻變高了。

最後想討論，今天的日本為什麼色情文化是合法的，而賣淫等則是違法的？看似有些矛盾的現象。其實，至少從江戶時代開始，包括賣淫在內的色情服務並沒有受到社會輿論的譴責，當局也沒有加以嚴厲取締，那時，男女混浴的文化一直存在。然而隨著西洋文明進來以後，基督教社會的道德也影響著日本社會，色情和賣淫被看作與文明社會格格不入，民間興起廢娼運動，政府也發布對於私娼的禁令，一方面是為了整飭社會秩序，很大程度上也是做給國際社會看的，實際上到了一九三三年，全日本仍有娼妓近五萬人，光東京吉原一地還有娼妓二千九百四十人。暗地裡，日本政府依然將娼妓看作合理的存在，以至於日軍去海外作戰時，還會設立軍中慰安所，一九四五年九月，美國占領軍大量湧入日本時，當局又專門為美軍設立軍中妓院。戰後，日本要加入一系列國際公約，回歸國際社會，要顯得自己是個文明國家，於是既允許色情文化的存在，又設置一些技術性限制，諸如不能將性器公開暴露，不可有公開的賣淫行為等，對外，它還是要保持一個文明國家的臉面。

近年來，隨著經濟的長期低迷，人們的物欲真的比以前下降許多，以至於日本現在被稱為低欲望社會，日本的色情業也成了夕陽產業。

26 風俗在日語中除了民情風俗的意思外，還具有特殊含義，就是色情服務的意思。若說一個人是風俗女，就是說這個女子是從事色情業的。

第85講 NHK：媒體界的大哥大

NHK的全名用日文漢字寫是「日本放送協會」，以日文發音用羅馬拼音就是Nipon（日本）Hoso（放送）Kyokai（協會），各取第一個大寫字母便寫作NHK。它是日本最大、最有影響力的廣播電視臺。很多中國人把它比作中央人民廣播電臺和中央電視臺，日本除夕夜的「紅白歌合戰」常有人把它比作「春節晚會」，實際上性質相差很大，它更像是英國的英國廣播公司（British Broadcasting Corporation, BBC），它是個獨立的法人社團，最初是公益法人，現在是特殊法人[27]。

日本最早在一九二四年設立放送局（廣播電臺），當時經政府批准，做為公益法人，分別建立東京、大阪、名古屋三個放送局，一九二五年開始播送節目。當時收聽廣播是要簽約付費的，當年東京的簽約數達到十三萬一千三百七十四戶，大阪為四萬七千九百二十四戶，名古屋為一萬四千二百九十戶。當時的收音機價格，礦石的賣十日圓，大概是中等月收入的五分之一，真空管的賣一百二十日圓，是中等月收入的兩倍多。一年以後（昭和元年的一九二六年），將這三個放送局合併為一個社團法人，取名為日本放送協會，於是，日本第一個全國性廣播電臺正式成立了。

全世界的廣播電臺開始於一九二〇年，在當時的蘇聯和美國試驗成功。而中國的廣播事業起步於一九二三年，是美國三家商業公司分別在上海開設的三個電臺，以後各地陸續出現若干規模較小的電臺，當時擁有礦石收音機的人家非常少。一九二七年三月，上海的新新公司開辦中國第一家商業民營電臺，翌年（一九二八年），國民黨在南京站穩腳跟之後，開辦中國國民黨中央執行委員會廣播無線電臺，這是中國第一家官營電臺。由此看來，日本的廣播事業起步還是比較早的，而且一開始就是由日本人自己主導，並無外國力量加入。

最初ＮＨＫ播送的內容頗為豐富，有教人做菜、做衣服的，有家政理財的，自然也有歌曲、相聲、說唱等，新聞也是個大類。戰爭時期，幾乎所有的媒體都跟著政府的調子走，ＮＨＫ自然也免不了充當政府的傳聲筒，不自覺地成了鼓吹戰爭的幫凶。一九四五年八月十五日，天皇宣布接受《波茨坦公告》的「玉音放送」，也是透過ＮＨＫ傳播的。戰爭結束之前的ＮＨＫ必須看政府的臉色行事，有時也成了半官方的媒體機構。

一九四五年八月底，美國人占領日本，對日本進行大刀闊斧的改造，國家的基本性質是主權在民，保障民眾的言論、結社、集會、出版自由。一九五〇年，制定頒布《放送法》，也就是廣播電視法，根據這項新的法律，ＮＨＫ的性質變為特殊法人。

一九五三年二月，ＮＨＫ開播了全日本最早的電視節目；一九五九年一月，開設專門的教育頻道；一九六〇年九月，開始彩色電視的播送；一九六四年十月的東京奧運會，ＮＨＫ實現奧運史上第一次衛星實況轉播；一九六九年三月，ＮＨＫ推出立體聲調頻廣播；一九八九年六月，ＮＨＫ推出兩套衛星播送；一九九四年十一月，開始電視寬屏的試播送；二〇一一年七月，所有的電視播放都實現高清數位化。

再談談ＮＨＫ的經費來源和運營機制。ＮＨＫ電視的所有頻道都沒有任何商業廣告，也就是說，沒有任何廣告商的贊助。那麼，日常經營費用來自哪裡呢？主要有兩個來源：第一是向收看者收費。讓收看的人自覺自願地繳納收看費，這怎麼可能？在日本還真有這樣的可能。目前的費用標準是一般正常頻道（又稱為地上頻道），每月一千二百六十日圓，若要包含衛星播送節目，每月是二千二百三十日圓，每兩個月支付一次或提前半年、一年支付則有額度不同的優惠。而一般民營電視臺，日語稱為「民間放送」，簡稱「民放」，諸如朝日電視、富士電視、東京電視等是有廣告的，主要透過廣告費來營運，因而不收費。但問題來了，同一臺電視機，既可收看ＮＨＫ的節目，也可收看民營電視臺的節目，ＮＨＫ在技術上很難限制人們收看，因此，繳費就全看自覺了。日本人大都比較規矩，會主動透過銀行轉帳來繳費；個別不繳費的，就有工作人員上門來收取。

我剛到日本時，不知道NHK有收費制度，直到上門催繳了，才不得不繳付，心裡還挺不樂意的，怎麼看個電視還要繳費呢？但是，這在日本已成了常識。當然也可以拒絕繳付，說自己從來不看NHK的節目，他們也沒辦法。

總之，收費是NHK經營的一大財源。但是，如此龐大的廣播電視機構，光靠這點收費似乎無法展開充分的運營，於是有另一塊財源——國會批准的撥款。國會根據NHK的經營收支報告和經費申請，每年從國家財政中撥款若干。為什麼要由國會批准決定，而不是政府財政直接撥款呢？從根本的財源上來說，都是來自國民和企業繳納的稅金，但如果直接由政府撥款，難免蒙上被政府左右的陰影，而國會是代表人民的，由國會決定就意味著NHK接受人民的監督和准許。NHK的日常運作大致按照媒體企業的方式進行，但與民間電視臺不同的是其最高機關是經營委員會，有點類似董事會，決定整個NHK的基本方針，由十二人組成，來自全國教育、文化、科學、產業等各界的有識之士，必須具有較廣泛的代表性，最後的人選由國會批准，並由內閣總理任命，任期為三年，可連任。由經營委員會任命NHK的會長（最高領導人），並監督NHK高階主管的職務履行。為了充分代表收聽收看者的利益，委員們要定期在全國各地與視聽者的代表舉行見面會。所有專職和兼職委員的報酬都向民眾公開，因為NHK的兩大財源

——收看費和國會撥款都來自廣大的民眾。

因此，ＮＨＫ力圖保持不偏不倚的公正立場，新聞報導一般只作事實報導，並不批評政府。對於國會開會則做全程實況報導，反對黨議員的激烈詰問，政府高官的現場回答，會場內的起哄，所有議案的表決進程都做全程報導，有時實在顯得有些冗長和沉悶，但ＮＨＫ都要如實向全國人民報導。其他我個人比較喜歡的節目，有「Close Up現代」關注當今國內外的重大問題；「Asia Insight」關注亞洲地區的歷史與現實；「星期天討論會」實況播出往往是邀請各政黨的主要幹部匯聚一堂，當場就重大的國家問題展開討論，各政黨的意見自然並不一致，有時會爭論，但大家都秉持君子態度，有禮有節。當然，ＮＨＫ也不可能沒有傾向性，它最基本的立場就是：日本。

當然也有很多娛樂節目，比較長壽的有每天播送的「電視聯播小說」，一九六〇年開始播放，迄今依然存在，已成了ＮＨＫ的金牌節目，大都以過去時代的生活為題材，突出人與人之間的溫情，被選中的青少年演員往往因此躍了龍門，一舉成名；紅白歌合戰則始於一九五一年，每年新曆年末舉行，二〇一九年是第七十次，它不是綜藝節目，主要就是唱歌，間或有伴舞，每次都是老牌歌星登場和新星出道的盛會，每年都會有七〇%左右的收視率，轟動全日本，經久不衰。此外，ＮＨＫ拍攝的宏大歷史劇、系列紀錄片，往往也是一般民間電視臺望塵莫及的。為了突出公益性，ＮＨＫ的教育頻道一直開辦各類外語教學節目，從傳統的英、法、德、俄、西班牙、中文，一直到近來的越南語，從未間斷。當然，NHK的節目有時不免顯得比較一本正經，有些不夠輕鬆活潑。

順便一提，NHK的交響樂團也很著名，其演奏水準在亞洲名列前茅。

27 特殊法人就是代行政府的一部分功能，但整個經營運作必須是企業化的。目前日本這樣的特殊法人有三十九個，比如日本電信電話株式會社、日本郵政株式會社、日本菸草產業株式會社等，甚至還有日本中央賽馬會，除賽馬會之外，這些原先屬於國有企業，現已經實行民營化，但又不等同純粹的民營企業，與政府仍然有聯繫的關係，因此定為特殊法人，NHK基本上也是這樣的一種存在。

第86講　日本電影：起步、迷茫與戰後的輝煌

一八八九年，美國人愛迪生（Thomas Alva Edison）發明的老式電影機，和一八九五年法國人盧米埃爾兄弟[28]發明的電影放映機，分別在一八九六年和一八九七年由洋人傳到日本，後者在大阪正式放映，這是電影在日本的正式出現[29]。

電影在日本大致經歷幾個時期：一、起步的草創期（一九〇〇～一九二〇年）；二、戰前及戰爭時期（一九二一～一九四五年）；三、戰後復興期（一九四六～一九五五年）；四、興盛期（一九五六～一九七〇年）；五、跌宕起伏的多元發展時期（一九七一至今）。這個分期是我自己劃分的，未必準確，不過大致按照日本電影發展的脈絡。

一、草創期。一八九七年，日本人拍了最早的一部電影《祇園藝妓的舞蹈》，當時放映的片子主要是外國人拍攝的紀錄片。一九〇三年，第一座固定的電影院「淺草電氣館」落成。一九一二年，吉澤商會等四家從事電影拍攝放映的商號，合併成立日本第一家正式的電影製作公司「日本活動寫真株式會社」（簡稱「日活」）[30]，那時，日本人

把電影叫做「活動寫真」。早期的電影都是無聲電影，日本拍攝的除了紀錄片之外，大都是戲曲片，就是把一部歌舞伎等從頭到尾拍下來，或者在攝影棚內，把戲曲的故事用電影的形式再演繹一遍，由於歌舞伎等戲劇中的女子都是男人扮演的，所以戲曲片裡沒有真正的女性。放映的電影都是默片，要有個人在銀幕旁同步解說。

二、到了一九二〇年前後，由於作家谷崎潤一郎、戲劇家小山內薫等加入，電影藝術水準有了很大的提高，不再是原來舊劇的翻版，而開始注重電影本身的元素和特長。一九一九年，著名的《電影旬報》雜誌創刊，一百年來，一直是日本電影界最權威、最有影響力的刊物。除了「日活」、松竹等大電影公司之外，獨立製片也開始出現，除了古裝戲劇片之外，還出現描寫當代人生活的現實題材，女性人物也不再由男性來扮演，真正的女演員開始登場。到了一九三一年，日本終於誕生自己製作的第一部有聲電影《太太與妻子》，大概三、四年時間，是有聲片和默片同時放映的時期，到了一九三五年前後，就完全進入有聲片的時代。這時有位世界級大導演小津安二郎嶄露了頭角，一九三六年他拍攝一部《我試著來到了人間》被列入《電影旬報》前十位中的第一名，獨自完成的有聲片《獨生子》也是一部非常優秀的作品，還有一些優秀的導演諸如溝口健二拍攝《祇園的姐妹》（一九三六年），伊丹萬作拍攝《赤西蠣太》（一九三六年）等。但是昭和時代，日本一步步走上軍國主義、法西斯主義的道路，電影業被當局要求為國家政策服務，於是出現一大批正面歌頌日本對外侵略戰爭的電影，比如謳歌不惜犧牲生命充當人肉炸彈的《忠烈肉彈三勇士》，其他諸如《五名偵察兵》、《軍國女學生》、《緬甸戰記》、《東洋的凱歌》等，都是直接描寫日本軍人在海外作戰的影片。日本一九三七年在偽滿洲國建立「滿洲映畫協會」，拍攝許多宣揚日本國策的電影，李香蘭（日本名山口淑子）即以此為舞臺脫穎而出。到了一九三八年以後，日本影壇就很少拍攝出真正優秀的好電影了，與戰爭題材無緣的稻垣浩《無法松的一生》（一九四三年）是個例外。

三、差不多是日本電影走向世界的黎明期。日本戰敗以後，美國占領軍進入，對日本施行一系列改造，電影界也出現新氣象，人們擺脫政府當局的管制和束縛，得以自由地拍攝追求的作品，當時日本雖然還在一片戰後的廢墟中，電影製作的資金十分有限，但依然拍出不少令人耳目一新的好影片，戰前曾經活躍的導演重新登上舞臺，電影人可以盡情地表現自己的人生追求和藝術才華，黑澤明《我們的青春無悔》（一九四七年）一問世，立即贏得人們的喝彩，一九五一年，他導演的《羅生門》獲得當年度威尼斯國際電影節金獅獎，這是日本電影受到世界矚目的開始，之後溝口健二的《西鶴一代女》（一九五二年）、《雨夜物語》（一九五三年）、《山椒大夫》（一九五四年）、黑澤明的《七個武士》（一九五四年）、市川崑的《緬甸的豎琴》（一九五六年）先後獲得威尼斯國際電影節的各項獎項。小津安二郎一九五三年拍攝的《東京物語》，一九五八年獲得倫敦國際電影節薩瑟蘭獎，是小津安二郎贏得世界性榮譽的開始。同時日本國內，看電影幾乎成了人們最喜愛的娛樂方式，各種歐美影片和國產片都贏得無數的觀眾。

四、日本電影史上最為鼎盛的時期。一九五八年，稻垣浩的《無法松的一生》獲得威尼斯電影節金獅獎，一九五八年前後，日本每年故事片的製作數是五百部左右，每年的觀眾達到十二億人次，共有七千八百家電影院，形成東寶、松竹、大映、東映、日活、新東寶六家大電影製作公司，寬銀幕、彩色電影開始問世，各電影公司為了迎合觀眾，開發出各種新題材、新領域。經濟上恰好是日本高速成長步入良好軌道的時期，然而，鼎盛之後往往便是衰退，最大的因素是電視機的普及和錄影機、錄影帶的發展。一九五八年，電視機登記率是一百五十萬臺，普及率是五％，可是到了一九六〇年，迅速飆升到八百萬臺，一九八〇年，達到三千萬臺，幾乎家家戶戶都有了彩色電視機。與此相反，去電影院觀賞電影已不再是人們的日常行為，電影院數從最高的七千八百家減少到二千家以下，人們觀看電影的頻率從一年十二次跌到一・四次。電影公司害怕票房的大幅跌落，不敢再投入鉅資進行藝術探險，而盡力走安全路線，把以前叫好的影片再拍第二部、第三部，影響了一些探索影片出頭的機會，電影業走進寒冷期。

五、日本電影遭受電視機、錄影機普及的打擊時，依然艱難地摸索生存甚至發展新路徑。畢竟，多聲道的音響效果、寬銀幕圖像逼真性、眾多觀眾一起觀看的現場感，仍不是當時電視機或錄影機所能完全取代的體驗。一批新導演試圖走出自己的新路，山田洋次的《家族》（一九七〇年）、熊井啟的《山打根八號館妓院．望鄉》（一九七四年）還是給人們留下深刻的印象。大電影公司之間放棄惡性競爭，自覺減少了電影的拍攝數量，而且不是大包大攬全部由電影公司來製作，而是鼓勵獨立製片人的探索，並在檔期排片上給予支持。電影市場雖然有些不景氣，但日本電影依然在世界舞臺上閃耀出熠熠光彩。一批老導演則繼續展現他們在藝術上的成熟和精彩。黑澤明的《影武者》（一九八〇年）、《亂》（一九八五年）先後獲得坎城電影節金棕櫚獎，和英國電影電視藝術學院獎金獎，今村昌平的《楢山節考》（一九八三年）獲得坎城電影節金棕櫚獎，大島渚的《戰場上的耶誕節》（一九八三年）、篠田正浩《槍的權三》（一九八六年）獲得柏林電影節銀熊獎。之後山田洋次的《男人真命苦》系列、小栗康平的《泥河》、《死的荊棘》等獲得各種國際獎項，一九八〇年代到一九九〇年代，日本電影依然在國際上受到較高的評價。

一九八〇年代前後，日本的動漫電影橫空出世，獲得空前的發展。以前的動漫電影主要是電視漫畫，或把面向孩子的漫畫改編成電影，這時出現原創動漫電影。

世紀交替之際及二十一世紀以後，日本電影在國內電影市場上雖然風光不再，但在國際舞臺上依然頻頻受到關注，北野武的《HANA-BI》、《座頭市》分別獲得一九九七年威尼斯金獎和二〇〇三年威尼斯導演獎，山田洋次的《學校》（一九九三~二〇〇〇年）系列、《黃昏的清兵衛》（二〇〇二年），黑澤清的《回路》（二〇〇〇年）分別獲得坎城電影節國際批評家聯盟獎，是枝裕和執導的電影也頻頻在國際上獲獎。尤其黑澤明獲得奧斯卡終生成就獎，小津安二郎在二〇一二年英國電影協會主辦的權威雜誌《圖像與聲音》發起、由全世界三百五十九名導演投票選出的最優秀電影中，他的《東京物語》名列第一，這樣的榮譽使日本電影在總體上躋身於世界最高的行列。

日本電影（主要是戰後電影）為何在全球的電影人中長期贏得青睞？我個人認為有幾個原因：

一、始終有一批熱愛電影、為電影藝術獻身、孜孜不倦的電影製作人，諸如小津安二郎、稻垣浩、黑澤明、大島渚、山田洋次等，他們似乎就是為電影而生，其一生都在追求如何透過電影的形式來探尋人生的真諦，對人的描述和思考是他們電影的終極意義。

二、日本傳統美學底蘊支撐日本電影的藝術水準，日本的電影罕有建構宏大、場面浩瀚、氣勢雄偉的製作，大部分都是表現尋常人的日常世界，在故事敘述、畫面展現、音樂配置，還有演員演技上，都蘊含著日本人獨特的審美意識及對人的詮釋。

三、戰後的社會使日本人在進行藝術創作時，幾乎可以完全不必顧及體制的束縛和意識形態的桎梏，商業票房雖然是橫亙在眼前的現實問題，但有藝術追求的電影人從一開始就將其拋擲在腦後。這或許是戰後日本電影始終熠熠閃光的主要緣由吧。

28 哥哥奧古斯塔・瑪麗・路易斯・尼古拉斯・盧米埃爾（Auguste Marie Louis Nicholas Lumiere，一八六二～一九五四年）和弟弟路易斯・讓・盧米埃爾（Louis Jean Lumiere，一八六四～一九四八年）出生於歐洲最大的製造攝影感光板家族，是電影放映機的發明人。

29 電影在中國最早出現於一八九六年的上海，比日本早一年。

30 中國第一家電影公司是美國人一九〇四年在上海開設的，後來各種大小公司紛紛登場，一九二五年前後，上海有一百四十一家電影公司。

第87講 日本動漫何以風靡全世界？

如果問起當今最有影響力的日本文化是什麼，恐怕半數以上的人會異口同聲地回答動漫吧。動漫已成了日本現代文化最富有魅力的標貼，從東南亞到歐美，風靡了整個世界。

動漫，就是會動的漫畫，英文是animation，日文用的也是外來語アニメーション，簡稱アニメ。在會動的漫畫之前，自然是不會動的漫畫。講動漫之前，還得先講漫畫，日本的漫畫是如何產生的，又是怎樣從原本的漫畫演變到會動的動漫（電視的漫畫劇和漫畫的電影）。

真要追溯起來，漫畫也是源遠流長。日本人覺得平安時代末期（十二世紀中後期）的《鳥獸人物戲畫》是日本漫畫的濫觴，共四卷，現在珍藏在京都高山寺裡。這一繪畫的最大特點是用白描的線條畫出擬人的各類動物與人一同嬉戲玩耍的場景，充滿詼諧滑稽。但就是那麼一種，看到的人很少，這一傳統似乎沒有被傳承下來，一直到十八世紀的江戶時代中期，刻版、印刷技術已有很大的發展，誕生一種《鳥羽繪本》，就像浮世繪畫作一樣，可以大量印製，內容輕鬆詼諧，頗受歡迎。後來葛飾北齋也畫過一些類似漫畫的作品，被人稱為「北齋漫畫」。不過，那時和西方幾乎沒什麼交流，還不算現代意義上的漫畫。現代意義上的漫畫要具備寫實性、對社會的批判性、故事性等幾個要素，也就是所謂的諷刺畫，要帶一點供人發笑的噱頭。這樣漫畫的形成，還是在日本受到西方的影響之後。

在西方，開創近代漫畫、也就是諷刺畫的，被認為是十七世紀上半葉的法國人雅克・卡羅特（Jacques Callot，一五九二～一六三五年），他是銅版畫家，其最出色的成就便是諷刺畫，可說是西方近代諷刺畫或漫畫的開創者。一八五四年，日本被迫向外打開了國門，橫濱被闢為開放港口，一八六二年，英國人查理斯・瓦格曼（Charles Wirgman）創辦一份漫畫雜誌《*Japan Punch*》[31]，這份雜誌在日本持續出版二十多年，給日本人帶來近代西洋滑稽畫或諷刺畫的新理念。一八七七年，從英國留學回來的野村文夫創辦一份很有名的雜誌《團團珍聞》[32]，這份雜誌賣得不錯，帶動其他諷刺雜誌的誕生。另一個影響較大的是法國人喬治・比格（George Bigot，一八六〇～一九二七年），巴黎美術學校畢業後來到日本，曾在日本陸軍士官學校授課，後來為許多報紙、雜誌畫插圖，約在一八八七年創辦漫畫雜誌《*Tobae*》，對日本社會現象和時事政治進行諷刺和批判，使日本當局感到不快，但他的諷刺畫對日本近代漫畫的成長卻產生很大的影響。

總之，在日本傳統和西洋近代漫畫的影響下，日本的近代漫畫產生了。一九〇一年，對當局一直持批判態度的宮武骸骨創辦日本第一份以諷刺畫為主體的報紙《滑稽新聞》，曾發行十萬份左右，一九〇二年，《時事新報》開闢「週日漫畫」、「時事漫畫」兩個專欄，一九〇五年，《東京潘趣》問世，緊接著《大阪潘趣》、《少年潘趣》登場。東京美術學校畢業的岡本一平在一九一五年正式成立東京漫畫會（後改為日本漫畫會），他在《朝日新聞》上開創題為「人的一生」的漫畫連載，受故事片影響，試圖把長篇漫畫演繹成具有電影場景和故事的「漫畫小說」，戰後非常風靡的「劇情漫畫」就濫觴於此。而一九二八年，北澤樂天在「時事漫畫」上連載的《富田羽子》，則開創少女漫畫的先河。

可是進入一九三〇年代以後，隨著日本對外侵略戰爭的展開，文藝成了當局宣傳的工具，漫畫與其他文藝樣式一樣，進入黑暗期。直到戰後，日本漫畫迎來輝煌的發展期，這一情形與日本電影的歷程非常相似。

戰後不久，被迫轉向和停刊的漫畫雜誌紛紛復甦，這一時期漫畫的總基調是批判社會的諷刺畫。然而進入一九五〇年代以後，隨著經濟的恢復發展和社會的安定，具有社會意義的諷刺畫慢慢淡出，突出娛樂功能的漫畫受到大眾的歡迎，尤其是面向少年、兒童的漫畫，迎來史無前例的輝煌期。

被視為戰後動漫之父的手塚治虫在戰後嶄露頭角。一九二八年出生的手塚治虫，少年時有兩個與眾不同的經歷，第一，他喜好繪畫、喜好花鳥魚蟲等小動物，第二，他長得瘦弱，往往成了其他少年欺負的對象。於是就躲起來潛心畫畫，終於以出色的畫作贏得周圍少年的讚嘆。但他一開始並沒有做專業畫家的打算，一九四五年，他考入大阪大學附屬醫學專門部，準備以後專職做醫生、業餘畫畫，但在母親的鼓勵下，放棄醫學，走上職業畫家的道路。

一九四七年，有他作畫的《新寶島》問世，一九五〇年，發表連載漫畫《森林大帝》，一九五二年，創作的《鐵臂阿童木》在內光文社出版的《少年》上連載，一九五四年，推出《火鳥》，受到圈內外人士的矚目，一舉登上畫壇。一九六三年，日本第一部電視動漫作品《鐵臂阿童木》被推上銀幕，標誌著手塚治虫和日本動漫的巨大成功。一九六五年底，這部連續劇播完之後，許多家長和孩子紛紛寫信給手塚治虫，懇求他畫下去，讓阿童木繼續活躍在銀幕上。

一九五三年，他移居到東京豐島區南長崎一處被稱為「常盤莊」的兩層樓小公寓，他聲名日隆，很多青年畫家如藤井不二雄、石森章太郎、赤塚不二夫等紛紛住進「常盤莊」，日後都推出優秀的動漫作品，成了日本動漫史上彪炳留名的大畫家，常盤莊雖然在一九五七年被拆除了，卻被人們推崇為日本動漫的發祥地或聖地，現在正計畫將原建築復原，二〇二〇年將其闢為日本動漫博物館，成為可讓動漫迷朝聖的地方。

在動漫大受歡迎的同時，漫畫繼續展現著它的魅力。一九五九年，第一份少年漫畫雜誌《少年雜誌》創刊，由於推出川崎升的《巨人之星》等一系列優秀連載作品，銷量一路飆升，一九六六年突破一百萬冊，一九六八年突破一百五十萬冊。《少年雜誌》創刊不久，《少年週日》、《少年之王》、《少年冠軍》、《少年跳躍》等紛紛問世，彼此競爭非常激烈，《少年冠軍》一九七八年突破二百萬冊，隨即《少年跳躍》在一九八〇年突破三百萬冊，一九八五年突破四百萬冊，一九八九年五百萬冊，一九九一年六百萬冊，一九九四年達到最高的六百五十三萬冊，這是一次性發行數，而日本當年總人口為一・二五億，平均每二十個人就買了一本。可見漫畫在日本是多麼受人喜愛，還不包括其他漫畫雜誌和大量的單行本。一九六四年創刊、面向青年的漫畫雜誌《牙狼》和手塚治虫創辦的《*COM*》，不只是關注商業銷量，主要傾心於藝術的探索，一時異軍突起，受到青年的青睞。

似乎是比翼齊飛、相得益彰，動漫電視和電影也迎來輝煌期。日本動漫在起步階段，無疑受到美國迪士尼動畫和中國動畫的啟示和影響。說得白一點，日本動漫也曾經歷「山寨」的階段。當時，醞釀日本動漫的溫床就是企業家大川博一九五六年創建的

「東映動漫」，模仿對象就是美國的迪士尼。大川派了動漫製作精英到迪士尼學習，又聘請迪士尼的行家來「東映」指導，他自己並不懂電影，但是個極有眼光、手腕的經營家，他在日本播放的第一部動漫電影是《白蛇傳》，不過這部片子是從香港帶來的。他想盡一切辦法把富有才能的年輕人召集到麾下。現在動漫界大老高畑勳、宮崎駿等就在大川博的感召下，先後加入「東映」。後來宮崎駿與高畑勳成了非常有默契的搭檔。一九六七年，由漫畫改編拍攝的動漫電影《森林大帝》獲得威尼斯電影節銀熊獎，日本動漫開始受到國際影壇矚目。

一九八五年，吉卜力製作所誕生，這是日本動漫史上的一件大事，高畑勳和宮崎駿是其核心。一九八八年推出的《龍貓》，成了暢銷不衰的動漫經典之作，二〇〇一年的《千與千尋》，再次拿下票房第一，宮崎駿差不多成了日本動漫界的皇帝，二〇一三年推出的《起風了》，又受到廣泛的好評。二〇一五年，宮崎駿獲得奧斯卡金像獎和終身成就獎，成了全世界動漫界神話般的存在，同時把日本動漫推向世界的頂尖水準。

日本的動漫為何在全世界贏得如此大的青睞？我想以宮崎駿為例，從技、藝、道三個層面稍加論述。

一、日本漫畫原本已有一定的傳統，近代以後，導入西洋諷刺漫畫的元素，二戰以後，尤其注意吸納迪士尼動畫的理念和技術，又在人物形象設計、畫面構成上反覆切磋琢磨，並積極導入數位技術，在製作技術上精益求精。

二、在審美上，充分活用日本既有的美學資源，既講究場面的宏大感和富有衝擊力的鏡頭感，又十分注意開掘細部的唯美，大部分作品都流蕩著一種和暢的韻律。

三、所謂「道」，就是優秀的作品蘊含著一種哲學的意味。宮崎駿早年經歷戰爭，對於生與死、人性，一直做深入的思考，他讀了不少東西方哲學書，提升思想的深刻性，總是試圖透過自己的作品，對於日常人性、平凡的家庭，以及浩瀚無垠的大千宇宙表達思索和探求，因而讓人感到一種雋永的回味，同時這種思想又不是硬生生的，始終流暢地貫穿在整部作品的細節之中，讓人在不知不覺中受到它的感染。

---

31 Punch是英國傳統滑稽木偶劇的主人公，後來成了滑稽詼諧的代名詞。

32 團團就是圓滾滾的意思，來自於Punch這個人物形象。

第88講　「祭」：傳統文化在今天的興盛

遊客在夏天到日本，每每會遇到日本人穿著傳統服飾，歡天喜地又認真莊嚴地舉行著類似街頭遊行的活動，而打出的旗號都是「某某祭」，看到「祭」這個漢字，華人往往會有種不祥的感覺，祭不就是祭奠亡者，可是日本人為什麼那麼興高采烈呢？

這樣的「祭」說起來真有點複雜，在相當程度上，它是日本文化的綜合體現，雜揉了太多元素。還是從其基本詞義和源頭說起。

祭，是個漢字，它是從中國傳來的，但卻不是中文的音讀，而是列島本土既有的發音，念作Matsuri，也就是說，在「祭」這個漢字傳入之前，日本口語中就有Matsuri這個詞，後來假名誕生了，平假名寫作まつり。漢字傳入後，祭可以用音讀念作sayi[33]。祭在漢語中原本是什麼意思呢？《辭海》厚達一千七百頁的《詞語》分冊中釋義說：祀神、供祖或以儀式追悼死者的通稱。請注意，首要意思並不是祭奠亡者，而是祭神、供祖。另外，對「祭文」一詞的解釋是：祭告的文辭，用於求福、除災、哀悼等。日本早先的原始宗教中，也有祭拜神靈、供奉祖先的儀式，這樣的活動用まつり來表示，後來漢字傳入，便用漢字的「祭」來表示。

這裡要引出「祭」的第一個文化元素，即它與日本原始宗教、後來演變為神道的民族信仰有關。

如今的日本人更多把它和農耕文明（尤其是稻作文明）連在一起，認為「祭」的核心是稻作禮儀，而農耕文明或稻作文明主要是從中國傳入，因而「祭」的文化包含中國元素。日本人認為世上存在著一種「田神」，或稱「稻荷神」，祂將決定稻作是否能豐收。農民們為了祈願稻穀的豐收，就在水稻成長的各個階段舉行各種祭神儀式。以天皇為首的朝廷成立以後，這樣的文化或信仰一直影響到王朝的最高層。

奈良和平安時代（大約八～十二世紀），新春開始的陰曆二月四日，要在宮中舉行祈年祭，祈願五穀豐登，而每年秋天，以天皇為主角，在宮中和伊勢神宮、出雲大社要舉行盛大的「新嘗祭」，天皇親自把新收穫的白米供奉給天神地祇，表示感謝，然後品嘗用新白米烹煮的米飯，即「人神共食」。而每一代新即位的天皇在第一年舉行的「新嘗祭」，稱為「大嘗祭」，場面更為隆重。「新嘗祭」的活動一直持續到今天，現名稱已改為「勤勞感謝日」，定為每年十一月二十三日，全體國民放假。

「祭」的第二個文化元素，即它與稻作文明緊密相關，除了祈願風調雨順之外，還有慶祝豐收、感恩上蒼的意思，就為「祭」抹上一層喜慶的色彩。

「祭」在日本慢慢演變成一種與神靈對話的盛大儀式，基本含義或訴求是感謝神靈保佑，祈求神靈祛災除厄，祈禱幸福的降臨。一般而言，有四個階段或四項儀式。一、為了迎接神靈到來，首先要淨身。受中國陰陽思想的影響，迎神前一定時期不可接觸或食用與神靈相忌的物品或食物，以免冒瀆神靈。目前大概只有神社等地還有這樣的做法；二、設定一定的地區以迎接神靈的降臨，並插上旗幟等醒目的標記，讓神靈來辨識；三、製作神轎，以安放神靈，並抬著神轎巡行，以嚇退周邊虎視眈眈的魔鬼惡靈；四、人神共食，最後與神靈共享祭供神靈的食物。日本的「祭」慢慢演變成大致具有上述四種內容或程序的儀典。

由此看來，日本傳統的「祭」與祭祀神靈和稻作文化緊密相連，或者說，這兩者的結合是其基本起源。另外，傳統的祭祖思想也形成另一種「祭」。對先祖先靈崇拜的思想在世界上普遍存在，道教思想中有所謂「三元」的說法，即上元、中元和下元，其中七月十五的中元慢慢演變為祭祀祖先的日子，而又與隨佛教傳來的印度「盂蘭盆會」習俗交雜，在日本變成一種獨特的載歌載舞、祭拜祖先、感謝長輩鄰里的「祭」，這一天現在改為陽曆八月十五日，全國放假。

日本「祭」的內涵實是紛雜多元，既有傳統的神道思想，也有中國的稻作文明和道教、佛教思想混雜其中，是個多種元素組合而成的集合體。時至今日，「祭」文化已在日本全國遍地開花，差不多演變為民間節日，幾乎每個大一點的地區都有富有民族和地域特色的「祭」，與本地歷史和文化相連接，成了一種凝聚日本人精神的文化紐帶，早年嚴肅的意味已逐漸淡化，莊嚴肅穆的氣氛大多被歡樂祥和的情緒所取代，它更已成了日本人的一種文化認同。他們覺得能真正融入其中，才是合格的日本人。雖然中國或世界各地也有類似的存在，但最後演變成如此具有固定的程式、並推廣至全國各地、有全民參與的「祭」，還真是日本獨有的文化。

日本形形色色的各種「祭」，具體有怎樣的活動、怎樣展開呢？以京都為例，來看幾個代表性的「祭」。

京都四季共有大大小小的「祭」一百四十個左右，舉辦者大都是神社和寺院，當然會有一些贊助商。最著名的就是具有全市規模的三大「祭」：葵祭、祇園祭和時代祭，我去看過其中兩個。

葵祭的緣起據說是源於欽明天皇為了消除荒年和流行疾病，而舉行的避凶趨吉祭祀活動，曾中斷多年，江戶時代才重新復活，後來時斷時續，今天的模樣是一九五三年展現的，已完全成了平安時代的文化展示，由京都著名的下鴨神社和上加茂神社[34]發起舉行，整個形式就是隊列的巡遊，由五百人組成，一起參與的還有三十六匹馬、四頭牛，亮點是一輛名為「御所車」的牛車，車頂部裝飾著下垂的紫藤花（葵桂），所有參加巡遊的人都身穿平安時代的服飾，與唐代服飾非常相近，華彩絢麗。上午十點舉行儀式之後，隊列從京都御所出發，向東北的下鴨神社行進，抵達後舉行「社頭之儀」，宣讀祭文，向神靈供奉物品，再從下鴨神社向上加茂神社行進。

在御所舉行儀式以及整列出發的將近一小時內，可購買入場券坐在觀賞的席位上，票價從二千七百～七千日圓不等。那天，我主要觀看下午從下鴨神社出發的巡遊隊列，從下鴨本通（路名）追到北大路通，已有些炎熱的初夏陽光下，隊伍緩緩甚至有些懶懶地行進在街上，兩邊多為外地或外國的觀光客。感覺上只是讓人領略一下令人恢復的部分平安時代貴族文化。

每年七月舉行的「祇園祭」大概是全日本最出名的「祭」，據說是八六九年清和天皇為了消除流行疫病，鎮平牛頭天王作祟，發動這樣一場大規模的祭祀，從一五〇〇年開始形成如今的儀式，由八坂神社主辦，高潮在七月十七日和二十四日兩場，亮點是製作華麗考究名為「山矛」的巡遊彩車，伴隨著悠揚的笛聲、清脆的鐘鳴聲和有節奏的鼓聲，隊伍在市中心的四條通上向八坂神社緩緩行進，整個祇園祭有許多故事和講究，這裡無法具體展開。它已成了京都夏日最亮麗的一道風景，每年都會吸引十幾萬觀光客來捧場，已被聯合國科教文組織列為世界無形文化遺產。

還有一個是秋天舉行的「時代祭」，以平安神宮為中心，展示從平安時代至明治時期的日本各種文化形態。

東京自然也有許多「祭」，如今最富魅力的，大概是每年夏天的煙火（日語稱花火）燃放，著名的有隅田川花火大會、多摩川花火大會、東京灣花火大會等，有些起源於江戶時代，大多興盛於戰後，成了夏日東京最動人的風物詩。當然其他各地都有花火大會，到了夏天，東北地區的「Nebuta祭」（睡魔祭）也會吸引眾多本地人和外來觀光客，而德島地區的「阿波舞」則成了「盂蘭盆節」的一種代表性舞蹈，熱烈歡快又富有節奏的男女共舞，可說是前近代的一種街舞吧。不過，所有的「祭」中，人們穿的服飾都是傳統的，演奏的音樂也是傳統的，換句話說，是非常日本的。

總之，由最早的祭祀神靈、供奉祖先、消災祛病的莊嚴肅穆的「祭」，演變成如今民族性、地域性的民間節日，其源頭自然有匯聚各種文化因素的日本傳統做根基，但如今更多已成了一種大眾娛樂形式，人們透過參與和互動的方式，表達對「祭」所體現的日本文化的身分認同或身分確認。

---

33 或許是傳入的人念白字，把「祭」看成了「蔡」，讀成和蔡一樣的發音。

34 日語中，鴨和加茂的發音一樣，是同一個神社體系，如今已被列為世界文化遺產。

日本飲食：和食的前世今生

第89講 日本人竟然一千多年不吃肉

說起來真讓人難以置信，歷史上，日本人竟然有很長一段時期不吃肉，不是幾十年或幾百年，而是一千多年！這一事實不要說外國人不知道，連大部分日本人也不清楚。

世界上信奉伊斯蘭教的人因為宗教的原因，不吃豬肉，印度大部分人信奉印度教，因此不吃牛肉，但是伊斯蘭教的人吃雞肉和牛肉，印度人吃雞肉和豬肉，但是日本人卻在長達一千多年的歷史中，幾乎什麼肉都不吃。是什麼原因呢？宗教？對了，是佛教的緣故。

簡單地回顧日本人的飲食史。以稻作為主體的農耕文明從中國大陸傳到列島之前，島上的人主要透過狩獵、採集和捕撈方式來維持生計，也就是吃大自然中現有的東西，以當時的手段，獲得的食物很有限，因此人口增長非常慢，據考古學家和歷史學家推測，那時日本列島的人口大概就二十幾萬。

大約二千三百年前，從中國大陸南部以及經由朝鮮半島南部，由移民帶來以水稻種植為主的農耕文明，加上日本是個島國，四面環海，島上也有不少湖泊、江河溪流，從海水和淡水中獲得的食物占了較大的比例，於是慢慢形成「稻米加魚類」的基本食物結構。說起來比較奇怪，列島上一直沒有建立大規模的家畜養殖體系，零星的養殖應該有，但吃肉並不普遍。日本多山，植被又茂密，適宜野生動物的生長，比如像野豬、鹿、熊、猴子等，繁殖率都比較高，因此成了人們狩獵的對象。養的牛一般用來當作耕牛，食用的不多，而羊的養殖也一直很少。總之，早期日本人的食物結構一般以稻米和魚類為主體，肉食依然是有的。

不過，那時生產力很低，日本又是以山地為主的國家，稻米產量並不多，還要種植其他雜糧，諸如小麥、蕎麥、黃米等，白米飯一直被看作好東西。而魚鮮呢，日本是島國，周邊海產當然很多，但是一來以前的捕撈技術有限，船都很小，不可能出遠洋，捕獲量也不算太多，二來是物流倉儲的水準和今天不能比，沿海的鮮魚等根本無法運到幾十公里以外的地方，冬天還好些，夏天不到一天就可能發臭了，那時除了漁民和小部分沿海居民可以吃到新鮮的魚蝦外，很多都製成鹹魚或魚乾，便於儲藏和運輸。八～十世紀時，日本在奈良和京都建都，王公貴族都住在那裡，他們也很少吃到新鮮的魚蝦，日常就是鹹魚和魚乾，有時不遠處的琵琶湖裡捕到鮮魚，地理上不太遠，可以嘗嘗鮮，不過那是河魚，不是海鮮。王公貴族的日常飲食也不過如此，更不用說一般小民了。

本來食物的種類就不算太豐富，結果，六世紀中葉經朝鮮半島傳來的佛教，最後竟然導致日本人一千多年基本上不吃肉的歷史。具體是怎麼回事呢？

其實佛教並沒有禁止教徒吃肉，只是禁止殺生。僧人的食物大多是化緣得來，施主給什麼，就吃什麼，原本沒有特別的禁忌。較早禁止佛教徒吃葷腥的是南朝梁武帝蕭衍，做為虔誠的佛教徒，他強烈主張禁殺生和肉食，曾撰寫〈斷酒肉文〉六首，在文章中引用《涅磐經》中的話：「迦葉，我今日制諸弟子不得食一切肉。」出於對眾生的慈悲心，梁武帝堅決宣導素食，還動用權力懲罰依然肉食的佛教徒，「若云食菜為難，此是信心薄少。若有信心，宜應自強，由決定心，菜食何難！菜蔬魚肉，俱是一惑。心若能安，便是甘露上味，心若不安，便是臭穢下食。」梁武帝率先示範，每天只吃一食，內容只是「豆羹粗糲」而已。不過，梁武帝時期，禁止肉食僅限於佛門，未延及一般民眾，因此在佛門之外，對一般人的飲食生活並未產生重大影響。

日本的情形就不同了。從七世紀末開始，連續幾任天皇都成了虔誠的佛教徒，嚴守佛教的「五戒」，即不殺生、不偷盜、不邪淫、不妄語、不飲酒。五戒中首要就是不殺生。六七三年篤信佛教的天武天皇即位，即位之前，他曾一度出家到吉野做僧人，登基後，在全國廣播佛教。有感於佛教五戒中的不殺生，六七六年下令全國禁止肉食，「詔諸國曰，自今以後，制諸漁獵者，莫造欄阱，及施機槍等之類。亦四月朔以後，九月卅日以前，莫置隙遮、梁。且莫食牛馬犬猿雞之肉，以外不在禁例。若有違者罪之。」意思是，狩獵捕魚者今後不可設置陷阱，不可用投槍或各種機關來獲捕獵物，自四月至九月期間，不可設置梁等水中阻攔物。詔書中禁止食用的牛、馬、犬、猿、雞都是與人非常親近的類似家畜（除了猿），而其他則不在禁食之列，換言之，山林中捕獲的野生動物並不在禁止行列，河海湖泊中捕撈的水產品也不視作有生命之物。詔書中說「違者罪之」，未明言如何定罪，做何等處罰。由此看來，與我們所理解的禁止葷腥（即一切動物）還是有頗大的差異。

奈良時代聖武天皇更是深深皈依佛教，他在七三七年下令禁止屠殺禽獸，但效果並不顯著，於是七四三年正月再下詔書，規定自該月十四日開始，七十七日內禁止殺生並嚴禁一切肉食。但天皇的權威似乎有點不夠，之後七四五年九月再次發布詔書，規定三年內禁止捕殺一切禽獸。

奈良時代中後期即位的孝謙天皇是女性，也信佛，主張禁止殺生，她的任內也曾下詔禁止殺生和肉食。自七世紀後半期至八世紀中後期，幾乎歷代天皇都一再下令禁止肉食，雖然開始時民眾不願遵守，才有屢屢下達禁令的記載，但經過信佛的歷代天皇一再努力後，至少在王宮貴族的飲食中，四腳動物基本絕跡，偶爾會有少量的飛禽，京城內也不再有任何肉類的交易，在奈良和京都東西兩市的食品交易品目中，沒有出現任何肉類名稱。

當然，京畿之外，尤其是居住在山林地帶的民眾，未必嚴格遵守皇家禁令，還會在山林中獵捕野豬和山鹿等野生動物，偷偷食用，做為滋補身體的藥膳，但耕牛肯定在被禁食之列，而且家畜的飼養一直沒有發展起來，自奈良以後直到近代以前，肉類原則上從在日本人的飲食中消失了。指出這一點非常重要，它將決定傳統日本飲食的基本性格，這一點與世界上絕大多數的民族不同。

好在沒有禁止魚蝦類，日本人的蛋白質攝取還可以從魚蝦中獲得。天上的飛禽也不在禁止之列，只是數量畢竟很有限。

有意思的是，實行禁肉令的奈良和平安時代，曾在宮廷中短暫出現牛乳和乳製品。牛乳和乳製品應是從西域傳過來，中國大概從漢代開始，有接受牛乳和乳製品的歷史。據文獻記載，日本的這一情形是從中國帶過來的。七世紀後半期，宮廷裡開設奶牛場，主要供皇室成員飲用，再逐漸擴展到貴族和地方豪族，當時已不是直接飲用生乳，而是與今日一樣，煮沸之後才飲用，也許，當時的人已具有消毒殺菌的意識。每天供給天皇的牛乳量是三升一合五勺，遠高於一般日本人的飲用量。這一飲用習慣一直延續到平安末年，不過，一般民眾恐怕很少與此有緣。

當時沒有冷藏技術，新鮮牛乳很容易變質，經反覆燒煮後形成的酪受到歡迎。「酪」這一詞語在古辭書《倭名類聚抄》中有記載。酪比牛乳易於保存，富有營養且易消化，只是成本很高，產量較低。奇異的是，平安時代以後，牛乳和乳製品便從日本消失了，直到十九世紀中葉以後，隨著日本國門的開啟，才與其他西洋飲食一起重新回到日本人的餐桌上。

第90講 傳統日本料理的完成

今天認為的傳統日本飲食，歷史並不悠久，完成於大約三百年前的江戶時代中期，而且主要在江戶這個地方。大家耳熟能詳的刺身、壽司、天婦羅、烤河鰻、烏龍麵、蕎麥麵，也是在江戶時代才呈現出今天的姿態。主要原因大概有如下幾點：

第一、政局相對穩定，社會較安定，未發生大規模的戰爭，可說是日本歷史上最為安定的時期。奪取政權的德川家族為了有效地維持統治，將全國分為若干個藩，德川幕府為了控制這些大名，一六三四年要求各大名將妻兒移居到江戶做為人質，於是江戶城內出現眾多常住群體，城市擴建，各種工匠、商人紛至沓來，造成江戶城市的繁榮，最終促進了日本飲食業的發展。

第二、政治、經濟和文化中心的東移。在德川家族的經營下，江戶雖然經歷多次毀滅性火災，但十八世紀末已從偏遠的小邑發展到人口將近一百五十萬的大城市，產生比大阪更為繁盛的市民文化[35]，江戶文化的特點有非常濃郁的庶民色彩，在飲食文化表現得尤其明顯。很多日本式傳統食物，最初都是街頭食攤上的小吃，之後逐漸登入大雅之堂，經改造和修飾後，成了高級料亭「獻立」（菜單）中的招牌菜。

第三、醬油的出現和砂糖的普及。日本大約在十六世紀末有了醬油的萌芽，十七世紀中期開始有規模的釀造，然後逐漸在全國普及開來。下面講到的幾種食物調料或佐料主要都是醬油，因此離開了醬油，後來的日本料理就無法成立了。另一個是砂糖，最初在奈良時代自中國傳入，但數量極少。十六世紀末至十七世紀，日本透過貿易從中國和荷蘭進口砂糖，到十八世紀，日本在琉球開始自己製作砂糖，兩者相加，砂糖進入一般人的餐食，與醬油等一起，最終形成大家所熟悉的日本料理口味。

例舉幾個人氣很高的日本料理代表性品類。

【壽司】現在壽司差不多成了最典型的日本食品，人們一看見壽司或瞥見壽司兩字，立即會聯想到日本料理。最常見的大概是一個小飯團蓋上一片魚或蝦的壽司，就是常在「迴轉壽司」店看到的那種，日語稱為「握壽司」。一般人也許以為日本人自古以來就是吃這些食物，其實，這類壽司的歷史不過二、三百年，也就是說，江戶時代中後期才誕生的。

權威性詞典中，壽司的正確寫法應是「鮨」，壽司店中，這個詞很常用，更古一點的寫法是「鮓」，現已不多見，但其發音都是sushi。最初是一種米飯與醃製的魚疊放在一起的發酵食品，南北朝時後魏賈思勰《齊民要術》卷第八中有一節「作魚鮓」，詳細地記述這一類早期壽司的做法，這一做法完整地保留在日本琵琶湖周邊村民用鯽魚製作的「フナ壽司」中，只是如今成本太高，食客日益減少，正瀕臨滅絕狀態。

在長期的演變和改良之後，十八世紀的大阪一帶出現一種新型的「押壽司」，又過了一百多年，在多次嘗試和改進之後，一八二〇年前後，江戶市內誕生壽司中最具有代表性的品種——握壽司，做法是將上好的白米蒸煮之後，盛在淺口、不上任何油漆的木桶內，在尚未冷卻時用白醋拌勻，隨即由熟練的師傅將這些米飯快速地捏成一個個橢圓形小飯團，其間在飯團內加入一點點山葵泥[36]，最後加上一片生的或熟的魚片或蝦片等（日語稱ねたNeta），可蘸上一點醬油吃，一般是一口一個。用作Neta的主要有雞蛋燒（一種日本式幾乎不用油的攤雞蛋）、鮪魚刺身、大蝦、銀魚、穴子（anago，星鰻，一種類似河鰻的海魚）等，如今的Neta還有海膽、鯛魚、鮭魚、秋刀魚乃至於鮑魚等，其中以位於魚腹部、脂肪肥腴的鮪魚為珍品。

除了「握壽司」，還有許多壽司品種，一種叫「壽司捲」，把黃瓜條、雞蛋或其他食物用紫菜捲起來切成一段段，另一種叫「稻荷壽司」，在煮成甜味的「油揚」（類似油豆腐，但大得多，形狀有長方形或三角形）中塞入用白醋拌和的米飯，飯內有切碎的牛蒡、胡蘿蔔、木耳等。

【刺身】經常被叫做生魚片，其實刺身的食材完全不限於魚，也可以是蝦、蟹、貝類等。我們熟悉的刺身通常是蘸著醬油和山葵泥吃，其實這樣的吃法歷史並不悠久，形成於江戶時代。刺身的前身是鱠，就是把魚肉（包括一部分其他肉類）切成細絲，拌上佐料後食用的一種食品。鱠這個字在遠古的中國文獻中就有了，日文漢字應該也是從中國傳來，但日本人有自己的念法，念作Namasu，換句話說，這種食物在日本原本就有。起初，刺身和鱠之間較大的區別在於鱠是魚絲，而刺身則是魚片或魚塊，調味料有生薑醋，用木魚花（柴魚片）和梅乾、炒鹽和酒熬製的「煎酒」，用菠菜汁和醋、甜酒、鹽等拌合的「青醋」等，與早期的鱠有點相近。請注意，江戶時代初期的刺身調味料中，還沒有醬油，也未必使用山葵泥。十八世紀以後，醬油和山葵泥逐漸取代生薑醋等，到了十九世紀，刺身所用的材料、調味料和裝盤形式漸漸定型，形成與今日相近的刺身料理。

刺身的製作有三大要領，第一材料要新鮮，這是決定刺身是否美味的關鍵。最佳的自然是捕上來後當場食用，若要從甲地運送到乙地，一般不能冷凍，而是用冰塊低溫保鮮，才能保證魚蝦的肉質鮮嫩而富有彈性。第二是刀工，厚薄大小，形態整齊，都會因其視覺效果直接影響到食欲，因此在日本料理中，刀工極其講究。第三是擺盤，這是使食物上升到藝術品的重要環節，盡可能使其形狀高低錯落有致，顏色搭配美麗協調。集中體現日本人的審美意識。後來肉食開禁之後，有用新鮮的牛肉和馬肉做的刺身，味道也很鮮美。

【天婦羅】材料主要是蝦虎魚（吻仔魚）、沙鑽魚等產於江戶灣的小魚，和大蝦、目魚等魚蝦類，和番薯、茄子、南瓜、香菇、胡蘿蔔、藕片等蔬菜，將其切成薄片，小魚和蝦去頭，然後裹上麵漿，放入油鍋內炸，炸成淡金黃色後撈起，瀝乾油，放入墊有白紙的竹編容器內，蘸調料吃。這調料是專為「天婦羅」做的，成分是味醂（日本甜酒）三分之一，醬油三分之一，「出汁」（用海產物熬製的高湯）三分之一，食用時放入蘿蔔泥調勻即可。

「天婦羅」的來歷據說是十六世紀中葉葡萄牙傳教士初入日本，在長崎街頭做油炸食物，當地日本人見了便詢問此為何物？因語言不通，在紙上寫了Tembero幾個字，後來發音訛傳為**Tempura**。這傳說不知確切與否，但油炸的做法是那時傳來的。天婦羅一開始只是一種大眾食品，後來漸漸登上大雅之堂，成了日本料理的代表品種之一。

【烤河鰻】日語稱為「うなぎの蒲焼」。據飲食文化研究家渡邊善次郎的研究，將河鰻剖開後去頭剔骨、抹上作料汁的「蒲燒」形成於十八世紀。直到今天，「蒲燒」仍有關西（京都、大阪一帶）和關東（東京一帶）的不同烹調法。關西是將河鰻從腹部剖開，去頭尾，剔除大骨和邊刺，切成長約五寸的段，用一根鐵籤子串起來放在炭火上烤，第一遍稱為「素燒」，即不抹任何調味汁，烤至半熟，再在兩面抹上作料汁（日語稱為Tare），烤至將熟時，再抹上一遍作料汁。河鰻肥腴，烤的時候不斷「滋、滋」滴下油，走過「鰻屋」（烤河鰻的店鋪），遠遠就可聞到一股香味，勾起人們的食欲。而關東的做法則是將河鰻從背部剖開，切段後用四根鐵籤子串起來烤，烤至半熟時放入蒸鍋內蒸熟，再取出抹上作料汁，放在炭火上烤出香味。就烹調法而言，關西的在前，關東的在後（形成於十九世紀上半葉）。

現在可說是「東風壓倒西風」了，有兩個原因。關西的烹調法只是烤，烤河鰻肉質偏硬，且油脂過多（但關西人覺得這樣才能保留原汁原味），而蒸過一次以後，脂肪部分大抵已經消除，更合現代人的口味，且這種做法，烤成後肉質比較肥嫩。故關東式「蒲燒」屬改良型，更受食客歡迎，迅即風靡全國，現在日本的「蒲燒」大都是關東烹調法。另一個原因是關西多山地，溪流湍急，捕得的河鰻少泥土氣，而關東多平野，河流平緩，河鰻多泥土氣，蒸過一次後，泥土氣大減，滋味更鮮腴。

還有日本的麵條蕎麥麵和烏龍麵，最終也在江戶時代定型。因篇幅關係，簡單說到這裡。

35 日語稱為庶民文化或町人文化，前面講到的通俗小說、歌舞伎、浮世繪等基本上都屬於這一類。

36 華人一般稱為芥末，其實是兩種異質的東西。

第*91*講 洋食的進入打破肉食禁令

神戶牛肉，或被稱為「和牛」的日本牛肉，已成了全世界最高級牛肉的代名詞了。可是八世紀到十九世紀中葉的一千多年中，由於佛教的關係，日本人基本上是不吃肉的。和牛如今那麼有名是怎麼回事呢？

一八五四年一月，美國東印度艦隊司令佩里（M. C. Perry）海軍準將率領七艘軍艦打開了日本的國門，一八五八年，江戶幕府被迫與英、法、俄諸國簽訂通商條約，橫濱、神戶、函館等港口對外開放，西洋勢力以各種形式登陸日本，「鎖國時代」正式宣告瓦解，明治以後，更是主動吸納西洋的物質和精神文明，洋人大批來到日本。

時代轉變以及如此眾多來自西方的外國人登陸日本，不僅給日本的政治社會和經濟社會帶來巨大的變革，也使得日本人的飲食生活發生重大的變化。十九世紀時，歐美的資本主義已經成熟，農業經濟、近代釀酒業和食品加工業已發展到相當的水準，西方人來到日本，西自長崎，中部有神戶和橫濱，北部至函館，可謂全方位登陸，更加上已有部分日本先進分子走出列島親自體驗西方的生活，這一切都決定了明治時代以及爾後的大正和昭和時代在日本人的飲食生活中所造成的變化，將不再是局部、表層的，而是根本性、甚至帶有革命性的嬗變。這一嬗變主要體現在如下幾方面：

一、飲食內容的變化。其中最大的變化便是將肉類（尤其是以前完全禁絕的牛肉、豬肉、雞肉等）全面導入日本人的飲食中。其他諸如乳製品、麵包、葡萄酒、啤酒以及各種新型的蔬菜，陸續進入一般日本人的生活中。

二、烹飪方式的變化。原本日本沒有的煎、炒、燉和西洋式用烤箱進行的烤，以及大量來自西洋和中國的炊具，開拓和改變了日本人傳統的烹調方式。

三、飲食方式的變化。日本人早先「銘銘膳」的一人一份餐食、沒有桌椅的用餐方式，逐漸改變為使用桌椅或小矮桌的方式，食用西餐（現代日本非常普遍）時，使用西洋式刀叉。

四、調味料上的變化。食用油、辣椒、咖哩、乳酪、花椒、砂糖等以前使用不多或從不使用的調味料普遍、大量地使用。

一切變化的最終結果，便是導致日本飲食在內涵上的豐富和外延上的擴展，而日本文化本身的積澱也將外來飲食漸次日本化，注入日本文化的因素，使日本飲食文化在繼承傳統的基礎上，呈現出令人驚異的新面貌。

西洋食物進入日本列島後，最大的衝擊就是始於奈良時代的肉食禁令瓦解。肉食的進入對於傳統的日本飲食而言，無異於一場革命。其過程充滿有趣的波瀾。

出生於一八六四年的石井研堂在一九四四年完成一部大著《明治事物起源》，書中有段記載：一八六二年，有個在橫濱開居酒屋名為伊勢熊的店主，看著外國人吃牛肉，也想開一家牛肉店，便與妻子商量，妻子聽後大驚，答曰：如果這樣的玩意兒也可以做買賣，那我就與你分手吧。後經人調停，決定將原來的居酒屋一分為二，一邊做為普通的飯館，由妻子經營，另一邊則開設牛鍋屋，由男主人打理。嘗過牛肉美味的顧客，漸漸匯聚到男主人那邊，生意日趨興隆，妻子見此，索性拆了中間的隔離。這段故事未知真實與否，一八六二年時是否已有日本人開的牛鍋店，現在無法細考，不過卻反映了一種人們對新事物將信將疑的時代風氣。一八七一年，被闢為對外通商口岸的神戶，也開出第一家正式以外國船員為顧客的牛肉屋「大井」。京都府勸業場於同年在全國率先創建一家畜牧場，以後在各通商口岸建起規模不一的養牛場等，以滿足對於牛肉的需求。不過一般民眾由於一千多年來的習慣，對於肉食還是反感，他們認為屠殺牛、馬過於殘忍，鮮血淋漓的場面讓人覺得汙穢噁心。

這時，輿論界大老福澤諭吉站出來說話了，他是日本最早具有西洋經歷的人士之一，其《西洋衣食住》是日本最早介紹西方飲食生活的書刊。以他的實際經歷，認為西洋諸國是日本仿效的楷模，而西洋諸國之所以強大，其原因之一是人種高大，而西洋人種高大乃在於吃肉和喝牛奶。一八七〇年，他在自己主持的《時事新報》上發表著名的〈肉食之說〉，從營養的角度，慷慨激昂地論述日本人肉食的必要性，並駁斥以往認為屠殺牛、馬殘忍的說法，因此前的日本人也屠殺鯨魚、活剖鰻魚，同樣鮮血淋漓，為何沒有「汙穢」的感覺？屠殺牛、羊與此無異。福澤諭吉當時已是頗有影響的啟蒙思想家，他的鼓吹應該有相當的感召力。

比起民間輿論，官府的政策和做法更為有力。其中最具號召力的是明治天皇率先示範。其實，日本上層早已知曉肉食的益處，宮內省自明治四年（一八七一年）十一月起，就為明治天皇的每日膳食配入兩次牛奶。一八七二年一月二十四日，在明治政府官員的鼓動和安排下，時年二十歲的明治天皇為了獎勵肉食，對負責宮廷膳食的膳宰下令，這一天試食牛肉，並透過《新聞雜誌》等媒體向全國報導此事，透過天皇親自食用牛肉，向全國昭示自天武天皇開始實行的肉食禁令正式撤銷，民眾從此可以自由吃肉，不再有所忌諱。

令人驚訝的是，一八七二年四月，政府還頒布公告准許僧侶吃肉、蓄髮、娶妻，寺院竟然推翻佛教的戒律。同時，為了增強軍隊將士的體力，一八七九年，率先在海軍中將牛肉定為營養食物。在政府當局的推動下，食肉風氣逐漸在全國蔓延開來。

一八七〇年左右，橫濱、東京等街頭陸續出現面向大眾的「牛鍋屋」，供應的牛肉是用肥肉在鐵鍋底部熬出油脂，再將切片的牛肉放入鍋內煎，烹上醬油，撒上蔥花即可食用。這樣的「牛鍋屋」當然不能算西餐館，但與傳統的日本料理屋也迥然不同，最大的差異是之前被禁食的牛肉成了主角。至一八七五年時，東京已有牛鍋店七十家，兩年後（一八七七年）猛增到五百五十家。

日本食用牛的飼養歷史雖然十分短暫，卻在各地陸續出現口碑甚佳的地方牛。其中聲名卓著的首推神戶牛。神戶在一八六七年開埠，以後逐漸有外國商船進出，形成外國人居留地，神戶也是西洋餐館開設較早的地方，對於牛肉的需求產生了當地牛的飼養業和屠宰業。當時供應市場的牛主要是飼養在六甲山北麓三田地區的但馬（現與神戶同屬兵庫縣）牛。這一地區生產米酒，釀酒時在碾米加工過程中會產生大量細糠，此外還以製作凍豆腐出名，在豆腐製作中也會產生大量的豆腐渣，都為牛的飼養提供豐富的飼料，因此當地出產的牛肉質細嫩，肥瘦得當。

當時這些牛大都在神戶屠宰或透過神戶港運往外地，一般都稱為神戶牛，早在一八七二年，居住在神戶一帶的外國人就交口讚譽神戶牛堪稱世界第一，於是聲名日漸隆盛，名播遐邇，其實並非都是神戶本地產的，如同上海附近的陽澄湖大閘蟹，在日本名為「上海蟹」一樣。時至今日，日本各地都有相當不錯的食用牛，近江牛、松阪牛，熊本、佐賀等地都有口碑甚佳的上等牛肉，後來索性統稱為「和牛」了。

第92講　中華餐食在日本全面登陸

一九九一年第一次去日本時，街頭到處可見中國菜館的招牌，心想，中國文化的力量到底強大，日本人不僅用漢字，吃的也是中國菜，實際上是我的無知。日本列島最初的稻作文明是從中國傳過去的，飲食上受中國的影響自然是毋庸置疑的。但自從一千多年前歷代信佛的天皇宣導不殺生，並頒布肉食禁令以後，肉食豐富的中國食文化對日本的影響就很有限了，七百多年前的鎌倉時代，中國僧人的素食（日本稱為精進料理）陸續傳到日本，最著名的是後來的豆腐，但總體上，在漫長的歷史長河中，列島人民逐漸形成與其自然環境和民族文化相匹配的獨特飲食體系，其結果就是江戶時代最終誕生的傳統和食。然而到了近代以後，隨著西方文明迅速進入，肉食禁令被廢除，傳統和食經歷一場近乎革命性轉變，十九世紀下半葉開始，歷史悠久、體系完備、食材豐富、滋味絕佳的中國飲食再次征服日本人的味蕾，儘管那時日本人已開始看不起中國人，但在中國美食的超強魅力下，還是有些抵抗不住。

明治以後，中國人（尤其是東南沿海的）陸續登陸日本，主要集聚在橫濱、神戶等新興開放的港口城市，於是開了幾家中國餐館。一八七九年一月，東京築地開了一家中國餐館「永和」，這家餐館即便不是日本第一家正式的中國菜館，至少也是最早的中餐館之一。一八八三年，東京開了兩家中餐館「偕樂園」和「陶陶亭」。自幼在東京長大的日本名小說家谷崎潤一郎在發表於一九一九年的隨筆《中國的料理》回憶道：「我從小就一直喜愛中國菜。說起來是因為我與現時東京有名的中國菜館偕樂園的老闆自幼即是同窗，常去他家玩，也常受到款待，就深深記住了那兒中國菜的滋味。我懂得日本菜的真味，還在這以後，和西洋菜比起來，中國菜要好吃得多。」

不過，直至二十世紀初期，中國菜在日本的影響仍然非常有限。一八九三年，橫濱的外國人居留地已有大約三千三百五十名中國人，中國人集聚區內，自然也開了幾家中國餐館，但明治中後期日本人開始歧視中國人，甲午一戰日本打贏後，在中國人面前更加趾高氣昂，日本人都羞於與中國人（尤其是橫濱一帶的下層平民）為伍，除了有搜奇獵異之心的少數人以外，一般人都不願意光顧開在橫濱中華街（初時稱唐人町，後改稱南京街）上的中國館子。

大正年代（一九一二～一九二六年）是中國菜在日本真正興起的時期。橫濱的中華街上大約有七家中國菜館，這一數字與現今的規模自然不可同日而語，但在當時也頗成一點氣候，除了當地華人外，也常有日本人光顧。一九一七年散發的廣告單上，可以看到一些菜餚品項：炒肉絲、炒肉片、咕咾肉、炸肉丸、芙蓉蟹、青豆蝦仁、叉燒、炒魚片、伊府麵、雞絲湯麵、福州麵、什錦炒麵、火腿雞絲麵、叉燒麵、叉燒米粉、叉燒雲吞、蝦肉雲吞等。從這些名目可以判斷當年橫濱南京街上的中餐館，供應的大都是廣東、福建一帶的食品，因為當年居住在這一地區的多為閩、粵一帶的移民。從品目來看，並不是一些面向販夫走卒的廉價食物，今日依然是較有代表性的南方菜餚。雜誌上出現介紹中國菜的系列文章，剛問世的電臺廣播也有講授中國菜做法的節目。據一九二五年出版木下謙次郎《美味求真》的統計，東京市區（包括附近鄉鎮）共有日本料理店近二萬家，西洋菜館五千家，中國料理千餘家，兼營西洋料理的一千五百家。這個統計未必準確，但大致可看出概貌。一九二八年，將一九二七年二月至一九二八年一月在電臺中播放的「每天的料理」節目整理而成的書刊出版，名為《電臺播送・每天的料理》，從目次來看，日本料理為一百八十一種，西洋料理為三十五種，中國料理為十八種，比例雖然不很高，不過一九二〇年代，中國飲食在日本慢慢普及了。

要特別說的是，一九三二年，東京目黑開了一家名為「雅敘園」的中餐館老闆細川力造，覺得中國式圓桌面太大，坐在這一端的人要夾那一頭的菜很不方便，便與常來吃飯的一位工匠和開五金店的老闆商議能否有良策。受到金屬墊圈的啟發，三人經過琢磨之後，發明一種在圓桌面上轉動的內桌面。從此，這樣的圓桌逐漸在日本的中餐館傳開，之後傳到海外，最後又傳到中國本土。

戰後中國飲食對日本的影響，基本上是延續戰前的情勢，但與戰前相比，有兩個較明顯的特點。一是在普及程度上較戰前大為進步，另一是上流階級所享用較精緻的中餐菜餚在戰後日本確立了自己的地位，並藉此相應提升中國飲食的形象。戰爭剛結束時，日本在食物上陷入極度的困境。其時有數百萬從中國撤離回來的軍人和僑民，為了營生，有部分人利用在中國期間學會的中餐烹飪技藝和當時相對較容易獲得的麵粉，在黑市市場上開設小食攤或簡陋的飲食店，藉此謀生。餃子就是這時傳開的。餃子之類的中國北方大眾食品，大概是戰後才廣為日本人所知曉。餃子在今日本已是一種極其常見的食品了，即便如此，日本街頭雖隨處可見各色麵館，但幾乎沒有一家純粹的餃子館，餃子大都只是躋身在中國風飲食店裡。

日本所謂的餃子，極少有水餃，也少有蒸餃，一般都類似江南的鍋貼，就是煎餃，但與中國煎餃又有不同，基本上都是機器做的，大抵皮較薄，沒有一點韌勁，內餡是白菜中加一點肉，大都是淡淡的，沒什麼滋味。說是煎餃，卻沒見過煎得焦黃脆香的。蘸的醋，沒有米醋、沒有鎮江醋、沒有老陳醋，只有毫無香味的白醋。但不少日本人卻吃得有滋有味，下了班，在小館子裡叫上一瓶啤酒，一客煎餃，悠然自得地自飲自酌。超市裡有賣各種蒸熟的煎餃，買回家在平底鍋上煎熱就可食用。價格很低廉，但味道說不上好。至於餛飩，又在餃子之下。餃子在一般中華料理店或麵館裡都有賣，餛飩則非去中國南方人開的飯館不可。

戰前日本雖然已有不少中國餐館，但大都是中下階級的營生，滋味雖然不壞，但並無高級的感覺。一九四九年以後，中國一些名廚隨主人一起離開中國大陸東渡日本，使日本的中華料理上了一個臺階。當今餐飲的流行趨勢是，各種幫派和地域特色的界限愈來愈模糊，日本的中國菜尤為明顯，日本中國菜的歷史短，還沒有形成過真正有特色的各派菜系。恐怕沒幾個日本人聽說過淮揚菜，但幾乎人人都知道北京菜，於是在日本開的中菜館大都打出北京料理的旗號。

有一年在京都外國語大學訪問，主人帶我們走進一家當地頗負盛名的中餐館「桃花林」，我在進門處注意到一塊大牌子，上書「純北京料理」。端上桌的大拼盤卻是日本中餐館內千篇一律的模式：沒有鮮味的白切雞、日本式長長的海蜇皮、廣東叉燒、清淡的大蝦。接著上來的一道道熱菜幾乎與北京絲毫不沾邊。說是純北京料理，恐怕是徒有虛名。

日本的中國菜館缺乏菜系特色或地域風味，甚或中國味都很淡，我想應該不是這些菜館的過錯，因為它本來就是面向日本顧客，只要日本人覺得美味就可以了。某一地的文化移植到另一地，自然會隨不同的風土帶上當地的影跡，飲食既屬文化的範疇，其演變也是必然的了。

不過橫濱中華街的餐館，中國菜做得頗為道地。臺灣「鼎泰豐」開在日本的店家，小籠包堪與上海媲美。就我的經驗而言，新宿的「東京大飯店」來自臺灣和香港的人喜歡光顧，它們的菜明顯帶有南方風味，蔥薑焗蟹和菜心扒魚翅都做得很道地，這裡的侍者三分之二來自中國。與店堂闊氣的東京大飯店相比，另一家算是不入流的鄉村小館子，但我的記憶中留下的印象卻最為深刻，它有個好記的名字叫「美味館」，坐落在上田市近郊的千曲川南岸。只是一幢不起眼的平房，推進門去，迎面是一排桌面漆成紅色的吧檯式座位，上面掛了兩串用於裝飾的鞭炮，左面牆上一幅裝飾畫旁大大地貼著金色的「福」字，與一般日本料理店不同，貼在牆上的菜單用的是大紅紙，有一股暖暖的、喜慶吉祥的氣氛飄蕩在空氣中，彷彿走進中國小鎮的鄉村飯館，只是地面十分潔淨，店裡也沒有喧嘩聲。日本友人告訴我這家店是一對殘留孤兒的第二代開的，與店主聊天，果然是一口濃郁的東北口音，店裡的客人多為附近居民，有舉家開車來吃晚飯的，也有青年男女結伴而來，商務性應酬極少見，店主與客人大抵都熟了，店堂內一直洋溢著溫馨的家庭式氛圍。

一九六〇年代經濟高速成長時期之後，日本的餐飲業得到迅猛的發展，中國飲食趁著這一趨勢如雨後春筍般遍布日本的大都邑、小鄉鎮。如今，中華料理已與日本料理、西洋料理一起構成日本人今日飲食的三鼎足，日本人通常稱為「和洋中」。麻婆豆腐、青椒肉絲、回鍋肉成了最常見的中國菜，發音也是中文讀音。不僅是中國餐館遍布日本各地，更重要的是中國菜的調味和烹飪方法，已進入尋常日本人的家庭料理。

第93講 經濟起飛後的「飽食」時代

一九三八年以後，隨著日本對外侵略戰爭的全面展開，國內經濟日益窘迫，民眾的生活如江河日下，所有食物都實行配給制，到了戰爭後期，連勉強果腹都成了一種奢望。戰後，百廢待興，日本人又過了四、五年艱難的日子。

一九五五年，戰後恢復和重建，美國的援助、朝鮮戰爭的軍需刺激以及整個世界經濟格局的增長態勢，日本漸漸治癒戰爭帶來的重創，經濟水準和食物供應大致恢復，甚至超過戰前一九三七年的水準。一九五〇年以後，日本人的飲食逐漸擺脫戰爭期間和戰後初期的艱難狀態，一九六〇年代中期以後，更是逐步走向「飽食」時代。

由於美國奶粉大量輸入，日本的牛奶供應日趨好轉，一九五〇年二月，牛奶開始自由銷售。豬的屠宰數達到一百一十三萬一千四百四十九頭，已恢復到戰前的最高水準，牛的屠宰數也達到四十二萬八千七百三十五頭。一九五一年二月，開始在全國所有城市中實施小學午餐供應制度。啤酒屋等餐飲店陸續恢復，美國生活方式大流行的戰後年代，這樣的場所成了都市摩登的象徵，女性顧客大量增加，占總顧客數的八〇%，其中二十~四十歲的年輕女性占女性總數的九〇%，幾乎成了年輕女性的天下。

一九五二年，持續十三年的砂糖統制取消，實行自由買賣。一九五七年，人均的肉類消費達到四・三公斤，其中牛肉和豬肉各為一・二公斤，雞肉為三百克，火腿、肉腸為四百克，令人驚訝的是，鯨魚肉竟也達到一・二公斤，與牛肉和豬肉並駕齊驅，這大概是其他國家罕見的現象。（小菅桂子《近代日本食文化年表》，雄山閣，二〇〇二年，一九九頁）。由於副食日益豐富，白米的消費量呈現逐年減少的傾向。一九七二年，日本終於廢除實行長達二十六年之久的白米物價統制令。

戰後的日本，政治和經濟社會融入到西方世界，人們的生活方式愈來愈西化，明治時代在日本登陸的西洋飲食，戰後獲得空前的發展，各種最新的西洋消費方式很快傳到日本。一九五五年，日本好幾家食品公司先後推出義大利通心粉，於是義大利麵食在日本全面推展。這一年八月，美國人尼古拉斯・薩維蒂在東京的飯倉片町開了日本第一家披薩店「尼古拉斯」，當初的銷售目標是駐紮在六本木防衛廳附近的美國陸軍，但美國軍人並未成為生意的主顧，倒是吸引了不少日本年輕人來嘗鮮，由此打開局面，披薩在日本逐漸流行開來。

一九五六年四月，政府允許進口即溶咖啡，一九六〇年八月，日本老牌食品製造商「森永」推出三十六克裝、可沖泡二十二杯的即溶咖啡，售價二百二十日圓，隨即「通用食品」在十二月推出五十克裝、售價二百五十日圓的麥氏即溶咖啡，而實力更強的雀巢公司則推出享譽全球的雀巢咖啡，三家廠商互為競爭，紛紛在廣告上先聲奪人，一時形成即溶咖啡的熱潮，咖啡因此逐漸成了普通市民的日常飲品。

可口可樂在大正時代的一九一九年就已在日本現身，但那時是檸檬汽水的時代，顏色如同藥水的可口可樂受到冷落，但一九六一年，可口可樂公司憑藉強大的廣告宣傳和美國的影響力，以清涼爽口為賣點，再次登陸日本，迅速打開市場，從此，日本迎來可口可樂的時代。一九六五年十二月，可口可樂推出罐裝飲品，更便於自動販賣機銷售，銷量因此迅速上升，一九六九年，日本可口可樂公司的年銷售額達到二十六億日圓，成了當時第一的食品製造商。日本的「協同乳業」在一九五六年首次推出長方形紙盒包裝的牛奶，逐漸推廣開來，成了人們購買牛奶的主要容器樣式。

戰後曾有長達七年的美國占領軍駐紮，以及後來朝鮮戰爭爆發、日後美軍基地長期存在，日本成了美軍在東亞的重要食物供應地，一批面向美軍的蔬菜開始在日本大面積種植，比如西洋芹、綠花椰、用作涼拌的生菜等，隨著美國生活方式的廣泛傳布，這些蔬菜也受到日本人的喜愛，自一九五〇年代末起逐漸在一般民眾之間普及。

隨著日本經濟的飛躍發展，各色美國飲食行業紛紛打進日本市場，很大程度上也改變了日本飲食文化的內容。一九六九年，家庭餐廳風格的西餐連鎖店Royal Host在日本登陸。一九七〇年，美國最大的甜甜圈連鎖店與日本大企業西武餐飲，聯手在東京銀座開了第一家「甜甜麵包圈」。當年十一月，三菱商事與美國KFC合作，在名古屋開設日本第一家肯德基炸雞專營店。一九七一年，美國Mister Donut（甜甜圈先生）在大阪府箕面市開了日本第一家連鎖店。同年七月二十日，美國麥當勞在東京最繁華的銀座地區的高級百貨公司「三越」百貨一樓登場，吸引超過一萬人次的食客，每個漢堡售價八十日圓，這一天與麥當勞漢堡同時賣出的可樂達到六千瓶，當天銷售額創造一百萬日圓的紀錄，由於盛況空前，連店內的收銀機和製冰機都故障了。

之後又在東京代代木、大井町分別開了肯德基第二和第三家門市，至一九七九年三月二十四日，麥當勞在日本的銷售額突破一千億日圓，使用的牛肉相當於七萬八千九百頭。一九七三年，日本的住友商事、朝日麥酒與美國披薩連鎖店必勝客聯手成立日本必勝客，當年十月在東京茗荷谷開了第一家門市。同一年，美國連鎖飲食店Denis在日本開業，以後迅速在日本全國擴展，一九七七年，在千葉市幸町開了第一家二十四小時營業的門市，Denis便以二十四小時餐飲店著稱於全日本，並於一九八二年十一月在東京證券交易所第一部上市。至此，美國飲食業巨頭幾乎已敲開日本的大門，輸入食品的同時，也帶來美國人的生活方式。

戰前的西餐館，除了極少數是西洋人開的外，大都是日本人的仿製品，這些人大多只在洋人的手下跟過差或學過一點技藝，或按照烹調書如法炮製，或迎合日本人的口味，因此製作的西餐大多不怎麼道地。一九六〇年代中期，日本的法國菜和義大利菜經歷重新洗牌。這時，日本經濟已有了相當發展，歐洲的文化（尤其是法國文化）透過書刊、電影和時裝再次湧入日益富裕的日本。隨著海外留學和海外旅遊熱的興起，愈來愈多年輕人紛紛到法國和義大利等地，在有名的餐館苦學烹飪技藝，其時絕大多數西洋食物原料在日本都可輕易獲得，物質上已沒有什麼障礙。三五年後這些人回到日本，先後開了各色法國餐館和義大利餐館，又經日本人之手改良，使食物更為精緻可口。一九六〇年代末前後，各地如雨後春筍般出現一批相當具有水準的西餐館，從餐館的選址、店內環境和氛圍的營造、餐具的選用、菜餚的烹飪乃至各色洋酒的配用等，可謂煞費苦心。雖然這些現象主要出現在都市，但一九七〇年代中期，日本的都市人口已占總人口將近八〇%，意味著歐美的飲食文化已比明治、大正時期更為迅猛的態勢滲透日本人的餐桌了，事實上，今天不僅在霓虹閃爍的大都市，在天南地北的鄉村公路兩側，到處都可看到樣式新穎、時尚前衛的西餐館，以油炸、烘烤為主芳香撲鼻的西式食物，明亮時尚、摩登舒適的用餐環境，使用刀叉的西式用餐方式，它所改變的不僅是日本人的飲食內容，更是潛移默化地改變日本的飲食文化。

第94講　近現代誕生的新日本料理

之前講述江戶時代最終完成的幾種傳統日本料理，基本特點是沒有肉食，烹飪方式以生食、蒸煮炸烤為主，調味料是誕生不久的醬油、漸漸增多的砂糖以及用柴魚片和昆布等熬製的「出汁」。然而近代以後，國門打開，肉食開禁，各種東西方的元素紛至沓來，大大豐富了和食的內涵，擴大了它的外延，漸次形成以前從未見過的新品種，有意思的是，日本人不只是簡單地引入，而是把它日本化，形成以前沒有、列島之外也沒有的新日本料理。這裡大致按照問世時間順序，做個粗略的敘述。

【壽喜燒】這個詞基本上不寫漢字，只有假名すきやき（讀音Sukiyaki）。牛肉在明治初期傳入日本，但西洋人的吃法，日本人覺得不習慣，於是出現一種「牛鍋」的吃法，把牛肉和豆腐、大蔥等放在鍋裡煮，調料主要是醬油和味噌，吃牛肉的店一般稱為「牛鍋屋」或「牛肉割烹店」。大約大正中期（一九二〇年前後），較多出現了「すきやき店」的名稱，すきやき就是壽喜燒，做為一種經過日本人改良的牛肉菜餚大致定型。

最初的牛鍋或壽喜燒，關東和關西的吃法頗不相同。關東是將牛肉切成大薄片，另用醬油、糖、味醂、出汁等按一定比例煮成一種調味料，先將煮好的調味料放入置於爐火上的鐵鍋中，再放入切片的牛肉，熟了即可使用。早期曾放入切成段的大蔥，後來洋蔥普及後，大抵改用切成片的洋蔥。而關西的做法則是先將一些切割下來的脂肪部分放入加熱的鐵鍋內溶解，均勻塗抹在鍋內，再放入牛肉片，撒上砂糖，待糖大抵融化並滲入牛肉後，再淋上醬油，加入大蔥段。關西用來吃壽喜燒的鐵鍋，中間有個圓形的凹陷部分，用來放牛脂，讓融化後的脂肪自然蔓延到鐵鍋內。時至今日，關東和關西的區別已不再明顯，壽喜燒也有食品廠商製作的專門調味料。

我在日本曾吃過幾回，印象較深的是在仙台一位日本朋友家裡。桌子中間置放一個帶電源的不沾鍋，放入少許牛油，將切成方塊的老豆腐兩面煎黃，並將大蔥段或洋蔥片煎出香味，之後放入大片牛肉煎熟，澆上專門的調料，同時放入新鮮的香菇、切成細絲的魔芋（蒟蒻）。每人另備一個小碗，打入生雞蛋，將煎熟的牛肉從鍋內撈起後，蘸著雞蛋一起吃，這樣能使牛肉顯得更滑爽，也可減低燙熱的程度。雖然主要食材是外來的牛肉，但是輔料和烹煮、食用的方法以及調味料，卻完全是日本的，如今已成了具代表性的日本料理之一。

【咖哩飯】咖哩是各種香辛料混合之後產生的調味料，源於東南亞和印度。但是，明治時代出現在日本的咖哩飯，並非來自東南亞和印度，而是更遙遠的英國。咖哩飯除了米飯是日本原有的飯食外，包括其他原料在內的整個烹調法或調味法可說顛覆了傳統日本料理的概念，是一款與傳統日本食物迥然不同的新料理。但是在今天，咖哩飯已成了日本人在新年最愛吃的食物之一。隨意漫步日本的大街小巷，必然可以看見咖哩飯館的身影。

咖哩飯是何時、以何種方式、由何人在何地傳入日本，現在已無法確切考證，但根據現存的文獻資料，可以大致考究出它傳入日本的情形。咖哩一詞最早出現於明治五年（一八七二年），一八八一年，「咖哩飯」（カレーライス）一詞出現於北海道大學的前身札幌農學校的學生菜單上，大概是日本有關咖哩飯的最早記錄之一，也就是說，一八八一年左右，一部分日本人已接觸到咖哩飯。一八八六年，東京一家經營法國菜的「風月堂」中，首次出現咖哩飯，價格相當昂貴。真正在日本市民中普及應該是一九二〇年前後，這一時期的咖哩飯，材料普遍採用切塊的馬鈴薯、胡蘿蔔、洋蔥和牛肉或雞肉。一九〇三年，日本國產咖哩粉推出之前，市場銷售的都是英國產的C&B咖哩粉。當時日本人的頭腦中，咖哩食品來自西方的英國，因此是種摩登的象徵。而英國人食用咖哩則是因生產咖哩的印度當時是其殖民地。

到了戰後，日本人又對咖哩口味做了許多改良，一九六三年，名叫House的食品公司創製出一種「百夢多咖哩」的塊狀咖哩，它與原先的咖哩最大的不同是根據日本人（尤其是小孩）的口味，在配方中加入蘋果汁和蜂蜜，大大削弱了原本辛辣的成分，使咖哩的味道變得更加柔和且帶水果的芳香，進一步打開女性和兒童的市場。

【拉麵】拉麵一詞，日文中沒有漢字，只有片假名，寫作ラーメン，這名稱的來源也是眾說紛紜。我參閱多種文獻整理出一種較合理的說法是，拉麵最早出現於二十世紀初橫濱華人集聚區，初時只是普通的中國式麵條，但麵條製作中放入了鹼水，鹼水是一種含有碳酸鉀和碳酸鈉呈鹼性的天然蘇打水，加入鹼水揉捏的麵團，不僅能使麵粉的蛋白質發生變化而增強黏性，而且有一種獨特的風味，是近代以前日本的烏龍麵和蕎麥麵所沒有的。

剛開始時只是光麵，沒有澆頭（麵上的配料），以後在麵上放一些煮熟的豬肉切片，當時日本人稱為「南京蕎麥麵」或「支那蕎麥麵」。雖然不用蕎麥粉，但形態上和蕎麥麵相似。因中國人討厭支那的叫法，就改為「中華蕎麥麵」，到了戰後，不知何故，都叫拉麵了。

從口味上來說，拉麵主要分為醬油、鹽味和味噌三種，東京地區以醬油著稱，鹽味是九州、博多拉麵的特色，至於味噌則是北海道札幌的發明。醬油拉麵，顧名思義，湯底是醬油色的，麵的上面一定有麻竹嫩筍、半個溏心蛋、兩片日式叉燒肉、一把切碎的大蔥，有的放入一枚紫菜。鹽拉麵，實際上是豚骨拉麵，湯用豬大骨和雞骨架、雞爪一起慢慢燉煮熬製，呈奶白色，成了博多一帶的名物，現在最著名的是「一蘭拉麵」。味噌拉麵出現得比較晚，「味噌」類似豆醬，但顏色稍淺，味噌拉麵的創新不只在口味上，澆頭也改用豆芽、洋蔥、蒜片及肉末一起炒熟後蓋在麵上，成了札幌拉麵的一大特色。一九八〇年代，日式拉麵成了一種推向海外的日本新料理，帶上濃濃的日本烙印。

【日式炸豬排蓋飯】日語叫「カツどん」。日式炸豬排與西式炸豬排或中國式炸豬排不相同。大正二年（一九一三年），曾在德國修習烹飪的高田增太郎在東京舉行的料理發表會上，公布自己創製的炸豬排，並在位於早稻田鶴卷町所經營的餐飲店「歐洲屋」開始供應這種炸豬排。基本的做法與一般豬排沒有太大的差異，但日式炸豬排切得比較厚，先用刀尖剔除豬肉的筋絡，再用肉錘拍打，抹上食鹽和胡椒，再滾上充分的麵粉，然後裹上打勻的雞蛋和麵包粉，接著在一百六十五～一百七十度油溫的鍋內炸成金黃色，最後切成一段段，配上切成細絲的高麗菜，蘸著用搗碎的白芝麻等調成的蘸料吃，確實很誘人。

最富有日本特色的是日式炸豬排蓋飯。鍋內放入特製的調味汁，煮沸後放入切成一段段的豬排再次煮沸。之後放入切成長約二～三公分的鴨兒芹（山芹菜），將打勻的雞蛋均勻地澆在上面，然後蓋上鍋蓋，關熄爐火，燜上三十秒，雞蛋至半熟狀態即可，最後蓋在米飯上就算做成了。豬排是外來的，炸豬排蓋飯卻是日本人創造的。如今日本人也把這種料理推向海外，至少在上海，日本的炸豬排名店已經開了好多家分店，頗受食客歡迎。不過，也許是選材和烹製技術的差異，口味還是比日本當地要差一些。

上述這些新料理中能清楚地察覺到日本文化的因素，這些日本文化因素的具體表現，就是由日本人非常發達的感覺文化或感性文化所孕育出來對於色彩、形狀、滋味等纖細而敏銳的感受力和表現力。日本人將早期外來的「牛鍋」改造成日本料理代表之一的壽喜燒，將原先陌生的炸豬排演變成家喻戶曉、老幼喜愛的カツどん，將中國傳入的湯麵演繹成具有濃重日本風味的ラーメン，將由英國導入的咖哩口味發展成風靡整個日本、既不同於英國也與東南亞滋味迥然相異的日式咖哩飯。諸如此類的例子不勝枚舉，這些飲食品種在原先江戶時代形成的「和食」中，找不到任何歷史遺跡，又不存在於日本以外的任何國度，當它們跨越日本的國度出現在海外時，幾乎都成了日本飲食的代名詞。這些新料理中，無論在選材、用料、調味、色彩的搭配、器皿的設計和食物的裝盤藝術上，日本人「感覺性的美的價值」（加藤周一語）可謂無處不在。

第95講　話說日本清酒

我的強烈感覺是日本清酒最好配以滋味清淡的和食。日本在近代以前是沒有肉食的，油膩和辛辣與傳統和食是完全不沾邊的，後來雖然汲取西方和東方的各種食文化養分，食材也大大豐富了，但他們對外來的飲食進行日本式改造，幾乎剔除了所有刺激的元素，滋味清淡至今仍是和食的主旋律。在這樣的食物上誕生的日本清酒，必然與整個文化保持一致的協調性。我至今仍然認為清酒只有在日式居酒屋或料亭內、用日本的酒具和餐具、對著和食，才能品味出它的真諦，才能感受到其獨有的文化韻味。

我們來聊聊日本清酒到底是一種怎樣的酒。關於日本酒（日本列島上所產生的酒）最初的起源一直眾說紛紜，雖然近年來人們傾向日本酒的製作工藝乃是日本人獨創的說法，而且一些科學實驗的結果在某種程度上支持這一結論，但在歷史文獻上依然留存不少難以解釋的疑點。根據我對各種文獻的閱讀與理解，二千三百多年前稻作文明傳入列島之後，在中國已成熟的釀酒技術很可能透過各種途徑傳入日本，即便當時沒有傳入，在此後屢次移民潮中，釀酒技術也應該會傳來，日本最早的史書《古事記》中，有段從朝鮮半島來的中國人後裔向天皇獻酒的記載，說明酒或釀酒技術很可能是從中國大陸和朝鮮半島傳來的。

由於日本用於釀酒的原料主要是黏性較大的粳米，中國的技術也許不能完全適用，日本人在中國技術的基礎上經過反覆實踐摸索出較獨特的麴菌發酵法——在蒸熟的白米中摻入木灰，木灰中富含礦物質，呈鹼性，摻入蒸米之後不易生長細菌，反過來為麴菌的繁殖創造了條件，容易生成孢子。這一技術在室町時代（十四世紀末至十六世紀）被用於培育種麴。值得注意的是，種麴培育出來後的釀酒法，與北魏時期《齊民要術》所說的「三投」工藝順序非常相像，日本稱為「三添法」或「三掛法」，就是酒麴釀成之後，分三次投入蒸米和水，投入的量在十六世紀後半期是相同的，進入江戶時代後，量呈幾何式增加，即分別為一、二、四。這裡又顯現出與中國釀酒工藝的相似性。因此在對日本酒源流的分析上，我認為既要充分認識日本釀酒工藝的獨特性，又要充分留意它與中國大陸釀酒技術之間的傳承關係。

簡單地說，清酒是一種用白米釀造的米酒。為什麼稱為清酒呢？事實上，清酒這一名稱得以成立，是相對於濁酒之謂。最初釀成的酒是一種酒精度數在二十度左右的濁酒，需要對其加工過濾並經低溫加熱進行消毒處理，才可得到酒色清澄的清酒。最初的清酒還未達到完全純淨的透明，呈淡黃色，酒香醇厚，像崇明的老白酒。近代以後，隨著技術不斷改進，酒體變得愈發清澈透明，酒精度通常為十四度。今天一般把清酒稱作日本酒，念作Sake，這個詞已進入英文詞典，歐美人都知道Sake。

我初到日本時，看到酒店或超市出售的清酒標貼上寫著「大吟釀」、「吟釀」、「純米酒」，有的沒有標明，搞不清到底有什麼區別。後來讀了不少文獻，慢慢理出了點頭緒。現在日本的清酒根據其原料和製造法以及一九九〇年日本政府頒布的《清酒的製法品質表示基準》，大致可分為兩大類，一類是「特定名稱的清酒」，另一類是「特定名稱以外的清酒」。第一大類的酒再加以細分則有吟釀酒、純米酒和本釀造酒三種，一般稱為高級酒；第二大類則要加入酒精、調味液等使酒量增多，也就是一種調合而成的酒，品質自然不如第一大類，一般稱為普通酒。清酒的總產量中，約有接近七成是普通酒，價格相對便宜。

我感興趣的是被稱為高級酒的吟釀酒、純米酒和本釀造酒，這三類酒目前在所有日本清酒（包括普通酒）中所占的比率分別是吟釀酒三・四%、純米酒（包括純米吟釀）七・七%、本釀造酒一九・四%。吟釀酒的產量最低，處於最高級層面。那麼，區分這三類酒的標準是什麼呢？主要是用於釀酒的白米精白程度，就是原料成本的高低。按照日本國家標準，吟釀酒又可分為大吟釀和吟釀，區別還是白米的精白程度，用於釀造大吟釀的白米必須在糙米的基礎上反覆地碾磨精白，最後只取其五〇%以下的核心部分用作釀酒的原料，也就是說糙米將有一半以上被碾磨損失掉；吟釀酒則要磨去四〇%左右，保留原來白米的六〇%左右；純米酒和本釀造酒要磨去三〇%左右。按照目前日本的釀酒工藝，白米的精白程度愈高，釀製出來的酒愈清冽醇美，因為糙米外層部分含有較豐富的蛋白質和脂肪成分，對米飯的營養來說是很重要的，同時會增加口感的豐富性，但在釀酒的過程中，容易產生各種雜味，影響到酒的純度，因此需要碾磨掉，當然，在米價相當昂貴的日本來說，會增加不少釀酒的成本。

吟釀酒做為一種清酒的種類在日本出現是很晚近的事，它其實是新酒鑑評會的產物。要釀製出上好的清酒，做為原料的白米、酒麴和水是非常關鍵的。近代以後，日本在稻米的品種改良和耕作技術上傾注極大的努力，各地都有適合本地區的優秀稻米品種。釀酒師們很清楚白米的精白程度與酒的品質之間的關係，為了獲得好的名次，不惜工本，對用於釀酒的原料米反覆碾磨精白，務求達到最佳程度。一九六〇年代初期，人們將這些新酒鑑評會上參選的優質酒稱為「吟釀酒」，當初的吟釀酒主要是為了參評，製作的量很少，評過後一般也不上市。

一九六三年，大分縣首先推出品牌為「西關」的吟釀酒，七二〇毫升的瓶裝酒每瓶一千日圓，當時同等量的特級酒才賣三百六十日圓，可以想像其價格的高昂。以後由政府對這類酒制定明確的標準並冠以正式名稱，根據精白程度的不同分為大吟釀和吟釀。隨著日本人生活水準的提升，高級吟釀酒受到人們的追捧，經濟景氣時，形成吟釀酒熱。二〇一四年四月下旬，美國總統歐巴馬（Barack Obama）訪問日本時，安倍首相贈送家鄉山口縣出品的「獺祭」大吟釀酒，「獺祭」品牌由此聲譽鵲起，最高級的「獺祭」要將「山田錦」的原料白米磨去七七%，只剩下二三%，七二〇毫升一瓶的零售價格高達三萬七千八百日圓，最普通的「獺祭」大吟釀酒售價為一千六百二十日圓，精白率四五%，也就是要磨去五五%。如今，「獺祭」在各地都成了搶手貨。

按照規定，被稱為吟釀酒的除了在原料米的精白率上必須達到五〇～六〇%以下外，還有個重要的指標是必須經過緩慢的低溫發酵。一般酒是在氣溫十五度的狀態中經過二十天發酵，而吟釀酒必須在十度的溫度中經過三十天發酵。為何要使用這樣的工藝並經過三十天緩慢發酵呢？為了能釀製出吟釀酒所獨有、透發出水果香味的吟釀香。這種吟釀香只有在低溫狀態下才能慢慢釀成。

碾磨精白比率在七〇%或以下的純米酒和本釀造酒之間又有什麼區別呢？區別在於釀造方法不同。純米酒是日本傳統的釀造法，純粹用米釀製，故稱為純米酒；而本釀造酒的製作法則是在米酒的釀製過程中加入少量釀造酒精，成本會低一些。若純用白米釀製的吟釀酒，會在酒標上標明純米大吟釀酒和純米吟釀酒，而沒有純米標誌的就可能是釀造吟釀酒。

從品酒師的視角來看，日本酒還可以根據它的酒香分成四種類型：第一種是香味較濃郁的類型，雖然是用白米釀製，卻有明顯的甘甜水果香味，這類酒的代表是大吟釀酒和吟釀酒；第二種是口味清爽、口感清涼的清酒，甚至是清冽如水的感覺，這類酒多為「生酒」，「生酒」在釀成之後不經過加熱殺菌的工藝，存放時間較短；第三種是具有白米原本的香味，帶有明顯的米酒特色，這一類就是最常見的「純米酒」；第四種是儲存時間較長、酒質較醇厚的「古酒」，具有濃烈複雜的香味。之所以形成以上四種類型，當然是原料米、水質、酵母、釀造處理、釀酒師的技術等多種因素疊合的結果。這些感覺真的是需要慢慢品嘗，絕不可大口飲用或一杯喝乾，這是糟蹋好酒。

第96講　燒酎在日本的崛起

清酒無疑是日本酒最典型的代表，但今天差不多有一半日本人喝燒酒。日文漢字寫成「燒酎」（我還是念成燒酒）。它的歷史雖然沒有清酒那麼悠久，早期的普及程度也遠不如清酒，但仍可看作日本兩大傳統酒類之一。早年是處於酒類的邊緣或下層狀態，戰前，若說清酒位居廟堂，燒酎就是在野的，產量上也是如此。不過這一情形在一九八〇年前後出現重大的改變，燒酎的產量驟然上升，目前已超過清酒。

雖然同屬穀物酒，清酒是釀造酒，燒酎是蒸餾酒，製作工藝不同，製成的酒在酒精度數和口味上也有極大的差別。前面講過，利用酒麴釀酒的基本工藝大致在西元五世紀前後或更早由中國大陸和朝鮮半島傳入日本，以後在日本列島經過改良和創造，形成今天清酒的釀製技術。那麼，燒酎這一類蒸餾酒什麼時候出現在日本呢？

就全世界範圍而言，蒸餾酒技術的出現以及成熟大大晚於釀造酒。歷史上蒸餾酒的發祥地在阿拉伯地區。唐詩裡曾頻頻出現「白酒」或「燒酒」的詞語，卻依然是釀造酒而非今天的白酒。元代蒙古人用強大的騎兵打開東亞和西亞乃至東歐的交通，蒸餾酒的技術有可能在這時期被帶入中國。不過，蒸餾酒在元代普遍傳開似乎是十三世紀末或十四世紀以後，於是各地出現一系列膾炙人口的白酒，今天中國白酒的製造技術來源於阿拉伯。

日本的蒸餾酒技術是從哪裡傳來的呢？根據現有的文獻和實際情形來判斷，蒸餾酒傳入日本的途徑應該是來自南方的琉球群島。日本最早製作和盛行蒸餾酒的地區是緊鄰琉球群島的鹿兒島周邊九州南部。琉球的蒸餾酒技術大概傳自暹羅一帶。十五世紀後期和十六世紀，燒酒在琉球本島和周邊島嶼逐漸普及。

十六世紀中葉，琉球的蒸餾酒技術傳到鹿兒島，除了文獻之外，另有證據表明，薩摩地區的蒸餾器與琉球的蒸餾器在結構上是相同的，這也是日本蒸餾酒來源於琉球的明證。

燒酒一詞為什麼在日本變成「燒酎」呢？先來考察「酎」這個詞語。「酎」是源於中國的漢字，《辭海》解釋說是「反覆多次釀成的醇酒」，成書於漢初的《禮記》中有「孟夏八月，天子飲酎」的記錄，而後漢許慎《說文解字》對「酎」的解釋是「三重醇酒也」，由此觀之，應該是一種多次釀製、酒味較醇厚的濃酒，但並未涉及蒸餾技術。這一漢字在平安時代之前就已傳入日本，原先日本人對「酎」的理解也是濃度較高的醇酒，而非燒酒。後來日本之所以會產生「燒酎」一詞，大概是日本人認為「酎」是三重醇酒，至少經過一次以上的再製造，而蒸餾酒是在初釀酒的基礎上再次蒸餾製作的酒，於是便將這類酒稱為「燒酎」了。另外，日語「酎」的發音與「酒」基本相同（酒發音為shu，酎發音為chu）。當然，這都是今人的推測。

早年用於製作燒酎的原料主要還是白米，但隨著甘薯播種面積在九州一帶逐漸擴大，人們開始嘗試用甘薯來釀酒。甘薯最初是由南方傳入九州南部的薩摩一帶，以後逐漸北移，在江戶時代中期才漸漸在本州地區傳開，因此，日語中甘薯被稱為「薩摩薯」。日後在人們的印象中，鹿兒島一帶製作的燒酎主要是甘薯燒酎，其實一開始並非如此，用甘薯造酒是比較後來的事了。

近代以後，從西方傳來比較先進的蒸餾技術，以此生產的燒酎產量更大了。傳統燒酎的最初生產地是鹿兒島，飲用者也局限於當地，後來逐漸擴展到九州的其他地區。二戰以後，百廢待興，儘管糧食嚴重匱乏，但由於市場的需求強烈，各種劣質酒充斥市面，所謂的燒酎，多半也是用工業酒精勾兌的假酒，或用腐爛、有黑斑的劣質甘薯製成，一九四五～一九四八年間，每年都有成百上千因飲用假酒而死亡的人，因此，戰後一段時期，燒酎成了劣質酒或廉價酒的代名詞。隨著日本經濟的恢復，做為原料的甘薯等獲得比稻米更有力的保障，燒酎逐漸淡化劣質酒的形象，產量一路飆升，一九五五年曾一度達到頂點的二十七萬千升。但這一時期，日本經濟開始步入高速成長的時代，稻米產量連年上升，民眾逐漸變得富裕，開始追求高品質的生活，清酒和啤酒的產量迅速上揚，舶來的葡萄酒受到人們的青睞，多少還染有廉價酒色彩的燒酎屢屢受挫，產量一路下跌，經歷將近二十年的痛苦歲月。

歷經不斷的波折之後，燒酎終於在一九七五年開始正式崛起，這一上升趨勢一直延續到二十一世紀的今天。之所以會產生這樣的情形有兩個背景，實際孕育出兩類不同又比較穩定的消費群。

第一個背景是在美國影響之下年輕一代消費觀念和生活方式的改變。一九七四年前後，美國發生一場所謂的「白色革命」，人們的興趣逐漸從原先占主流地位的威士忌酒轉向白色的伏特加酒。因為伏特加或蘭姆酒是一種無色無臭的蒸餾酒，幾乎不含有營養成分或糖分，卡路里很低，最適於做雞尾酒的酒基，也適宜兌在其他碳酸飲料內飲用，即使飲用稍稍過量，酒醒後也很爽快，而帶有酒色、香味濃郁的威士忌和白蘭地都不適宜。

一九七〇年代中期以後，「白色革命」在美國人（尤其是年輕人）中悄然興起，又逐漸波及歐洲，人們用白葡萄酒兌碳酸飲料，用啤酒兌檸檬水，用琴酒兌檸檬飲料，花樣百出。一九七〇年代後期，日本人的生活水準已與歐美並駕齊驅，歐風美雨時時浸染著他們的生活方式，日本人在本國找到一種很好的白色酒類，就是燒酎，於是誕生一個新詞語「酎highball[37]」，簡稱「酎high」，一般是指在燒酎中兌入碳酸水，再加入一片檸檬和冰塊，或者再加入檸檬汁和酸橙汁等。這樣的飲用方式一九八〇年前後迅速在日本風靡起來，大大促進了燒酎的消費。

一份一九八〇年代展開針對現代日本人飲酒觀的調查中，半數以上的人選擇如下幾個項目：一、透過同飲的方式加深與別人的聯繫；二、不是為了買醉而是為了求樂；三、喜歡飲酒的氛圍比較明快；四、喜歡入口比較清爽的飲品；五、酒醒要爽快；六、與料理相配。如果是這樣的話，「酎high」真的比較合適，這是燒酎能夠東山再起的主要文化因素，當然，媒體的推波助瀾也是不可忽視的因素。這部分人選擇的燒酎，大多為無色無臭、較為普通的甲類燒酎。

第二個背景是一批真正懂酒的人（尤其是有學問、有知識的文化人）的推薦介紹和懷想情緒的萌生。日本的酒文化中，用稻米釀造的清酒已具有頗為悠久的歷史，由此形成的文化積澱比較深厚。相對而言，燒酎的歷史要淺得多，而且它的發源地是南端的鹿兒島，江戶時代中期之前，幾乎不為一般日本人所知曉。但隨著戰後燒酎製作技術的改良和進步，酒質取得令人刮目相看的卓越成就，這些變化引起一批被稱為「酒通」的文化人矚目。

一九七〇年代中期以後，日本社會的都市化傾向愈來愈顯著，從鄉野移居城市的上班族，開始懷念故鄉，衣食無憂的富裕都市人開始厭棄過於工業化的物品，人們留戀工業化前的鄉村社會，懷戀手工製作的物品，更關注於自己的健康，於是，用老式單式蒸餾機蒸餾出來的、由九州地區家庭式作坊製作的本格燒酎，受到人們的青睞。這一時期，不僅傳統的白米燒酎和甘薯燒酎已深入人心，九州地區還研發出以裸麥和蕎麥甚至是黑糖為原料的各色燒酎，豐富了燒酎的種類，那種不同於清酒也不同於洋酒的獨特風味，吸引大量飲酒愛好者，並培育出相當數量的酒客。這一類消費者主要是略略上了年紀、較有文化和品位的男性，他們飲用的燒酎，基本上都是乙類或稱本格燒酎。

燒酎中最為純正、最高級的是沖繩的泡盛，可謂日本燒酎的祖宗，它用沖繩地區所產的秈米（日本本土所產的為粳米）製作，經過釀製和蒸餾兩次製作後移入酒罐中，放上一年使其熟成，再分置於陶製密封的酒罈中，儲存在恆溫的酒窖內，隨著時間推移，油脂成分會氧化，形成醇厚芳香的陳酒（日語稱為古酒）。陳年泡盛被認為是燒酎的正宗。

燒酎的酒精度一般在二十五～四十度之間，以二十五～三十五度者居多，酒精度數比威士忌還低。即便如此，在日本幾乎沒有人直接飲用，必須兌水，冷熱均有，一般用減壓蒸餾法製造的兌涼水，用常壓蒸餾法製造的兌熱水，各有風味。配兌的比率當然因人而異，一般兌水的比率在七〇%左右，在好酒者看來，真的有點味同飲水了。這種喝法恐怕與滋味清淡的日本料理有關，酒精度過於濃烈，與和食就不搭了。當然，還可像威士忌一樣放入冰塊，慢慢品啜，我比較喜歡這樣的喝法。

37 highball在美語中是威士忌或琴酒中兌入蘇打水等的一種飲品，多放冰塊。

第97講　洋酒在今天的日本

洋酒是個泛稱，沒有非常嚴謹的定義，曾任東京葡萄酒研究院理事長的場晴將其理解為「排除了日本酒和中國酒的外來酒」，基本上沒錯。這裡談的洋酒主要是葡萄酒、威士忌和啤酒等。

中國至少在漢代已知曉葡萄酒，唐代更有不少吟詠葡萄酒的詩歌，但近代以前，葡萄酒始終未能成為中國的主要酒類，與葡萄未能獲得大面積的種植有直接關係，同時涉及地理環境和人們口味喜好等因素。

近代日本人感覺到葡萄酒的存在是一八六七年，即明治時代開始前一年，江戶幕府派出代表團參加在巴黎舉行的世界博覽會。其時法國葡萄酒的生產正處於蒸蒸日上的時代，波爾多地區的葡萄酒名揚海內外。有個名為田邊太一的人一同參加世博會的活動，隨後又出訪歐洲諸國，算是較早見過外面世界的日本人。回國後，田邊在橫濱經營進口生意，波爾多葡萄酒是主要商品。後來從歐洲留學歸來的其他人也在橫濱做葡萄酒的進口生意。當然，由於價格高昂，能接觸到這些高級葡萄酒的，只限於在日本的洋人和日本的中上層階級。

使一般民眾感覺到葡萄酒存在的也許是日本人自創帶甜味的紅葡萄酒。一八七九年，曾在橫濱的法國酒商手下工作的神谷傳兵衛與人合作創製出一款名為「蜂葡萄酒」的改良酒，它其實不是一種純粹的葡萄酒，而是以紅葡萄酒為基本原料，再加上蒸餾酒、甜味甚至藥材，組合成一種口味甘甜、酒味濃烈、具有滋補作用的飲品。比「蜂葡萄酒」更出名的是由聲名顯赫的三得利創始人鳥井信始郎在一九〇七年四月創製的「赤玉葡萄酒」[38]，其製造法與「蜂葡萄酒」可謂異曲同工，將西班牙進口的紅葡萄酒配上甜味和酒精成分，然後著力推銷。實際上是一種調製酒。戰前，「赤玉」差不多是日本最出名的葡萄酒，因此對一般日本人造成誤導，以為葡萄酒都是甜的。就像戰前的西洋料理具有濃重的日本色彩一樣，葡萄酒的形象也被日本化了。

日本人真正認識葡萄酒，是在戰後經濟發展起來的年代。一九六〇年代以後，隨著民眾購買力的提升和海外旅行的熱門，人們開始欣賞比較純粹的西洋料理，由洋人製作或由專門在海外研習歸來的日本人烹製接近原味的法國菜和義大利菜受到都市人的青睞，相應地帶動和提升對真正葡萄酒的認識。隨著日圓日益升值，來自世界各地的葡萄酒出現在大眾的視野中，日本本土的葡萄酒廠商力圖使自家出品的葡萄酒能夠達到世界先進水準，約在一九七〇年代末期開始，日本出現包括葡萄酒在內的洋酒熱。據日本國稅廳統計，一九七五年時，日本市場上供應的葡萄酒總共為三十一千公升，其中進口的更少，只有七千公升，但到了二〇〇〇年，總量達到二百六十九千公升，進口葡萄酒為一百六十六千公升，是二十五年前的將近二十四倍。如今，日本市場上人們不僅隨處可購買到法國、德國、義大利、西班牙、奧地利等歐洲傳統的優良葡萄酒，也可方便地品嘗到美國、智利、阿根廷等美洲的葡萄佳釀，除少數名品之外，價格大致與國產酒相當。

說到葡萄酒的生產，目前最大的製造商首推高知名度的三得利。三得利即是以釀造葡萄酒起家，一九七〇年代末期，葡萄酒熱掀起後，三得利在提升品質上傾注頗大的努力，並竭力與世界上著名的葡萄酒製造商合作，以提升地位。一九八三年，它取得法國波爾多地區名門Chateau Lagrage的經營授予權，一九八八年，又獲得德國Robert Weil釀造所的經營權，在歐美地區以外可都是破天荒的情形，使得三得利的品牌具有相當的權威性。雖然現在進口葡萄酒的數量已超過國產品，但因整個消費基數增大，國產葡萄酒的產量較三十年前，依然有了數倍的增長。

一九九五年，由日本葡萄酒品酒師協會承辦的第八屆國際葡萄酒品酒師大賽在東京舉行，東京出身、時年三十七歲的田崎真也一舉奪得第一名，徹底打破歐美人一統天下的局面，使日本人感到揚眉吐氣，歡欣鼓舞，也使本來已經比較熱門的葡萄酒人氣急劇攀升。田崎真也不到二十歲就赴法國研習葡萄酒的釀製，三年後歸國，苦心鑽研，曾在一九八三年舉行的日本第三屆全國葡萄酒最高技術賞大賽上一舉奪魁。獲得世界第一名之後，他成了家喻戶曉的名人，頻頻在各種媒體上亮相，自己開公司做網站、辦雜誌和講座，有力促進了葡萄酒在日本的推廣。不過，不必過分誇大葡萄酒在日本的市場，因為葡萄酒的飲用畢竟只局限在西洋料理的場合，葡萄酒本身與日本料理並不十分搭配，儘管現在的日本即使是偏僻的鄉野也有頗具品位的西餐館，但是上了年紀的地方居民，日常飲食還是以傳統的日本料理為主，他們更喜歡飲用日本清酒或燒酎。即使如今的葡萄酒消費量是三十年前的八倍多，但在整個日本酒類消費市場上僅占二・七％，目前葡萄酒的消費已處於成熟而穩定的階段。除了在大型百貨公司地下食品館和超市之外，日本各地都有許多規模不小的酒類專賣超市，如總部設在京都的Liquor Mountain，至二〇一九年七月，全國各地共有一百八十五家連鎖店，是日本最大的酒類零售店，可供選擇的品種極為豐富，價格也頗為公道，飲用洋酒在日本毫無奢侈的感覺。

接下來再談談啤酒。說起來中國人有些慚愧，最著名的「青島」啤酒是德國人創製的，而日本最出名的國產啤酒都是自己創製的品牌，且今天的日本市場上，國產啤酒占到九五％以上的分額。最早打出日本人自己品牌的，大概要算一八七六年北海道開拓使廳開設的釀造所推出的札幌麥酒。啤酒最初在日本被寫作「麥酒」，即用麥子為原料製作的酒，戰後才普遍使用外來語。一八八九年，大阪麥酒會社成立，並於一八九二年推出「朝日啤酒」[39]，並在一八九三年的芝加哥博覽會上獲得最優等獎，一九〇〇年，又在巴黎世博會上獲得金獎，大大鼓舞了日本人釀造啤酒的信心。一九〇七年，另一家日本啤酒製造巨頭的麒麟麥酒株式會社宣告成立。

目前日本的啤酒業界基本上由四大公司領銜，從市場占有率而言，依次排列分別是朝日、麒麟、札幌和三得利。一九八七年，朝日啤酒推出至今在日本啤酒市場上依然長盛不衰的「辛口」生啤「朝日超級乾爽」（Asahi Super dry），在當時的日本啤酒業界幾乎具有革命性意義，人們嘗到一種嶄新的口味，清爽又刺激的口感，「超級乾爽」由此成為朝日啤酒不可搖撼的王牌產品，引領朝日的市場分額一路走高。與它並駕齊驅的是麒麟，麒麟是朝日最強有力的對手，曾屢屢位列業界第一，其一九九〇年三月開發上市的「麒麟一番榨（生）」，以其選用原料的上乘、製作工藝的先進、口味的純粹爽快而贏得大量的飲用者。札幌最有競爭力的產品分別是「札幌（生）黑標」和啤酒中的精品「惠比壽」。三得利的主打產品是「MALT'S」，前幾年新推出的高級品牌「The Premium Malt's」曾在比利時舉行的名為Monde Selection的世界酒類大獎賽上，連續三年（一九〇五～一九〇七年）奪得啤酒類金獎，令啤酒界老四的三得利頗感自豪。除了大企業出產的啤酒外，日本各地都有些啤酒愛好者自己釀製啤酒，稱為「地啤酒」，可說是精釀啤酒，當然成本也更高，市場小，價格較高，但仍有不少啤酒愛好者專門尋訪這類小眾啤酒，形成另一種啤酒文化。

威士忌雖然隨著日本國門打開，和葡萄酒、啤酒一起在江戶幕府末年和明治初期由西洋人傳入日本，早年也在西洋人和日本人開設的店鋪中出售，但是日本人的製作和飲用相對是比較晚近的事。被譽為日本威士忌之父的竹鶴政孝，一九一八年赴英國格拉斯哥大學留學，在化學系攻讀應用化學，掌握了威士忌的製造方法後歸國，說服三得利公司在京都北部的山崎創建日本第一家製造威士忌的工廠「山崎蒸餾所」。優良的威士忌，除了製作原料和技術之外，貯藏的條件非常講究，之所以選擇在山崎建廠，因為這裡背靠大山，又是三條河流的交匯口，恰好形成一個狹窄的關口，經常霧氣升騰，溼潤的氣候對威士忌的貯藏很有裨益，且擁有豐富的優質水源。要出品優良的威士忌，多年的貯藏是一項必不可少的工藝，製成的酒放入橡木桶內，貯藏於恆溫的地下酒窖，酒在適宜的條件下在橡木桶內發生緩慢而複雜的化學反應，若干年後才能成為上品的威士忌酒。

三得利出品的「山崎」十二年，二〇〇三年在國際蒸餾酒挑戰大賽（International Spirits Challenge）上獲得威士忌酒類的最高金獎，這是日本威士忌首次在國際上獲得大獎。一九八九年，三得利又推出高品質的威士忌「響」十七年，二〇〇四年，在國際蒸餾酒挑戰杯大賽上，「響」三十年榮獲整個大賽的最高金獎。值得注意的是，如同葡萄酒和啤酒，最初的威士忌釀製技術也是從西方引進的，但是此後的改良、改進以及整體品質的提升和細節的吟味，都是日本人努力的結果。進入二十一世紀後一連串的國際金獎，奠定日本威士忌的世界性地位，上述這些日本出品的威士忌價格並不低廉，加上炒賣者在日本市場上狂掃高級威士忌，囤積居奇，抬高了日本高級威士忌的價格，「山崎」十二年七百毫升瓶裝的售價一萬六千八百八十日圓，「響」十二年五萬零七百六十日圓，「竹鶴」十二年一萬六千四百七十三日圓，價格已超過同等級的蘇格蘭威士忌。

38 「赤玉」在日語中就是紅太陽之謂，酒瓶的標貼上也畫著紅太陽。

39 「朝日」如今已不用漢字，用片假名或羅馬字母Asahi表示。

第98講　平民風的居酒屋和貴族氣的料亭

日本居酒屋這樣的地方在世界其他地域都非常鮮見。英國等地有所謂的Pub或後來的Bar，但主要是喝酒的地方；中國有酒肆、酒家、酒館、酒樓、酒店、飯館、菜館、餐館，感覺上與居酒屋都不一樣。雖然居酒屋的普及也是在江戶時代晚期，卻成了最富有日本風情、日本氣息的地方。

日本城市的發展和成長比較晚，因此具有商業形態的餐飲業，是在十八世紀左右的江戶等地蓬勃興起。日本的釀酒業歷史悠久，但歷史上的「酒屋」只是沽酒的所在，並無供客人坐下來閒閒喝酒的設施，也沒有特別的下酒菜。十八世紀的江戶中期，隨著城市商業的興起和消費階級的形成，可供喝酒的酒屋就應運而生。為了區別此前僅可沽酒的酒屋，就在傳統的「酒屋」一詞前加了表示可以長時待在裡面的「居」字，居酒屋的名稱就這樣誕生了。如今，在每座大大小小的城市，稍微有點規模的電車站邊，都匯聚許多吃食店和居酒屋，窄窄的巷子，燈紅酒綠，百貨公司和其他商店早就關門了，居酒屋卻經營到深夜。

倘若要我舉出最喜歡日本的幾個存在，一定會舉出居酒屋。今天日本的居酒屋可以開在全國任何一個地方，可以是都市高樓內的某一空間，也可以是繁華大街的側面，可以是大學校園的左近，也可以是冷僻小巷的深處，或者公路兩邊，或者村頭巷尾，以前多是男人的去處，如今頻頻可見倩女的身影。

我逗留日本的四年多時間裡，當然去過無數家居酒屋，印象較深的有幾次。

有一年秋天，我在愛媛大學擔任外國人特聘教授，受福岡大學的山田教授邀請，到那裡做一次小型演講。山田教授原來是神戶大學文學部教授，對魯迅和中國現代文學均有卓越的研究，是我敬仰的前輩學者。當晚，山田教授將我安頓好住宿以後，帶我去吃晚飯。穿過大街，拐入一條小巷，往前好像是個住宅區，幾乎沒有明亮的燈火，我心裡不覺有些納悶。驀然，眼前的公寓樓下出現一家居酒屋，不很明亮的燈光下，可見在秋風吹拂下輕輕飄蕩的「暖簾」，可惜沒有記住店名。店堂不算狹窄，甚至覺得有點寬敞，客人占了一半的座位。山田教授將我引到開放式廚房前的吧檯上，自己掌勺的老闆和老闆娘是主角，看來山田教授與他們很熟。一開始照例是兩杯冰鎮的生啤和兩小缽下酒小菜，小菜的內容每日更換，可以是用白醋涼拌的海帶和蝦米，也可以是放入了一點柴魚片、用柚子醋調味的一小塊涼豆腐，或者是胡蘿蔔絲、豆芽和甜玉米粒煮在一起「煮物」。小缽都是陶製的，有時也有方形的，方形的小缽在懷石料理中稱為「八寸」。

當天什麼食物比較不錯，熟客會與老闆閒聊，老闆會適當地推薦幾樣，由客人自己選用。那天具體吃了什麼，說實話我有點不記得了，只是感到氣氛相當好，食物也非常可口，生啤之後換了燙熱的日本酒，店主拿出竹編的盛器，裡面放滿了各色形狀、材質各不相同的小酒盅，由客人按喜好自己挑選。

我和山田教授坐在吧檯前隨意聊天，也不時與在灶臺上忙碌的老闆、老闆娘搭幾句話，爐火上升騰起食物的香味不太濃烈，剛剛可以勾起人們的食欲。酒酣耳熱之際，山田教授才向他們介紹說這是復旦大學來的教授，店主人臉上稍稍露出一點驚訝的神情，似乎更加熱情了。當時中國遊客極少，光顧居酒屋的中國人更少了。

還有一次是二〇〇五年八月末，那時我在山口大學短期講學。山口大學的所在地山口市是個人口不到二十萬的小城市，由西南向東北呈狹長的形態，真正的主大街只有一條，兩邊有許多小巷，平素很少見到行人，只有沙沙駛過的汽車，是個非常閒靜的地方城市。邀請我去山口大學的東亞研究科長藤原教授怕我一個人寂寞，不僅請我到他的府上吃過飯，還經常帶著我去各個居酒屋喝酒。

一日晚上，教授帶我去了一家只有半個門面的小酒館，在一條寂靜的巷子內。居酒屋在一幢有些低矮老舊的屋子裡，進入門內，連店堂帶廚房，只有六、七平方公尺，點著兩盞昏黃的電燈。典型的夫妻老闆店。窄窄的吧檯呈曲尺形，擠擠的可坐六、七個人，客人都是熟客，彼此大抵熟稔。沒有菜單，黑黝黝的牆上貼著幾個菜名。老闆娘每天都會煮好幾個菜，裝在大瓷盤裡，比如牛肉煮馬鈴薯[40]、小魚和鮮貝的「佃煮」[41]等。教授問今天有什麼特別的？老闆娘答道沙丁魚刺身。沙丁魚形體很小，平素活的只在螢幕上見過，一簇一簇的，密密集集，市場上好像從來沒見到有賣的，常見沙丁魚罐頭，但用來做刺身倒真是頭一回聽說。老闆娘說今天買到的沙丁魚特別新鮮，就用來做刺身了，用柚子醋拌一下。每人要了一份，一條一口，放入嘴裡，無比鮮嫩。雖然是生鮮，卻毫無魚腥味。沙丁魚的滋味原來竟是這樣的！那天的牛肉煮馬鈴薯也十分可口，遺憾的是有些涼了，好在並不是冬天。

和其他居酒屋一樣，一開始喝的是生啤，然後喝的是冷酒。冷酒也是清酒的一種，要冰鎮，倒入小小的水藍色玻璃杯內（喝冷酒不可用陶瓷的酒盅），夏天喝十分愜意。那天吃了多少喝了多少，後來也不記得了，離座時結帳，問老闆娘多少錢（所有菜餚和酒類都沒有標價），答說每人三千七百日圓。各自付了帳，皆大歡喜。出了門，與教授分手後，我騎著自行車，搖搖晃晃地穿過仁保川上的一座大橋，拐入一條小路，經過一片開始泛黃的稻田，在秋蟲的鳴叫聲中，回到臨時租住的屋舍。

居酒屋是相當平民的所在，而另一處名曰「料亭」的宴飲場所，恐怕就不是所有人都可以輕易踏入的。料亭的歷史也開始於江戶時代，料亭裡提供的一般都是懷石料理。懷石料理或會席料理最初是誕生在上層社會的酬酢社交場合，不久逐漸影響到較富裕的市民社會，應運而生的便是各種比較高級的酒樓、飯館紛紛開業，這樣的高級飯館後人稱為「料亭」。「料亭」這一名稱出現於何時，似乎無人考究，不過大概不會早於江戶末期，而盛行於明治（一八六八～一九一一年）和大正年間（一九一二～一九二五年），一八五九年，曾在長崎擔任英國領事的荷吉遜（C. P. Hodgson）在《長崎信札》寫道：

> 每家店鋪都有一個美麗的小庭院，種著幾棵修剪整齊的樅樹、杜鵑和百合等，而且在小小的池塘中栽植著水生植物，池中央有一股泉水噴湧上來，有很多錦鯉在游泳。這使我感到十分欣悅，因為由此知曉了他們具有一種可說是精致的趣味，不是我原先所想像的那種野蠻人。
>
> 每一家店鋪整個看上去都非常潔淨，因為人們都把鞋脫在街上，在屋內穿拖鞋，人們進入店內或屋內時，都會把鞋脫在門口。我所走進的幾家商店和人家都收拾得非常乾淨，店主也好，家裡人也好，都穿著整齊，氣宇不俗。

一八八五年，當時在東亞頗享有文名的王韜應邀作東瀛之遊，一路受到日本友人的款待，在他的《扶桑遊記》中記錄了日本的酒樓：

栗本匏庵（人名）招飲柳島橋本酒樓，為余餞別。柳島亦東都名勝所，其地村落參差，河水如帶，板橋垂柳，風景宜人。臨流一酒樓極軒敞，樓外之黛色波光與樓中之扇影衣香相掩映。

當時來自所謂文明之邦的英國人和中國人都有這樣的感覺，可見江戶末期和明治初期的日本，在飲食環境上已經頗為雅致了。就像當年的高級酒樓大都臨河枕流、富於風情，如今的料亭也遠離紅塵滾滾的鬧市，地處冷街幽巷，或比鄰寺院，或面對清流。費用大概每人一萬五千日圓以上。我因為公務的緣由，曾出入過幾次料亭。

有一年楓葉正紅的深秋，應京都一所大學的校長之邀，去「掬水」吃晚飯。「掬水」位於南禪寺附近一條幽深的小巷內。小小的玄關前鋪的是青石板，上面掛著短短的、中間分開的布簾，就是所謂的店招，日語謂之「暖簾」。年逾五十的「女將」（老闆娘）和另兩位中年婦女身穿和服在門口躬身迎候。脫了鞋，換上拖鞋後，被引入餐室。餐室是一間日本式鋪著榻榻米的大房間，日語稱為「廣間」，正前方的格子式紙扇已被拉開，透過落地大玻璃窗可看見被綠色映射燈照射的庭院，中間有一魚池，一座精雅的小石橋跨越其上，兩端各有一石燈籠，幽幽地發出暈黃的光輝，優雅得令人感到寂寞。榻榻米上有一排矮桌，桌邊是日本人獨創的無腿坐椅。在賓客的座席後面是一處日語稱為「床之間」的空間，牆上掛有一幅山水畫掛軸，下面是個造型別致的花瓶，數片長長的綠葉中映照著三兩枝白色的鮮花，疏淡有致。落座後依次上的是各色懷石料理的菜餚。端菜斟酒的都為四十歲以上的中年婦女，一近食桌便立即跪下來，想來也是，這麼矮的食桌，不跪又如何上菜呢？這樣的排場和精緻得不忍下箸的菜餚，想來價格必定高昂，但說實話，感覺不很愜意，雙方正襟危坐，致詞，說些客套話，氣氛沉鬱。料理程序化地一道道上來，主客小心翼翼地一道道吃完。熟識日本傳統文化的，可以對整個氛圍和料理乃至器皿細加玩味，充分享受，但外國人如果不能真正融入日本文化中，除了有點新奇外，恐怕不會有太愉悅的感覺。

居酒屋和料亭代表日本飲食文化的兩端，前者是庶民風格的、隨意的、散文式的，雖然有一點喧囂，但決不會有油膩骯髒的感覺，後者則是宮廷貴族風格的，素雅中透出考究，簡練中顯出精緻，是奈良時代以來公家文化的遺存，兩者可謂是日本文化的兩個側面，雖然風貌大相徑庭，不過如果追究其內在本質，都是非常日本的。

40 不是一般見到的馬鈴薯燉牛肉，牛肉是薄片狀，馬鈴薯切成大塊，還放入洋蔥、胡蘿蔔塊和荷蘭豆，醬油色很淡。

41 一種起源於江戶、放入大量醬油和白糖的烹製法。

第99講 是誰把中國的茶帶到日本？

今天的日本，飲茶習俗之普遍絕不亞於中國。日本茶在世界上的聲望也是有口皆碑。以至於有些日本人都不清楚，日本茶的源頭，明明白白在中國。

茶在中國的歷史悠久，西元之前，茶已在中國西南地區被人們食用或飲用，漢代以後又自巴蜀一帶向長江中下游地區傳播，被當作具有藥用價值的食物或飲品，自隋、唐（大約西元六世紀以後）開始，飲茶之風逐間彌漫至全國，茶做為最重要的非酒精飲品的地位正式確立。唐代中後期的楊華所撰《膳夫經手錄》說：「茶，古不聞食之，近晉、宋（指南朝時的宋）以降，吳人采其葉煮，是為茗粥。至開元、天寶年間（七一三～七五六年），稍稍有茶，至德、大曆（七五六～七八四年）遂多，建中（七八〇～七八四年）後已盛矣。」

唐代或說《茶經》時代的中國人製茶和飲茶方式都與今天的形態大相徑庭。我們所飲用的是葉茶，即將採摘的茶葉在大鍋內炒乾後儲藏若干日，注入沸水後就可品飲，而唐、宋時期祖先飲用的是餅茶，即將採摘後的茶葉放入甑內，再置於鍋中蒸，蒸後趁熱搗碎，然後在一定模型內拍壓成餅狀後放入焙坑內烘焙，形狀可圓可方，乾燥後儲存。飲用之前，先要用火全面烤炙，然後將餅茶掰成小塊，碾碎，待釜內的水燒至初沸時，加入鹽調味，再至二沸時，用竹夾在沸水中攪動，隨之投入碾好的茶末，待到茶湯「騰波鼓浪」時，即可飲用了。

到了宋代，茶的製作和飲用方式基本還是沿襲唐代，即屬於緊壓形態的團茶和餅茶，宋王朝曾將福建的建安等地做為貢茶的產地，向朝廷進貢幼嫩芽製成的龍鳳團茶等，宋代曾將團茶或餅茶稱為「片茶」，並已有在製作上蒸而不碎、碎而不拍的蒸青和末茶[42]，又可稱為散茶。飲用方式與唐代稍有不同，宋代中期以後，已經不放置鹽和其他調味品，純粹品嘗茶的真味。在飲茶方式上，出現點茶的形式。點茶就是當水煮沸時，將沸水注入茶碗時一邊用竹製的茶筅將茶湯攪出均勻細微的泡沫（昔日稱為湯花），誰的湯花緊貼盞沿時間長的就獲勝，反之誰的湯花先散退的則為輸者。後來演變成一種飲茶遊戲，即鬥茶。相對於朝廷貢茶的團茶形式，民間飲用的不少已是散茶或末茶。

元代時，蒸青或蒸青的抹茶是主流了。朱元璋建立明王朝後，覺得團茶製法太過繁瑣，於是全面推行散茶，就是今天的葉茶。更具有革命性的是製茶的主流方式從蒸製改成炒製，也就是炒青。

根據對中日文化交流史的考察和對文獻的仔細研究，我認為中國的茶文化傳入日本，大致經歷了平安時代前期（九世紀初前後）和鎌倉時代中期（十三世紀初前後）兩個較大的階段，而茶樹的普遍種植和飲茶習俗的真正形成則在第二個階段之後。而共同點則是茶文化傳播的使命，都是由日本僧人來擔當並進一步完成的，與佛教有著密切的關聯。

日本官方的史書、八四〇年完成的《日本後記》中明確記載嵯峨天皇（七八六～八四二年）到近江國滋賀巡幸時，在梵釋寺受到大僧都永忠（七四三～八一六年）親手煎茶奉獻的歷史。大僧都永忠是在七七五年隨第十五次遣唐使來到中國，在長安西明寺生活了三十年，八〇五年回到日本，被授予地位很高的大僧都[43]稱號的高僧。嵯峨天皇顯然對永忠的獻茶之舉頗為讚賞，對茶的滋味或說是飲茶的行為甚為喜愛，下令京畿和近畿地區（今關西地區）廣泛種植並向宮廷進貢。這一時期的日本漢詩集《凌雲集》等中，也頻頻出現諸如「肅然幽興處，院裡滿茶煙」、「吟詩不厭搗香茗，乘興偏宜聽雅琴」這類吟詠飲茶或煮茶的詩句。

令人有些費解的是，原本很受日本上層喜愛的飲茶文化，自九世紀下半期開始，漸趨衰落，乃至於到了絕跡的地步。我認為唐代茶文化傳到日本後幾乎出現將近三百年的沉寂，原因也許有如下數點：第一，茶文化傳入日本不久的八三八年之後數百年間，中、日之間沒有出現有規模的往來（包括官方和民間兩層面），九世紀以後唐王朝的衰敗減弱了日本人對中國文化的憧憬，平安時代中後期，日本本土的「國風」文化迅速成長，削弱日本人對外來文化的興趣，這是背景性原因；第二，茶文化傳來後差不多半個世紀裡，其傳播的範圍一直局限於王公貴族的層面和都城及周邊的部分寺院，傳播區域狹小，影響它在民間的滲透性；第三，唐代餅茶繁複的製作工藝和與日本風土相異的口味，恐怕也是影響它在日本廣泛傳播並紮根的不可忽視障礙。

再一次將茶傳入日本，不僅廣泛種植，並著書宣傳的是鎌倉時代中期的榮西和尚。一一六八年四月，二十八歲的榮西搭乘商船到宋朝，巡禮於天台山和阿育王山等佛教勝地，求得天台宗的典籍六十卷，同年九月回國。一一八七年三月，榮西又一次坐船來到中國，他來到臨安府（今杭州）拜見有關官員，希望准予到西域巡禮，但當時南宋王朝已失去對西北地方的控制，西夏人和蒙古人等占據西域的交通要塞，有關官員無法開具通行的文書。無法西行，榮西便潛心在中國認真習禪，跟隨臨濟宗黃龍派第八代傳人虛庵懷敞參禪，先在天台山萬曆寺，後又跟隨至天童寺，前後約四年，一一九一年，懷敞覺得榮西已有相當的造詣，便授予他法衣、臨濟宗傳法世系圖譜及柱杖寶瓶等器物，並贈一書翰囑他歸國傳法，這一年七月榮西回到日本後，撰寫《興禪護國論》三卷，執意要在日本播揚並建立禪宗，日後在京都建造具有禪宗風格的建仁寺。可以說，他是將中國禪宗帶到日本的第一個最重要的人物。

與傳播禪宗具有同等重大意義的是，榮西從中國帶來茶樹的種籽和飲茶的習俗。榮西是在禪寺中體會吃茶經驗的[44]。自唐代中期開始，飲茶在寺院中開始普及，茶提神醒腦的功能早為人們所熟知，而此時正是禪宗在中國興盛的時期，禪寺裡為了防止和尚坐禪時睡意襲來，也宣導飲茶，並形成一套規矩或說禮儀，榮西不僅從理論上了解禪院中飲茶的做法，應該在日常生活中也親眼目睹、親身體會了寺院內飲茶的種種習俗。

榮西一一九一年乘坐中國商人揚三綱的商船第二次入宋回國時，在今九州佐賀縣一帶登岸，登陸後立即將茶籽播撒在當地。一一九四年，在博多開創聖福寺（一說崇福寺），在當地又移種茶樹。一二〇七年，已經來到京都並開建日本第一座禪寺建仁寺的榮西，又將茶籽贈送給華嚴宗高僧明惠上人[45]，這茶籽估計已是在日本的土地上收穫的。此事在《拇尾明惠上人傳記》有比較詳細地記載，雲建仁寺長老（指榮西）向明惠進茶，明惠不詳此物，詢於醫師，答曰可遣睏、消食、健心，然而日本本土尚不多見，於是尋訪茶籽，得兩三株，遂將此播種在所居住的拇尾[46]，果然有提神醒腦的功效，於是勸眾僧服用。另有一說為建仁寺的僧正御房（亦指榮西）自大唐國攜來此物，將茶籽進奉明惠，於是植於拇尾。大概拇尾的氣候和土壤很適宜茶樹的生長，爾後拇尾的茶就成了正宗茶、上品茶（日語稱為本茶）的代名詞。當時茶的產地，除了拇尾之外，還有仁和寺、醍醐、宇治等地。如今的日本茶中，京都的宇治茶名聲僅次於栂尾茶，甚至更為一般人所知曉，也曾有宇治茶是出於明惠上人之手的說法，但一直缺乏確鑿的證據，歸根結柢，還是宇治的水土宜於種茶的緣故吧。

榮西除了將茶籽自南宋帶入日本，並傳來宋代的飲茶法之外，他在日本茶文化史上最堪彪炳史冊的是其所著的《吃茶養生記》（原文為漢文）。這部書非常詳盡地論述了茶的養生功效，一開卷就開宗明義地說：

> 茶者，養生之仙藥也，延齡之妙術也。山谷生之，其地神靈也。人倫采之，其人長命也。天竺唐土同貴重之，我朝日本亦嗜愛矣。古今奇特仙藥，不可不摘也。

從《吃茶養生記》來看，榮西在中國所接觸到的以及傳到日本的已經不是唐代的餅茶和宋代進貢給朝廷的團茶了，而是末茶，即烹煮飲用時還需要用茶碾磨碾成粉末狀的末茶[47]。從製成的茶的形態上來說，與平安前期傳入日本的茶已有較大的差異了。即鎌倉以後開始飲用末茶，而非早期用薑、鹽等調味的煮茶。以後種茶和飲茶逐漸由西向東，傳遍日本列島。

42 末茶是前代工藝上的進一步，即將烘焙後的茶葉用銀或熟鐵製茶碾碾磨成粉末狀。
43 鑑真和尚東渡日本後也曾被授予大僧都。
44 在浙江一帶（榮西兩次來中國都在浙江天台山和天童寺一帶生活）飲茶不稱飲或喝，而說吃茶，榮西透過撰寫的《吃茶養生記》，給日本人帶來了新詞語—「吃茶」。
45 上人意為德高望重的僧人。
46 拇尾位於今京都市右京區梅田，現為秋季觀賞紅葉的名勝地，明惠在此建有高山寺。
47 唐代也用茶碾，但已沒有壓製成型的工藝，而是直接將焙乾的茶葉碾磨成粉末。

第100講 日本的茶道到底是什麼？

茶道這個詞的誕生是相對較晚近的事，當初被稱為「侘茶」，又被稱為「茶湯」。「侘」[48]在日文中的解釋有三種：一是「煩惱、沮喪」；二是「閒居的樂趣」；三是閒寂的風趣。茶中的「侘」，主要取第三種釋義。顧名思義，「侘茶」應該是一種具有閒寂情趣的飲茶文化。它是對鎌倉後期喧鬧、奢靡的上層武士飲茶之風的一種反省和反動，甚至與室町幕府將軍所舉行的茶會也有很大的不同。這種新的飲茶精神不再追求豪華的樓宇、爭贏鬥勝的刺激和呼朋招友的熱鬧，甚至不在意茶質的優劣和藝術品陳列的排場，而是注重內心的寧靜和愉悅，體現對自我、自我與他人、個體與社會、人與自然關係的理解，既完整地包含日本人的價值觀，也集中體現日本人的審美意識，而這種新飲茶精神的核心部分便是禪。

新的飲茶精神及相應的禮儀規範等可以稱為茶道，日本近代美術教育創始人之一岡倉天心（一八六二～一九一三年）用英文寫成的《茶書》（*The Book of Tea*）中稱茶道是一種審美的宗教，不只是具有審美的意義，還包含宗教、倫理和天人合一的思想，它在日常的俗事中找到一種審美的價值。「茶湯（或譯為茶之湯，日語中是日本茶道的代名詞）是禪的儀式發展」，「正是這種發源於中國的禪的儀式，發展成十五世紀的日本茶湯。」我想特別強調的是茶道與禪宗的關係，甚至可以不誇張地說，日本茶道是禪宗精神在飲茶程序和禮儀上的一種表現。

茶道在日本的發生、發展和完成主要經過三個人的努力，一個是村田珠光（一四二三～一五〇二年），他首先創立茶道，一個是武野紹鷗（一五〇二～一五五五年），茶道在他手裡有了很大的發展，還有一個是聲名最響的千利休（一五二二～一五九一年），他全面建立茶道的體系和宗旨，現在日本三大茶道宗派的裏千家、表千家和武者小路千家三派，都是千利休一脈的沿承。

村田珠光少年時曾到京都大德寺跟隨著名的一休和尚（一三九四～一四八一年）學禪。一休和尚是臨濟禪的高僧，不循傳統的禮法，狂放不羈，人稱狂僧，卻獨樹一幟，對禪有獨到的見解，觀物察事往往勝人一籌。一休贈送給珠光一幅宋朝僧人圜悟克勤的墨蹟，做為入門的明證，後來這幅墨蹟被珍視為茶湯開祖的墨寶。珠光在一休那裡悟到不少禪的真諦，尤其欣賞一休視富貴如糞土的平常心。他決心將茶事從奢華的世風中解放出來，使其成為常人修身養性、提升品性的一種方式。總之，珠光後來被傳為「侘茶」的創立者。珠光認為不完全的美是美的一種更高的境界。這一審美意識對日後日本人審美理念的最後形成，發生很大的影響。

武野紹鷗雖是商人家庭出身，卻喜好文藝，一五二五年，他二十五歲時來到京都，拜當時極有名的文化人三條西實隆為師，聽他講《和歌大概之序》過程中深有所悟，此時正是下京茶湯相當興盛的時候，於是他在此學茶參禪。後來在京都營造一處茶室曰大黑庵，脫去上層武家講究裝飾的傳統，茶室的「座敷」改為四帖半，牆面只是簡樸的土牆，他將枯淡美引入茶湯中，將書院茶發展為四帖半草庵茶的過程中發揮指導性作用。紹鷗後來又到和泉南宗寺學參禪，從而開創茶人參禪之風。他還提出茶禪一味的主張，將茶與禪連為一體，或者說在茶中注入濃郁的禪精神，在他的努力下，初步形成一種極具禪意的、崇尚簡素靜寂的「侘茶」。

整個日本茶道史上，千利休的名聲最為顯赫，他被看成茶道的最終完成者，茶道在他手裡才成為一種道。與紹鷗一樣，他也出生於堺，是紹鷗的入門弟子，不久便在茶事方面蓄積了不淺的造詣。利休是個在感性和悟性方面都非常出色的人，在茶事的實踐中，形成一系列完整的「侘茶」理念和具體的程序。「侘茶」在利休的具體表現就是「草庵茶」，利休推崇的「草庵茶」希望是一種出世間的茶，「將心味歸於無味」，真的具有很濃郁的禪意。為了洗去講究格式、法式的上層武家茶會貴族風，他把原先四帖半的茶室再加以縮小，一舉改為二帖（不到四平方公尺），以追求主客之間更加近距離地交流。一直保存至今的京都妙喜庵的待庵，相傳是利休的作品，從外觀上看，實在是非常不起眼的一間小茅屋，而且沒有門，只有一個低矮的躝口，人必須彎腰或屈身才得以進入，其目的是讓人有一種緊張感，以拂拭人的世俗性或日常性，使人的精神上升到新的境界。

利休的生前正是日本的戰國時代，人們深深感嘆生命的無常、人生的無常，於是有了利休的「一期一會」之說，意為人生如萍水，相逢是一種緣，此次相會，不知何時再能重聚，因此要珍惜偶爾一次的相會。後世利休的繼承者往往將他抬舉得很崇高，利休本人雖然對禪具有較深的參悟，卻似乎不是一個淡泊名利的人，當時的一代梟雄織田信長（一五三四～一五八二年）旌旗浩蕩長驅直入京都之後，利休有意親近信長，信長便起用他擔任茶頭。信長獲得地盤金銀之後，開始仿效足利義滿等室町幕府將軍，對中國傳來的各種文物珍品頗為饞涎，大肆收集之後，不免附庸風雅，召集些茶人舉行幾次茶會，同時展示自己收集的珍奇寶貝。

一五八四年，信長在京都本能寺遭到部將襲擊，自殺身亡，另一個梟雄豐臣秀吉（一五三七～一五九八年）率兵崛起，平定天下，利休又成了秀吉的親信，擔任他的茶堂。一五八三年，豐臣秀吉建成大阪城，並在城內建造名曰「山里丸」的茶亭，取市中的山里之意，似乎多少有些利休「草庵茶」的意味，但豐臣秀吉顯然無心追求「閒寂枯淡」的境界，他更在意稱霸天下的權力和炫目輝煌的排場，一五八六年，在宮中小御所內營造貼滿金箔的黃金茶室，裝飾純金打製的一套檯子茶具。一五八七年十月，於北野天滿宮舉行的一場規模空前的大茶會中，利休等人是主要角色。

秀吉這個人物猶如曹操，既有雄才大略，猜疑心也很強。利休受到寵信，就有些狂妄，一五八九年，為其亡父做五十年忌時，出錢在大德寺山門上增建一層，並在樓上安置自己的木像，不免引起秀吉的猜忌，於是下令利休返回自己的家鄉堺，並對他的行動處處加以限制，利休終於意識到自己觸怒了獨裁者，但不願意請求秀吉的寬恕，於是七十歲時悲愴地自刃身亡。利休一生浸淫於茶事，也有很高的修養，留下不少足以供後人學習的言行，最終卻未能看明白世態炎涼，心境不能完全平靜，時時有浮躁之舉，說來有些諷刺意味。

茶道文化在江戶時代獲得長足的發展，第一個標誌是誕生沿承千利休一脈的「三千家」、以古田織部（一五四四～一六一五年）為創始人的「織部流」，和以小堀遠州（一五七九～一六四七年）為始祖的「遠州流」等影響深遠的茶道流派，並形成以茶道為中心的演藝方面所謂「家元」[49]制度。

千利休的孫子千宗旦（一五七八～一六五八年）一六四八年在京都建造的「今日庵」，僅有三平方公尺左右，窄小素樸，為其晚年的隱居地。他拒絕江戶幕府請他做茶道示範的邀請，比其祖父更為徹底地堅持「侘茶」精神。此後，宗旦的第三個兒子宗左繼承利休的茶室「不審庵」，自立門戶，創立「表千家」。而宗旦的第四個兒子宗室則繼承宗旦的「今日庵」，又自立一流派，因其居所在傳統老屋的裡面，稱為「裏千家」。宗旦的另一個兒子宗守則自己創建「官休庵」，嚴格遵守宗旦的家風，這一流被稱為「武者小路千家」。以上就是日本茶道界影響最大的「三千家」，名義上都遵奉千利休為始祖，如今以「裏千家」的勢力最為興盛。另外，每一家的歷代「家元」都沿襲最初創立者的名號，以體現其一貫性。

嚴格地說，千利休手中最後完成的茶道是日本本土的產物，雖然在形成的過程中，受到中國文化明顯的影響。中國古代對茶的種種講究只是一種茶藝，而非現代意義上的茶道，倒是明代以後，隨著葉茶的興起，在江南一帶，飲茶染上了濃郁的文人趣味，在茶具的選用和飲茶的情趣上，更多與琴棋書畫融為一體。但這種由飲茶體現出來的文化情趣依然不能歸之於茶道。雖然日本的茶道在形成過程中明顯感受到中國文化的痕跡，茶具的種類和樣式也沿襲宋的物品，禪宗的精神更是直接來自中國，但將禪與茶連在一起，在茶中寄予人生的哲理，並透過茶來透現出完整的審美意識，則是日本人的創造。茶道形成之後，茶已不單單是一種飲品，從茶庭的設計、茶庵的營造、茶室的格局和裝飾、茶具的選用到點茶的方式、茶禮的制定，都建立起一套完整縝密細緻的規範，乃至於有《山上宗二記》、《南方錄》、《宗春翁茶道聞書》和《茶道舊聞錄》、《茶湯古事談》等多種茶道經典的問世，「敬、靜、寂、和」的茶道精神確立，說明日本的茶道有自己的源流。

48 「侘」字古漢語也有，意為失意的樣子，現已不用。日語中，原本也是失意、沮喪的意思，後來在連歌中漸漸演變為一種閒寂的美，與茶聯繫在一起，就使茶上升到一種空靈的哲學境界。

49 或可譯為「宗師」或「掌門人」。

第101講 名目繁多的日本茶

經過二百六十多年相對較安定的江戶時代，飲茶習俗已完全在日本各地以及各階層中普及，並成了日本人生活文化中的重要部分，從日語的「日常茶飯事」一詞中可窺一斑。進入明治時代後，雖然社會構造由前近代逐漸轉向近代，人們的生活方式也從傳統向現代發生蛻變，但傳統的底蘊依然深厚，飲茶的基本內容未出現本質性變化。明治前後，相對於西洋文明的湧入和各色新型飲料的出現，做為一種民族自覺，誕生「日本茶」的概念。舊有的抹茶和後來的「煎茶」（即「葉茶」）原本都從中國傳來，完全與中國茶分割的日本茶其實是難以成立的。但是，中國國土遼闊，地域廣大，自然條件千差萬別，從種類而言，「日本茶」並不能完全涵蓋中國國土上的茶，另外，從製茶的技術方式以及成茶的形態上來說，日本茶也不等同於中國茶，簡而言之，今天所謂日本茶，首先是一種綠茶。

關於「日本茶」的分類，應該有兩個不同層次的概念。從製茶技術和飲用方式而言，大致可分為「抹茶」和「煎茶」兩大類。抹茶，簡單而言，是將採摘的茶葉經蒸熱乾燥之後，在茶臼中磨成粉末狀，飲用時在茶碗中注入沸水，用茶筅快速有力地攪動，在茶的表層形成細密均勻的泡沫，謂之「點茶」。「抹茶」又分為「濃茶」和「薄茶」兩種，前者用滿滿三茶勺量的茶末放入茶碗內，注入少量的沸水，點茶之後顏色呈深綠色，茶汁濃稠；後者用一勺半的量並注入較多的沸水，點茶之後茶湯呈鮮綠色。目前日本，「抹茶」主要用於茶道，一般民眾很少在日常生活中飲用「抹茶」，倒是抹茶食品頗受人們的歡迎。「煎茶」大抵可以理解成葉茶，雖謂「煎茶」，實際上已不在釜或壺中慢慢煎煮，具體方式一如我們的沏茶，不同的是，日本人的「煎茶」是將茶葉放入茶壺（日語謂之「急須」）中，泡開後再分別注入各人的茶杯中，茶杯大抵比較小巧，無杯蓋，一般是瓷器而不用玻璃杯（日語謂之「湯呑」）。

從茶的栽培方式、採摘期和成茶的高低級層次而言，日本茶又可分為「玉露」、「煎茶」和「番茶」三類，下面稍作說明：

「玉露」實際上是一種在特定區域、經過有些不同尋常的栽培、採摘方式獲取的較高級日本茶。其名稱的由來可追溯到江戶晚期的天寶六年（一八三五年）京都宇治鄉[50]的山本山家族第六代傳人山本山嘉兵衛，他將自家茶園內採摘的嫩茶葉烘焙成如露一般的圓形，日後將自家茶園出產的茶命名為「玉露」。

「玉露」不僅成茶後的形狀與一般茶葉不同（事實上，明治初年已由辻利右衛門改良成長條形），更在於它的栽培方式不同。以現在最大的「玉露」產地福岡縣八女地區的栽培方式而言，首先是茶樹的枝枒並不進行特定的整修，讓芽葉自然生長；其次是採摘之前的一定時期（一般為兩週），用稻草在茶樹上搭成遮陽的棚架，避免日光的直射，其目的是增加茶葉中形成美味的氨基酸成分，減少茶葉中造成苦味的丹寧類含量；還有在採摘時絕對採用手工方式，一心二葉。這樣的茶稱為「傳統本玉露」。「玉露」在飲用時也頗為講究，只能用六十度左右（甚至更低）的熱水沏茶，用溫度高的沸水，容易將茶葉中的澀味浸發出來，損害「玉露」的甘甜。現在的評品會上，將「玉露」專門分成一類。由於其栽培的區域有限，栽培、採摘以及烘焙的方式較麻煩，因此價格較昂貴，成了日本茶中的高級品。

「煎茶」的概念有廣義和狹義兩個層次。相對於「抹茶」的「煎茶」是個廣義的稱謂，從根本上來說「玉露」和「番茶」都可列入「煎茶」的範疇，而這裡要談的「煎茶」則是個狹義的名稱，相對於高級茶「玉露」和比較普通的「番茶」而言，以一般人較易理解的說法，是一種綠茶中的新茶，也是最廣為人們所飲用的日本茶。現在的「煎茶」是將新春或春夏間採摘的「一番茶」、「二番茶」經過蒸熱、粗揉、揉撚、中揉、精揉、乾燥六道工序製成後上市較好的綠茶，既有綠茶的甘甜，又有一定程度的苦澀，更有茶的清香。現今「煎茶」的栽培、採摘和製作始於江戶時代中期（十八世紀）。

「煎茶」在整個日本茶的消費中所占比率是八○%。

最後說到「番茶」。日本將一年中茶葉的採摘期分為「一番茶」（每年三月一日～五月三十一日），「二番茶」（六月一日～七月三十一日），「三番茶」（八月一日～九月十日），「四番茶」（九月十一日～十月二十日），「秋冬番茶」（十月二十一日～十二月三十一日），「冬春番茶」（一月一日～三月九日）。所謂的「番茶」，就是「三番茶」以後的茶了。

眾所周知，隨著氣候變熱，茶葉的生長期也大大縮短，此時長成的茶葉，葉片大而長，葉質粗礪，在茶葉中只能列入中下品，但它也具有一種粗野質樸的風味，消暑解渴，健身潤肺，不失為一種不錯的飲品。現在日本鄉村還留存著「日晒番茶」和「陰乾番茶」兩大類。岡山縣美作鄉一帶，夏季時，往往將茶樹連枝葉一起砍下來，放在大鐵鍋內蒸煮，然後攤放在草蓆上讓烈日暴晒，一邊澆上蒸煮後滲出的茶汁，晒乾後即可沖泡飲用。而福井縣勝山市一帶，人們將秋天的茶葉連同枝杈一起用鐮刀砍下來，用草繩串編後掛在背陽的屋簷下，讓乾燥的秋風自然吹乾，飲用前用鐵鍋炒一下即可，猶如藥草茶，雖然不登大雅之堂，但健身的功效毫不遜色。

有的地方在「番茶」中加入糙米（日語中稱為「玄米」）一起炒製，這樣的茶被稱為「玄米茶」。北海道和日本東北等地區往往將採摘的「番茶」加以烘焙，稱為「焙茶」，因此「焙茶」也可算是「番茶」的一種，不過，經烘焙的茶構成苦味的丹寧遭到破壞，因此口味上柔和很多。

「番茶」的茶湯一般呈淺褐色，猶如大麥茶，似乎沒有「玉露」和綠茶那麼誘人，但有些人就是不喜歡滋味甘甜而淡薄的「玉露」，而偏愛具有山野風味苦澀中帶有茶香的「番茶」，近年來的科學研究表明，「秋冬番茶」中含有多醣類成分，可降低血糖值，對中老年人尤為適宜。

就日本茶的產地而言，日本全國多為山嶺地帶，有較充沛的降雨量，從理論上來說，各地都可生長，以前確曾在全國各地廣泛種植，但氣候寒冷的北海道、東北地區以及日本海沿岸部分地區，種植時需花費相當的功夫，經濟價值不大。因此，現在日本茶的產地主要在新潟縣村上地方以南的區域，遍布大半個日本，其中尤以靜岡縣的種植面積和產量為最大。

二〇一二年，日本全國的茶樹種植面積為四萬九千五百公頃（一九七五年前後為最高峰，曾達到六萬一千公頃，之後逐漸減少），靜岡縣為二萬五千公頃，約占全日本的一半，而產量占四〇%。靜岡縣位於東京西部，面臨太平洋，溫潤多雨，境內既有山地，也有臺地和沖積平原，大部分旱地都種植茶樹，尤以境內中央地區的牧之原臺地最為出名，其他諸如富士山麓、安倍川、大井川、天龍川流域也十分適宜茶樹的栽培，而岡部町一帶則是「玉露」的名產地。

僅次於靜岡縣的茶葉產地是九州最南端的鹿兒島縣，茶樹的種植面積也有將近一萬公頃，二〇一二年的粗茶產量為二千六百噸。就種植的種類而言，二〇一二年統計為一般綠茶（日語稱為「普通煎茶」）為六四%，較差的番茶是二四%，高級玉露茶等產量較少，為七%，類似浙江龍井的炒茶，占三%。

傳統的沏茶方式雖然頑強地留存在家庭生活和正式的接待酬酢上，但為了應對自歐美洶湧傳入的可口可樂之類瓶裝和罐裝飲料，也為了適合快節奏的都市生活，一九八〇年，日本開發出罐裝茶和瓶裝茶，除了傳統的日本綠茶和從中國引進的烏龍茶之外，各廠商還開發研製各類適合當代人的茶飲料，較著名的有「朝日飲料」一九八五年推出的「十六茶」，選用黑豆、大麥、薏仁、昆布、桑葉、陳皮等十六種原料調和而成，對軟化血管、降低血脂、促進消化等均有一定功效。在市場上影響更大的這類調和茶是後起之秀，由日本可口可樂公司研製的「爽健美茶」，所選原料有大麥、綠茶、糙米、普洱茶等十二種，以其美容、降火、促進新陳代謝等功能吸引許多年輕女性。對於今天的日本人而言，喝的多是各種在超市、便利商店、自動販賣機上銷售的罐裝茶和瓶裝茶。

---

50 自鎌倉時代即是日本名茶產地，今為宇治市。

第102講 茶屋、茶寮、喫茶店

茶屋、茶寮、喫茶店，看上去都有個茶字，與中國傳統的茶館卻是迥然不同的存在。有意思的是，日本人把咖啡館稱為「喫茶店」。

先說茶屋。稱喝茶為吃茶是中國江南（尤其是浙江一帶）的說法，當年榮西和尚兩度來南宋學佛，就在浙江東北部一帶，他將中國茶連同吃茶這一詞語一起帶到日本，其名著《吃茶養生記》近千年來一直為人們所誦讀。十三世紀中葉以後，茶的種植和飲用慢慢在日本普及，但日本城鎮發展較遲晚，一直沒有像樣的茶館。

室町時代的一四〇〇年前後，每逢初一、十五都會有大量信眾去寺院參拜，有些會做生意的人在寺院前擺起茶攤，一杯一文錢，當年京都東寺外的茶攤比較有名，這是日本茶屋最早的形態。當年人們的旅行都是靠雙腳行走，甚至很少有騎馬的，也罕見轎子，於是在重要的大路（街道）上會有些人設茶攤，供人小憩。

一六〇三年，江戶幕府建立後，要求各地的諸侯（大名）輪番來江戶參勤，於是以江戶為中心形成「五街道」，即東海道、中山道、日光街道、奧州街道和甲州街道，各地大名沿途要住宿，於是以住宿點為中心形成不少「宿町」，人們也會在此擺出茶攤。

十七世紀以後，江戶和其他城鎮開了幾家茶屋，是有固定店鋪的，不再是流動的攤販。隨著江戶等城市經濟的形成和繁榮，有些有錢有閒的人到茶屋來坐坐，茶屋為了吸引顧客，就雇了一些姿色美麗的女子來做招待，於是出現了「無內褲吃茶」的經營，一部分茶屋慢慢升級成料理屋，一部分茶屋則演變為色情場所，也有兩者兼具的。這樣的茶屋在江戶時代非常興盛，從歷史上留下來的地名可以聯想起當年的些許風貌，比如大阪有「天下茶屋」、「茶屋町」等，東京有「三軒茶屋」、「御花茶屋」等，不過，如今都成了現代都市的格局，昔日的蹤跡大都已不可尋，唯有石川縣金澤市還較完整地保留一處江戶時代的茶屋街，因位於淺野川（河流名）之東，名為「東茶屋」，二〇〇一年被國家指定為重要傳統建築群。

富於歷史風情的城市或寺院門外，還留存著一些茶屋，不過這些茶屋既不賣廉價的綠茶，也褪去了昔日「遊廓」（舊時花柳街）色彩。二〇一五年，我在京都大學國際交流會館住了半年，附近有兩家很有歷史的茶屋，一家緊鄰曼殊院，或說本身就是曼殊院的一部分，名「弁天茶屋」，從一條坡道折入，走過一片農田和稀疏的房舍，就坐落在鬱鬱蔥蔥的東山山麓，周邊一片寂靜。正是惠風和暢的四月中旬，淺黃色平房在周邊明亮的新綠襯映下，愈加顯得素樸典雅。進門須脫鞋，屋內是純然和風的裝飾，不是榻榻米，有桌椅陳設，人們可以坐著用餐。名曰茶屋，現在供應的卻是飯食，以新鮮的豆皮為招牌，還供應蕎麥麵和烏龍麵，還有日式紅豆年糕湯，就是沒有日本綠茶。

還有一家在弁天茶屋的西北面，名「平八茶屋」，已有四百年歷史了。雖在路邊，店堂要從古色古香、築有茅草屋頂類似寺院山門的入口進去，走一段路，入口之內即是庭園，竹木扶疏，參差的綠蔭擋住車流的喧嘩聲，店的西側就是高野川[51]，在綠樹掩映下，聽著清澈流水的泠泠聲，沒有美食，心也醉了。平八茶屋主打懷石料理，且必須預定。價格每人從一萬二千日圓至二萬日圓不等，另加消費稅和服務費，在懷石料理中算中等價格。其實這是一家有些高級的料理屋，店名卻叫茶屋，不諳此中奧祕的人見到店招，很可能以為是家茶館，可以坐下來喝杯熱茶，以消解旅途的疲乏，卻是誤解了。

奈良公園內靠近春日大社的樹林邊，有一家「水谷茶屋」，歷史悠久，聲名卓著，又在旅遊景點上，很多人知曉。茅草屋頂，純木結構，不施任何油彩，古色蒼然，屋內陳設頗為雅致，最引人注目的是店門口的大紅傘，竹製，門外還有幾張寬大的木凳，鋪設厚實的紅布，與其農家風的原色建築形成鮮明對照。店裡可品嘗較高級的宇治抹茶，加上一小塊羊羹。此外還有諸如薑茶、曲子粥、咖啡甚至小瓶生啤、刨冰，就是沒有一般綠茶。水谷茶屋還有烏龍麵、蕎麥麵等餐食供應，可以簡單果腹。

日本三景之一的「天橋立」，那裡有幾家茶屋供遊客小憩，有和果子和抹茶，但依然沒有一般綠茶。

再說說「茶寮」。這裡倒是可以喝點茶，但重點卻不在解渴，而是提供各地所產的「和果子」，「和果子」中，又以京都的果子最出名，京都火車站二樓有一家「京都茶寮」，就是這樣的所在，當然這裡沒有優美的風景，只是川流不息的旅客在旅途中的小小驛站，可讓人稍微坐一下，品嘗京都的果子，還有一碗抹茶。抹茶只在陶碗中三分之一，色翠綠，味苦澀，並不足以解渴。一碗抹茶加兩種和果子或提供簡單的餐食，價格在一千至一千五百日圓左右。

京都還有一家「虎屋果寮」連鎖店，雖然店名叫果寮，卻與京都茶寮差不多，也有幾百年歷史了。有次很有雅興的朋友帶我去位於一條的店鋪，主要以和果子出名，茶是抹茶，淺綠和灰黑色組合的茶碗內，自然還是接近翠綠色的抹茶，搭配一、兩樣和果子，坐在深褐色桌邊的西式軟椅上，望著窗外綠茵般的草坪，除了鳥鳴，幾乎沒有雜聲，心緒自然靜了下來。人們說話都是輕聲細語，與英倫風格的下午茶和中國式茶館，有種不一樣的風情。

而所謂的「喫茶店」更不是喝綠茶的地方，在日本就是咖啡館的代名詞。十九世紀中葉開始，西風東漸，日本人主動接受西洋文明，咖啡的飲用開始在部分上流社會和知識人階層。當然最初日本人並不覺得咖啡好喝，在國門尚未完全打開的江戶幕府末年，極少數人嘗到長崎荷蘭商館傳出的咖啡，當年的文人大田南畝在《瓊浦又綴》對此評價說：「其焦臭味讓人難以忍受。」但是明治以後，以「鹿鳴館」為代表的崇洋媚外之風，雖受到部分人的批評，但西洋的物質文明和精神文明卻漸漸滲透到中層以上日本人的日常生活。原先是福建人後裔、在長崎出生長大並憑藉中文能力在外務省擔任高級翻譯的鄭永慶，一八八八年辭去外務省官職，在東京長野開了一家「可否茶館」，「可否」就是當年咖啡的漢字表現。不過還算不上純粹的咖啡館，裡面有各種西洋吃食供應，還有彈子房等遊樂設施。四年之後，鄭永慶關閉此店去了美國。然而，可稱得上是日本咖啡館或喫茶店的嚆矢了。

後來相隔很多年，一九一一年時，東京美術學校[52]畢業的西洋畫家松山省三，與當時著名的戲劇家小山內薰等在東京的京橋日吉町（今銀座八町目）開了一家供文人墨客聚會的沙龍式咖啡館，小山內薰用法語取名為Café Printemps[53]，森鷗外、永井荷風、谷崎潤一郎以及油畫家岸田劉生等都是座上客。

咖啡館為何後來改稱喫茶店呢？一九二五年前後，咖啡館分化出兩種類型，一種是有女招待的，主要供應咖啡；另一種是有簡單西餐供應的，當時被稱為「特殊喫茶」和「特殊飲食店」，可是不久，都漸漸帶上色情的意味，日本政府對此加以取締。後來咖啡館的經營者就用了一個新名詞，稱為「純喫茶」或「喫茶店」，並竭力洗清色情形象。於是咖啡館就以喫茶店的名稱維持了下來。一九三五年，僅東京市就有一萬家喫茶店（估計是將各種西餐店都統計進去了）。不久戰爭興起，酒吧和咖啡館被徹底關閉，日本歷史進入黑暗的年代。

一九六〇年代及以後，隨著日本經濟高速成長，日本人的生活發生徹底變化，溫飽之後開始追求美酒、咖啡，各色喫茶店如雨後春筍，一時間應運而生。既有個人經營富有特色的小店，也有逐漸形成連鎖系統的大集團，不僅在大都市，而且觸角漸漸延伸到地方小鎮，甚至鄉村地區。一九九二年，我在日本時的感覺是咖啡館完全不是年輕人集聚的時尚所在，也不是富有階層光顧的高級場所，就是一般日本人（白天尤多家庭主婦們）會友、閒談、小憩的地方，在軌道交通站點附近尤其多。除了「星巴克」等外來商號外，**CAFFE VELOCE**、**Doutor**之類的連鎖店都是日本人經營的，遍布全國，雷諾瓦、英國屋就稍微高級一點，其實價格也不貴，還有許多富有特色的小店，竟然都可以經營幾十年甚至更久。

51 日本稱河川，我們看來就是一條溪流。
52 李叔同（弘一法師）是第一個自東京美術學校畢業的中國學生。
53 **Printemps**是春天的意思，亦即許多人知曉的「巴黎春天百貨公司」名稱。

【參考文獻】

日文文獻

1《岩波講座 日本歷史》（古代一～四卷），朝尾直弘等編集，岩波書店，一九七五年。

2《岩波講座 日本歷史》（中世一～四卷），朝尾直弘等編集，岩波書店，一九七六年。

3《岩波講座 日本歷史》（近世一～五卷），朝尾直弘等編集，岩波書店，一九七五年。

4《岩波講座 日本歷史》（近代一～八卷），朝尾直弘等編集，岩波書店，一九七七年。

5《岩波書店 日本歷史》（現代一～二卷），朝尾直弘等編集，岩波書店，一九七七年。

6《岩波講座 日本歷史》（別捐一～三卷），朝尾直弘等編集，岩波書店，一九七七年。
（岩波書店自二〇一四年陸續出版《岩波講座 日本歷史》二十六卷本新版本，大津透等編集，本書寫作參考了部分新版本）
7《展望日本歷史・総論一》編集委員會編，東京堂出版，二〇〇〇年。
8《展望日本歷史・総論二》，石山、渡邊編，東京堂出版，二〇〇〇年。
9《展望日本歷史・原始社会》，石川、小杉編，東京堂出版，二〇〇〇年。
10《展望日本歷史・大和王權》，小笠原、吉村編，東京堂出版，二〇〇〇年。
11《展望日本歷史・飛鳥の朝廷》，石山、渡邊編，東京堂出版，二〇〇〇年。
12《展望日本歷史・律令国家》吉川、大隅編，東京堂出版，二〇〇〇年。
13《展望 日本歷史・平安の社会と国家》，加藤、田島編，東京堂出版，二〇〇〇年。
14《展望日本歷史・莊園公領制》，大村、井原編，東京堂出版，二〇〇〇年。
15《展望 日本歷史・中世社会の成立》，大石、柳原編，東京堂出版，二〇〇〇年。
16《展望日本歷史・南北朝內乱》，佐藤、小林編，東京堂出版，二〇〇〇年。

17《展望日本歴史・室町の社会》，大石、柳原編，東京堂出版，二〇〇〇年。
18《展望日本歴史・戦国社会》，久留島、榎原編，東京堂出版，二〇〇〇年。
19《展望日本歴史・近世国家》，深谷、堀編，東京堂出版，二〇〇〇年。
20《展望日本歴史・海禁と鎖国》，紙屋、木村編，東京堂出版，二〇〇〇年。
21《展望日本歴史・近世社会》，藪田、岩田編，東京堂出版，二〇〇〇年。
22《展望日本歴史・近世の思想・文化》，青木、若尾編，東京堂出版，二〇〇〇年。
23《展望日本歴史・開国と維新》，久留島、奥村編，東京堂出版，二〇〇〇年。
24《展望日本歴史・近代の経済構造》，武田、中林編，東京堂出版，二〇〇〇年。
25《展望日本歴史・明治憲法體制》，安田、源山編，東京堂出版，二〇〇〇年。
26《展望日本歴史・帝国主義と植民地》，柳澤、岡部編，東京堂出版，二〇〇〇年。
27《展望日本歴史・民衆社会への問いかけ》，大門、小野澤編，東京堂出版，二〇〇〇年。
28《展望日本歴史・近代の戦争と外交》，山田、小田部編，東京堂出版，二〇〇〇年。
29《展望 日本歴史・歴史の中の現在》，三宅、高野編，東京堂出版，二〇〇〇年。
30《展望 日本歴史・思想史の発想と方法》，安田、佐藤編，東京堂出版，二〇〇〇年。
31《日本の歴史00「日本」とは何か》，網野善彥著，講談社，二〇〇〇年。
32《日本の歴史01縄文の生活誌》，岡村道雄著，講談社，二〇〇〇年。
33《日本の歴史02王権誕生》，寺澤薰著，講談社，二〇〇〇年。
34《日本の歴史03大王から天皇へ》，熊谷公男著，講談社，二〇〇〇年。
35《日本の歴史04平城京と木簡の世紀》，渡辺晃宏著，講談社，二〇〇〇年。
36《日本の歴史05律令国家の転換と「日本」》，坂上康俊著，講談社，二〇〇〇年。
37《日本の歴史06道長と宮廷社会》，大津透著，講談社，二〇〇〇年。
38《日本の歴史07武士の成長と院政》，下向井龍彥著，講談社，二〇〇〇年。
39《日本の歴史08古代天皇制を考える》，大津透等著，講談社，二〇〇〇年。
40《日本の歴史09頼朝の天下草創》，山本幸司著，講談社，二〇〇〇年。

41《日本の歴史10 蒙古襲来と徳政令》，筧雅博著，講談社，二〇〇〇年。
42《日本の歴史11 太平記の時代》，新田一郎著，講談社，二〇〇〇年。
43《日本の歴史12 室町人の精神》，櫻井英治著，講談社，二〇〇〇年。
44《日本の歴史13 一揆と戦国大名》，久留島典子著，講談社，二〇〇〇年。
45《日本の歴史14 周縁から見た中世日本》，大石直正著，講談社，二〇〇〇年。
46《日本の歴史15 織豊政権と江戸幕府》，池上裕子著，講談社，二〇〇〇年。
47《日本の歴史16 天下泰平》，横田冬彦著，講談社，二〇〇〇年。
48《日本の歴史17 成熟する江戸》，吉田伸之著，講談社，二〇〇〇年。
49《日本の歴史18 開国と幕末変革》，井上勝生著，講談社，二〇〇〇年。
50《日本の歴史19 文明としての江戸システム》，鬼頭宏著，講談社，二〇〇〇年。
51《日本の歴史20 維新の構想と展開》，鈴木淳著，講談社，二〇〇〇年。
52《日本の歴史21 明治人の力量》，佐々木隆著，講談社，二〇〇〇年。
53《日本の歴史22 政党政治と天皇》，伊藤之雄著，講談社，二〇〇〇年。
54《日本の歴史23 帝国の昭和》，有馬學著，講談社，二〇〇〇年。
55《日本の歴史24 戦後と高度成長の終焉》，河野康子著，講談社，二〇〇〇年。

56《日本の歴史25 日本はどこへ行くのか》，姜尚中等著，講談社，二〇〇〇年。
57《シリーズ日本近現代史第一卷 幕末・維新》，井上勝生著，岩波書店，二〇〇六年。
58《シリーズ日本近現代史第二；卷 民権と憲法》，牧原憲夫著，岩波書店，二〇〇六年。
59《シリーズ日本近現代史第三卷 日清・日露戦争》，原田敬一著，岩波書店，二〇〇七年。
60《シリーズ日本近現代史第四卷 大正デモクラシー》，成田龍一著，岩波書店，二〇〇七年。
61《シリーズ日本近現代史第五卷 満州事変から日中戦争へ》，加藤陽子著，岩波書店，二〇〇七年。
62《シリーズ日本近現代史第六卷 アジア・太平洋戦争》，牧原憲夫吉田　裕著，岩波書店，二〇〇八年。
63《シリーズ日本近現代史第七卷 占領と改革》，雨宮昭一著，岩波書店，二〇〇八年。
64《シリーズ日本近現代史第八卷 高度成長》，武田晴人著，岩波書店，二〇〇九年。
65《シリーズ日本近現代史第九巻 ポスト戦後社会》，吉田俊哉著，岩波書店，二〇〇九年。
66《シリーズ日本近現代史第十巻 日本の近現代史をどう見るか》，岩波編集部編，岩波書店，二〇一〇年。
67《昭和史一九二六～一九四五》（上），中村隆英著，東洋經濟新報社，二〇一二年。
68《昭和史一九四五～一九八九》（下），中村隆英著，東洋經濟新報社，二〇一二年。
69《渡来の民と日本文化》，株式會社現代書館，二〇〇八年。
70《日本文化を知る講座》一～三，國學院大學日本文化研究所編，國學院大學日本文化研究所，二〇〇一～〇六年。
71《日本の建築》，藤島亥治郎著，至文堂，一九六二年。
72《日本文化交流小史》，上垣外憲一著，中央公論新社，二〇〇〇年。
73《日本文化の伝来と変容》，木村时夫著，成文堂，一九九〇年。
74《日本建築史序說》，太田博太郎著，彰國社，一九四七年。

75《日本の庭園》，進士五十八著，中央公論新社，二〇〇五年。
76《日本文学史序說》（上、下），加藤周一著，築摩書房，一九八〇年。
77《日本文化の風土》，安田喜憲著，朝倉書店，一九九二年。
78《日本の思想》，丸山真男著，岩波書店，一九六一年。
79《石原莞爾と滿州帝国》，松本健一等著，新人物往來社，二〇一〇年。
80《石原莞爾》，清江舜一郎著，讀賣新聞社，一九七三年。
81《伊藤博文》，瀧井一博著，中央公論新社，二〇一〇年。
82《日本文化史——日本の心と形》，石田一良著，東海大學出版會，一九九一年。
83《日本焼物史》，矢部良明著，美術出版社，一九九八年。
84《食文化と日本人》，生活文化研究所編著，啟文社，一九九三年。
85《日本の食文化》，原田信男著，放送大學教育振興會，二〇〇七年。
86《江戶の料理史》，原田信男著，中央公論社，一九八九年。
87《食の近代史》，大塚力著，教育社，一九七九年。
88《近代日本食文化年表》，小菅桂子著，雄山閣，二〇〇二年。
89《日本の酒》，坂口謹一郎著，岩波書店，一九六四年。

90《日本の酒の歴史》，加藤弁三郎著，協和發酵工業，一九七七年。
91《焼酎学入門》，穗積忠彥著，每日新聞社，一九七七年。
92《焼酎の本》，秋野揆巨矢著，東洋經濟新報社，一九八五年。
93《茶の文化史——喫茶趣味の流れ》，小川後樂著，文一總合出版，一九八一年。
94《図録茶道史》，林屋辰三郎著，淡交社，一九八〇年。
95《近代茶道史の研究》，熊倉功夫著，NHK，一九八〇年。
96《茶の文化史》，村井康彥著，岩波書店，一九七九年。
97《東アジア文化交流史》，池田溫著，吉川弘文館，二〇〇二年。
98《日本映画史》第一～四巻，佐藤忠男著，岩波書店，一九九五年。
99《日本映画と日本文化》，佐藤忠男著，未來社，一九八七年。

中文文獻

1《中日關係史》第一卷，張聲振等著，社會科學文獻出版社，二〇〇六年。
2《中日關係史》第二卷，高書全等著，社會科學文獻出版社，二〇〇六年。
3《中日關係史》第三卷，馮瑞云等著，社會科學文獻出版社，二〇〇六年。
4《日本近現代文化史》，趙德宇等著，世界知識出版社，二〇一〇年。
5《日本近現代社會史》，李卓著，世界知識出版社，二〇一〇年。
6《日本近現代政治史》，王振鎖等著，世界知識出版社，二〇一〇年。
7《東風從西邊吹來——中華文化在日本》，徐靜波著，雲南人民出版社，二〇〇四年。
8《和食：日本文化的另一種形態》，徐靜波著，北京聯合出版公司，二〇一七年。

後記

這本書是我根據在喜馬拉雅電臺上講授的課程講稿整理而成，嚴格而言，算不上一本研究著作，主要是寫給一般對日本有興趣的朋友看的，行文力求淺白流暢（不過，做慣了學術論文，難免還有些學究氣），因此，除了內容的補充說明之外，盡量不使用註腳和章節附註，只在少量的直接引語後，用括弧注明文獻出處。重要的歷史人名之後，一般標明生卒年，外國人名之後，盡可能標注西文，以便有興趣的讀者進一步查閱。此外，書末列出較詳細的參考文獻。參考文獻中，日文以外的文獻很少，事實上，中國人和歐美人都撰有大量的相關著作，之所以列入很少，絕不意味著我對既有研究成果的忽視，而是希望自己的觀點和看法盡可能不要受前人的影響。敘述的方式力求通順流暢，在基於文獻的前提下，也加入一些自己在日本的體驗、考察和旅行雜感。

說到底，這本小書只是我自己近三十年來研讀日本的一份作業，領域擴展到如此之廣，也是有點始料未及。書中或許會有些外行話，或訛誤，觀點或有偏誤，責任都在自己。歡迎各位方家和讀者勘誤指正，以免以訛傳訛，誤人子弟。

此書最初由上海人民出版社於二〇一九年十一月出版簡體字版，似乎反響甚好，此次又蒙臺灣時報出版公司出版繁體字版，我的初衷仍是希望閱讀漢字的兩岸及海外民眾，能夠從文明史的視角對日本有個客觀的、理性的理解，彼此以文明對話的姿態互相包容和尊重，理性地和平相處。最後對為本書的出版付出辛勤勞動的編輯等致以衷心的感謝。

二〇二〇年九月二十九日於復旦大學日本研究中心

HISTORY系列059

被偏誤的日本史：從軍國末路到經濟飛躍

作者——徐靜波
主編——邱憶伶
行銷企畫——林欣梅
特約校對——劉慧美
封面設計——FE設計
版面設計——林樂娟

編輯總監——蘇清霖
董事長——趙政岷
出版者——時報文化出版企業股份有限公司
一〇八〇一九臺北市和平西路三段二四〇號三樓
發行專線——（〇二）二三〇六六八四二
讀者服務專線——〇八〇〇二三一七〇五・（〇二）二三〇四七一〇三
讀者服務傳真——（〇二）二三〇四六八五八
郵撥——一九三四四七二四 時報文化出版公司
信箱——一〇八九九臺北華江橋郵局第九九號信箱

時報閱讀網——http://www.readingtimes.com.tw
電子郵件信箱——newstudy@readingtimes.com.tw
時報出版愛讀者粉絲團——http://www.facebook.com/readingtimes.2
法律顧問——理律法律事務所 陳長文律師、李念祖律師
印刷——紘億印刷有限公司
初版一刷——二〇二一年一月十五日
定價——新臺幣四〇〇元
（若有缺頁或破損，請寄回更換）

時報文化出版公司成立於一九七五年，並於一九九九年股票上櫃公開發行，於二〇〇八年脫離中時集團非屬旺中，以「尊重智慧與創意的文化事業」為信念。

被偏誤的日本史：從軍國末路到經濟飛躍／徐靜波著. -- 初版. -- 臺北市：時報文化出版企業股份有限公司, 2021.01
面； 公分. -- (HISTORY系列；59)
ISBN 978-957-13-8493-1(平裝)

1.日本史 2.文明史

731.1 109019551

ISBN 978-957-13-8493-1
Printed in Taiwan